JAMES W. VON BRUNN

"¡MATAD A LOS MEJORES GENTILES!"

"¡Tob Shebbe Goyim Harog!"

(EL TALMUD: Sanedrín 59)

"¡MATAD A LOS MEJORES GENTILES!"

o

"¡Tob Shebbe Goyim Harog!"

(EL TALMUD: Sanedrín 59)

LA GUÍA RACIALISTA PARA PRESERVAR
Y MANTENIMIENTO DE LA HERENCIA GENÉTICA BLANCA

por

JAMES W. VON BRUNN

Copyright © 2024 - Omnia Veritas Limited

"Kill the best Gentiles!"

Traducido y publicado por
Omnia Veritas Ltd

www.omnia-veritas.com

Todos los derechos reservados. Prohibida la reproducción total o parcial de esta publicación por cualquier medio sin autorización previa del editor. El Código de la Propiedad Intelectual prohíbe las copias o reproducciones para uso colectivo. Toda representación o reproducción total o parcial por cualquier procedimiento sin el consentimiento del editor, del autor o de sus derechohabientes es ilícita y constituye una infracción sancionada por los artículos del Código de la Propiedad Intelectual.

Dedicación

En memoria de:

CONTRAALMIRANTE JOHN G. CROMMELIN, USN.

"¡Hay un hombre!"

+ + +

John Geraerd Crommelin Jr, contraalmirante de la USN, sirvió en el teatro del Pacífico durante la Segunda Guerra Mundial como oficial ejecutivo y oficial aéreo a bordo del USS *Enterprise*, CV-6 (el buque más condecorado de la historia naval). Crommelin fue reconocido por la tripulación como "el corazón y el alma del Big-E". Posteriormente fue condecorado con la Legión al Mérito con una estrella de oro, una "V" de combate, una Mención Presidencial de Unidad, una Carta de Encomio y un Corazón Púrpura, y se le otorgó el mando del portaaviones más avanzado del mundo, el USS *Saipan* (CVL-48).

En 1949, el almirante Crommelin precipitó una investigación del Congreso que impidió que la poderosa influencia comunista dentro del gobierno de Estados Unidos paralizara la Armada estadounidense e inclinara la balanza del poder militar a favor de la Unión Soviética. En 1987, el contralmirante Crommelin fue elegido miembro del Salón de la Fama de los Portaaviones, situado a bordo del buque conservado USS *Yorktown* (CV-10), Patriot's Point, Charleston, S.C. Su placa, junto a la del Secretario de Marina James Forrestal, reza: "El contralmirante Crommelin ha sido elegido miembro del Salón de la Fama de los Portaaviones:

En 1949, sacrificó su carrera naval precipitando la "revuelta de los almirantes", que salvó la aviación naval.

Una nación puede sobrevivir a sus necios e incluso a sus ambiciosos. Pero no puede sobrevivir a la traición desde dentro. Un enemigo a las puertas es menos temible, porque es conocido y lleva sus estandartes abiertamente. Pero el traidor se mueve libremente entre los que están dentro de las puertas, sus astutos susurros susurran por todos los callejones, se oyen en los pasillos del propio gobierno... porque el traidor no parece un traidor: habla con acentos familiares para sus víctimas, lleva sus caras y sus ropas, apela a la bajeza que yace en lo más profundo del alma de todos los hombres. Pudre el alma de una nación; trabaja en secreto para socavar los pilares de la ciudad; infecta el cuerpo político para que ya no pueda resistir. El asesino es menos temible.

- Cicerón

PRÓLOGO

El propósito de este libro es presentar a los JÓVENES BLANCOS información objetiva que los medios de comunicación suprimen o distorsionan convencionalmente, y que les niegan las escuelas y universidades, obligadas a promulgar la línea marxista so pena de perder sus subvenciones gubernamentales.

El texto está salpicado de citas de autoridades mundiales, cuyas referencias figuran en la bibliografía. Cuando lea TOB SHEBBE GOYIM HAROG (¡MATAD A LOS MEJORES GENTILES!), se dará cuenta de que -a pesar de las ruidosas protestas de negación- existe una antigua CONSPIRACIÓN para destruir la civilización occidental. Ahora mismo, estamos inmersos en una guerra mortal con el ENEMIGO HISTÓRICO para determinar si nuestra nación perdurará o no. Estamos perdiendo esta guerra porque ha caído un telón de acero de censura, derogando la Primera Enmienda de la Constitución de los Estados Unidos. Sin libertad de expresión, nuestro sistema de gobierno no puede funcionar.

Este es un momento serio. Usted y su familia están en grave peligro. Le daremos los HECHOS, y luego discutiremos qué acción tomar.

Mis mejores deseos,

James W. von Brunn
Easton, Maryland 21601

8 de junio de 1999 (*Recuerde el U.S.S. Liberty.*)

ÍNDICE

PRÓLOGO   9
   INTRODUCCIÓN   14
PRÓLOGO   15
   I   *16*
   II   *21*
   III   *27*

CAPÍTULO 1   30
   LA CONSPIRACIÓN   30
      LA TORAH   *30*
      EL TALMUD   *33*
      LOS PROTOCOLOS DE LOS SABIOS DE SION   *41*

CAPÍTULO 2   48
   LOS JÁZAROS INVENTAN EL JUDAÍSMO   48

CAPÍTULO 3   53
   ILLUMINATI   53
      GUERRA CIVIL   *62*
      CITAS DIRECTAS DEL INFORME ANUAL DEL CFR DE 1980:   *76*
      FOLLETO DE PREGUNTAS Y RESPUESTAS   *78*
      LOS ESTADOS UNIDOS APOYAN EL COMUNISMO: *81*

CAPÍTULO 4   88
   PLATA   88
      LA FED: ACTIVIDAD ILEGAL Y TRAICIÓN - EL DINERO DE AMÉRICA PRESTADO PARA EXISTIR   *97*
      ESTAFA DEL SISTEMA DE LA RESERVA FEDERAL   *98*
      Sistema de reserva fraccionaria - El tren de los banqueros   *99*
      EXTRACTO DE LOS ARCHIVOS DEL CONGRESO   *102*
      DOSSIER DEL CONGRESO COMISIÓN DE INVESTIGACIÓN DE LA CÁMARA   *103*
      ARCHIVO DEL CONGRESO Cámara de Representantes   *105*
      ASAMBLEA DEL ESTADO DE NUEVA YORK   *106*

CAPÍTULO 5   110
   ESPIROQUETAS DE LA SÍFILIS JUDÍA   110
      MARXISMO   *112*
      FREUD   *116*
      Hollywood encuentra material para comedias costumbristas   *118*
      BOASISMO   *119*

CAPÍTULO 6   **124**

    EL ENGAÑO DEL HOLOCAUSTO   124

CAPÍTULO 7   **149**

    MENDELISMO   149
        MUTACIONES   *151*
        NACIMIENTOS   *152*
        SALUD MENTAL   *152*
        GENÉTICA Y RAZA   *156*

CAPÍTULO 8   **169**

    EL NEGRO   169

CAPÍTULO 9   **182**

    FUERZA ARYANA   182

CAPÍTULO 10   **194**

    PARASITISMO EE.UU.   194
        TRAICIÓN Y SEDICIÓN   *194*
        ESTRATEGIAS PARA LA DERROTA Y GUERRAS NO GANADAS   *205*
        LOS MEDIOS DE COMUNICACIÓN   *212*
        PLATA   *217*
        ¿INFLUENCIA JUDÍA?   *219*
        INVASIONES CULTURALES   *221*
        ESPACIO   *222*

CAPÍTULO 11   **226**

    PATOLOGÍA Y RESUMEN   226
        PATOLOGÍA   *226*
        RESUMEN   *241*
        LA SÍNTESIS DE OCCIDENTE CONTINÚA: *254*

CAPÍTULO 12   **257**

    RESUMEN   257
        LA SOLUCIÓN FINAL   *262*
        EL IMPERATIVO CATEGÓRICO   *272*

GLOSARIO   **276**

BIBLIOGRAFÍA   **281**

    América   *281*
    Revisionismo histórico   *282*
    Génesis de la guerra   *282*
    El revisionismo del Holocausto   *282*

Raza y cultura	*283*
JUDÍOS	*285*
El Tercer Reich	*286*
ALGUNOS SITIOS WEB INTERESANTES	*286*

EXPOSICIONES — **289**

INCENDIO	*289*
CARTA A JAMES HENRY WEBB	*290*
Carta de Crommelin a Erik von Brunn	*298*
BOICOT A ANDERSON	*302*
CARTA A ROBERT HIGGINS	*304*
EDITORIALES DEL STAR-DEMOCRAT	*306*
NO RENUNCIAR NUNCA A LA SOBERANÍA	*308*
CICERON	*308*

YA PUBLICADO — **311**

INTRODUCCIÓN

Este libro es, ante todo, una recopilación de datos de investigación, ideas y escritos de hombres y mujeres a los que admiro, cuyas palabras me han inspirado y cuyos escritos he tomado prestados generosamente. A lo largo del libro he tratado de reconocer y atribuir mis fuentes. Merecen un reconocimiento especial Oswald Spengler, Francis Parker Yockey, Wilmot Robertson, Revilo Oliver y William Gayley Simpson.

Sin embargo, no deben ser considerados responsables de las conclusiones a las que he llegado en este libro, que en este sentido es de mi exclusiva responsabilidad.

- JvB

PRÓLOGO

Porque tú eres un pueblo santo para el Señor, tu Dios. Y el Señor te ha elegido para que seas su pueblo especial, por encima de todas las naciones de la tierra.

LA SANTA BIBLIA (Torá): Deuteronomio 14:2.

Toda la propiedad de otras naciones pertenece a la nación judía, que en consecuencia tiene derecho a apoderarse de ella sin escrúpulos... Un judío puede actuar en contra de la moral si esto es beneficioso para sí mismo o para los judíos en general.

TALMUD: Schulchan Bruch, Choszen Hamiszpat 348.

Hemos engañado, desconcertado y corrompido a la juventud goyim educándola en principios y teorías que sabemos falsos, aunque hayamos sido nosotros quienes los inculcamos.

PROTOCOLOS DE LOS SABIOS DE SION: Protocolo 9:10.

No has empezado a apreciar la verdadera profundidad de nuestra culpa. SOMOS intrusos. Somos alborotadores. SOMOS subversivos. Nos hemos apoderado de vuestro mundo natural, de vuestros ideales, de vuestro destino, y los hemos devastado. Estuvimos detrás no sólo de vuestra última gran guerra, sino de casi todas vuestras guerras; no sólo de la Revolución Rusa, sino de todas las demás revoluciones de vuestra historia. Hemos sembrado la discordia, la confusión y la frustración en vuestra vida pública. Y seguimos haciéndolo. ¿Quién sabe qué gran y glorioso destino podría haber sido el vuestro si os hubiéramos dejado en paz?

MARCUS ELI RAVAGE, JUDÍO *Century Magazine*, enero de 1928.

Permítanme emitir y controlar el dinero de una nación y no me importa quién haga sus leyes.[1]

AMSCHEL MEYER ROTHSCHILD, JUDÍO (1743-1812).

---

[1] A lo largo de este libro, he insertado palabras en mi propio texto, y en textos citados por otros, para identificar a los individuos como judíos, de modo que el lector no tenga que depender del contexto o de la memoria para hacer la identificación apropiada. - JvB

I

En el escenario mundial asistimos hoy a una tragedia de proporciones gigantescas: la destrucción calculada de la raza blanca y de la incomparable cultura que representa. Europa, la antigua fortaleza de Occidente, está siendo invadida por hordas de no blancos y mestizos. Lo mismo ocurre en Australia y Canadá. Las otrora productivas civilizaciones blancas de Rodesia y Sudáfrica, extorsionadas por el ILLUMINATI y su instrumento de ejecución, los Estados Unidos, se han visto obligadas a adoptar gobiernos DEMOCRÁTICOS, dejando a sus familias blancas a merced de negros numéricamente superiores y mentalmente inferiores, cuyos antepasados fueron incapaces de inventar siquiera la rueda. Sin embargo, los ataques más concentrados contra la raza blanca se producen en los Estados Unidos de América.

La revista TIME (4-9-90) informa de que en la primera mitad del siglo XXI (estadísticas de la Oficina del Censo de EEUU), ¡la población blanca de Estados Unidos se convertirá en minoría en su propio país! El "oscurecimiento de América" cambiará todos los aspectos de la sociedad, desde la política y la educación hasta la industria, los valores y la cultura... el nuevo mundo ya está aquí. Y es *irreversiblemente* la América que viene". TIME continúa: "La vieja mayoría aprenderá, como parte normal de la vida cotidiana, el significado del lema latino grabado en nuestras monedas: *E pluribus unum*, uno formado a partir de muchos".

Ben Wattenberg, judío y portavoz del American Enterprise Institute, Washington, D.C., comentando el estancamiento de la tasa de natalidad blanca, el mestizaje y la avalancha de inmigración no blanca, declara con entusiasmo: "Es muy probable que el mito americano dé otro paso, en la década de 1990 y más allá, hacia la idea de que somos la NACIÓN UNIVERSAL. Es la sentencia de muerte del destino manifiesto. Somos un pueblo con una misión y un propósito, ¡y creemos que tenemos algo que ofrecer al mundo!".

El "mito americano" (creado por los judíos) de que nuestros padres fundadores querían que todas las razas, desde los pigmeos hasta los ainu, fueran invitadas a nuestras costas, se basa en las palabras de Thomas Jefferson en la Declaración de Independencia: "... todos los hombres son creados iguales". El significado de esta afirmación tan citada ha sido distorsionado por los ILLUMINATI que reescriben subjetivamente la historia y esgrimen el llamado "HOLOCAUSTO" como un hacha de guerra sobre las cabezas de quienes proclaman certezas genéticas: los hombres y las razas NO han sido creados iguales.

La afirmación de Jefferson sólo puede entenderse en el contexto de su época. Nuestros padres fundadores eran arios, hombres bien educados que comprendían, empíricamente, las grandes diferencias entre razas de caballos, razas de ganado, razas de hombres y entre individuos: conocimientos confirmados hoy por las ciencias naturales de la genética, la eugenesia y la antropología. Hitler, como empiezan a aprender los simplones estadounidenses, no estaba del todo equivocado.

Los artífices de nuestra Constitución, que representaban a trece colonias esclavistas, esperaban construir en América un bastión de la cultura occidental *para sus descendientes blancos.* Jefferson, que poseía muchos esclavos, NO apoyaba la igualdad racial. La idea nunca se le habría ocurrido (también dijo: "...las dos razas igualmente libres no pueden vivir juntas bajo el mismo gobierno"). Jefferson se refería a *la igualdad ante la ley,* en relación con el tema candente de la época: "ningún impuesto sin representación".

Los fundadores también querían un gobierno en el que el poder supremo recayera en el pueblo. Sabían, sin embargo, que en este mundo tan imperfecto, los *inteligentes y capaces siempre superan en número a los no inteligentes e incapaces.* En consecuencia, el voto de la mayoría anula el voto de la inteligencia. Los fundadores también sabían que las masas son fácilmente controladas por hombres ambiciosos y sin escrúpulos. Por eso, en su sabiduría, crearon una República con un sólido sistema de controles y equilibrios -no una Democracia- sabiendo que la Democracia está destinada a destruir las mismas libertades que se supone que debe proteger. Como *resultado, el derecho al voto era tan preciado que se limitó* a los varones blancos considerados capaces de ejercer su derecho al voto de forma responsable. Los redactores de la Constitución se vieron influidos por los discursos de Platón sobre el "gobierno de la mayoría" y por la historia de esa notable ciudad-estado, Atenas, durante la Edad de Oro de Pericles (c. 430 a.C.). La población total de Atenas, de 130.000 habitantes, se componía de 50.000 ciudadanos (griegos, estrechamente consanguíneos), 25.000 mestizos (extranjeros residentes) y 55.000 esclavos. En esta aclamada "democracia", que produjo desproporcionadamente a muchos de los más grandes hombres de la historia, las mujeres, los mestizos y los esclavos no podían votar y los ciudadanos no podían casarse con esclavos.

Alexis de Tocqueville observó: para establecer una base de poder en una DEMOCRACIA, todo lo que hay que hacer es profesar la creencia en el igualitarismo. Esta es precisamente la estratagema empleada por los ILLUMINATI en la última mitad de la América del siglo XIX. Engordados por los beneficios de la Guerra Civil, los judíos eran como gusanos atacando un campo de maíz maduro. Su estrategia, según los PROTOCOLOS, era: 1) transformar la República Americana en una DEMOCRACIA; 2) crear un banco central Rothschild; 3) hacerse con el control de los medios de comunicación; 4) instituir un impuesto sobre la renta de las personas físicas; 5) destruir la nación blanca; y 6) aprovechar los increíbles recursos, fuerza y energía creativa de América para las aspiraciones de los JUDÍOS, que incluían la destrucción de Alemania, enemigo declarado del LIBERALISMO/MARXISMO/JUDAÍSMO y hogar de la raza blanca. Emma Lazarus, judía (1849-1887), señaló las intenciones de su tribu hacia nuestra República en un poema ("El Nuevo Coloso") inscrito en la base de la Estatua de la Libertad, invitando a los "miserables desechos" del mundo a las doradas costas de América, el vertedero de Yahvé. Los judíos tienden a destruir lo que más envidian.

LIBERALISMO/JEUNISMO/MARXISMO: ésta fue la fórmula utilizada por Woodrow Wilson y Franklin D. Roosevelt, ambos demócratas, para traicionar a su nación. El primero era un ingenuo sofista de corazón vil, chantajeado por los sionistas estadounidenses por una relación extramatrimonial; el segundo era un egoísta despiadado con una malicia profundamente arraigada contra su propia raza ("Algunos de mis mejores amigos son comunistas"). Con Wilson, la DEMOCRACIA sustituyó a nuestra República, el sistema monetario estadounidense se puso en manos de los ILLUMINATI y los JUDÍOS recibieron la Declaración Balfour (que garantizaba una "patria" judía), a *cambio* de la entrada de Estados Unidos en la Primera Guerra Mundial. Bajo Roosevelt, el LIBERALISMO/MARXISMO/JUDAÍSMO triunfó sobre la civilización occidental. Se garantizó a los judíos el Estado de ISRAEL, a *cambio* de la entrada de América en la guerra contra Alemania (Segunda Guerra Mundial). "El ciervo más valiente puede ser puesto de rodillas si se le ponen suficientes perros en la garganta". (William G. Simpson)

El "pueblo con una misión" al que se refiere Ben Wattenberg, JUDÍO, es el PUEBLO ELEGIDO POR DIOS cuya misión mesiánica, como dejan bien claro el Antiguo Testamento, el Talmud y los Protocolos, es la destrucción de todas las naciones paganas mediante el mestizaje y la guerra. La desanimada "manada de proletarios morenos" resultante será conocida eufemísticamente como la NACIÓN UNIVERSAL.

Desde la Segunda Guerra Mundial, el GOBIERNO SIONISTA OCUPADO DE ESTADOS UNIDOS (ZOG) ha acogido a un gran número de fértiles inmigrantes no blancos, basándose en la ideología de que la diversidad es mejor. Paradójicamente, el establishment liberal está inmerso en una campaña de contracultura para eliminar la diversidad mediante el mestizaje racial. Estos conceptos incoherentes comparten un objetivo ILLUMINATI singular: la destrucción de la raza aria blanca.

La aprobación del matrimonio interracial se basa en el idiota dogma cristiano de que los hijos de Dios deben amar a sus enemigos (un concepto que los JUDÍOS rechazan totalmente) y en la propaganda liberal, marxista y judía de que todos los hombres y razas son creados iguales. Estas ideologías genocidas, predicadas desde los púlpitos americanos, enseñadas en las escuelas americanas, legisladas en los pasillos del Congreso (confirmando la creencia TALMUDITA de que los goyim son ovejas estúpidas), se supone que producirán una población "americana" única, superinteligente, hermosa y no blanca. El racismo, la desigualdad, el fanatismo y la guerra desaparecerán para siempre. Como todas las ideologías liberales, el mestizaje es totalmente incompatible con la ley natural: las especies mejoran por reproducción, selección natural y mutación. Sólo sobreviven los más fuertes. El mestizaje de los blancos con especies inferiores en la escala evolutiva disminuye el patrimonio genético de los blancos, al tiempo que aumenta el número de mestizos con carencias fisiológicas, psicológicas y de comportamiento. A lo largo de la historia, los Blancos miopes se han mestizado. El concepto de "hermandad" no es nuevo (como pretenden los LIBERALES) y los resultados -inevitablemente desastrosos para la raza blanca- son evidentes hoy en día, por ejemplo, en las poblaciones mestizas de Cuba, México, Egipto, India y los centros urbanos de la América contemporánea.

¡Como es que los TALMUDISTAS protegen *su* herencia genetica de manera diferente! Los judíos no tienen ninguna intención de formar parte de la NACIÓN UNIVERSAL que están creando para los estúpidos *goyim*. El representante de la ONU, el conde Folke Bernadotte, antes de ser asesinado por el Irgun, propuso que palestinos y judíos vivieran juntos bajo un gobierno DEMOCRÁTICO. Los palestinos aceptaron. Los judíos se negaron violentamente, exigiendo un Estado exclusivo para ellos. ¡La DIVERSIDAD DEMOCRÁTICA sólo es buena para los *goyim*! Los JUDÍOS -que han hecho del antisemitismo un negocio rentable, que bombardean sus propias sinagogas, garabatean pintadas en sus propias tumbas, cuentan mentiras sobre el Holocausto- demuestran hoy ser los ANTISÉMITAS más virulentos del mundo: asesinan árabes en cada oportunidad y piden ayuda a Estados Unidos cuando los "terroristas" desposeídos contraatacan.

La supervivencia de la nación judía depende de que mantenga su condición de pueblo elegido por Dios. Por eso el TALMUD considera un crimen que un judío se case con una no judía. Pero no siempre. Los varones judíos, que buscan revigorizar los genes tribales enfermos, pueden recibir dispensa rabínica para aparearse con esposas trofeo paganas. La descendencia bastarda de tales matrimonios mixtos se considera no judía; sin embargo, los hijos de tales matrimonios pueden redimir el linaje judío casándose con JUDERÍAS, cuya descendencia sigue considerándose judía. De este modo, ¡la TRIBU se apropia de genes paganos sanos! En una sociedad patriarcal, como la de los JUDÍOS, la dispensa descrita es una necesidad biológica. Después de las guerras, los judíos ricos solían recorrer las ruinas de Europa en busca de viudas y huérfanos arios hambrientos para traerlos de vuelta a los Estados Unidos.

Steven Spielberg, un director de Hollywood judío y pusilánime, pagó a Kate Capshaw, una prostituta blanca y emprendedora, 22 millones de dólares antes de que entrara en el lecho conyugal (*Vanity Fair*, octubre de 1997). Después dio a luz obedientemente a dos futuros candidatos para la floreciente industria de prótesis nasales de Estados Unidos. Así es la vida de un pájaro en una jaula dorada. No se sabe qué remuneración recibió el vicepresidente Al Gore, *quid pro quo*, por concertar el matrimonio de su rubia hija con el vástago de la acaudalada tribu Schiff (Kuhn Loeb & Co., JUIFS), una cábala bancaria célebre por haber financiado la revolución bolchevique durante la cual millones de musulmanes y cristianos desarmados fueron asesinados del mismo modo que los ganaderos de Texas acorralan y sacrifican liebres con raquetas de nieve.

En 1933, en elecciones democráticas, los alemanes optaron por un Estado alemán exclusivamente para alemanes (arios), al tiempo que ofrecían ayuda a los sionistas para colonizar Palestina con judíos. La judería mundial enloqueció y declaró unilateralmente la guerra (1933) a Alemania. Para los JUDÍOS es inconcebible que otra raza que no sea la elegida por DIOS tenga su propio estado. Los ILLUMINATI ordenaron a las fuerzas aliadas incinerar a los alemanes en sus ciudades, granjas y aldeas, informando así al mundo que no se tolerarán estados-nación, excepto en Israel, y que la comunidad judía mundial puede vivir en cualquier nación extranjera de su elección.

La expresión *E pluribus unum*, que aparece en las monedas estadounidenses, se refería a los inmigrantes blancos que, una vez llegados a Estados Unidos, abandonaban su etnia y se asimilaban a una reserva genética (nación) blanca: la misma nación aria que poblaba los grandes estados de Europa. Aquí, en lugar de llamarse ingleses, franceses, escoceses, alemanes, polacos *y otros*, se llamaron estadounidenses. Como resultado, hasta la Segunda Guerra Mundial, el mundo entero pensaba que los estadounidenses eran blancos. Esto ya no es así. Ahora nos llaman "americanos feos". Este ya no es nuestro país. Vergonzosamente, la América blanca se rindió a los judíos sin disparar un tiro, mientras que los indios americanos lucharon por su tierra casi hasta el último hombre, dejando un legado de valentía sin parangón. La población mundial de *homosapiens* es ahora de 6.000 millones, de los cuales 800 millones (13%) son blancos. Democratizar el mundo tendrá el mismo resultado que tirar un recipiente de leche por el desagüe en Nueva York. La población blanca simplemente se mezclará en el lodo racial y desaparecerá -para siempre- como corresponde a una especie que no tiene voluntad de sobrevivir.

II

Desde los primeros días de su historia, los judíos han vivido entre naciones extranjeras. Estrabón, el gran geógrafo (c. 100 a.C.), escribió que los hebreos controlaban clandestinamente casi todos los pueblos prósperos del mundo. Parece una afirmación justa. Josefo, historiador hebreo de la misma época, se jactaba de que no había nación en la que los hebreos no hubieran penetrado. 400 años después de la primera pirámide de Keops, una corriente de inmigrantes hebreos cruzó el istmo de Suez hacia el próspero Egipto bajo el reinado de Pepi II (2738-2644 a.C.). El goteo se convirtió en un torrente. Florecieron los sobornos y la corrupción política y moral. La dinastía egipcia estaba al borde del colapso. Nefer-rohu escribe: "Todas las bocas están llenas de "¡Ámame!" y todo lo bueno ha desaparecido". "El ladrón es ahora el poseedor de la riqueza... Te muestro al propietario necesitado y al forastero satisfecho...". Los hebreos no estaban sometidos a esclavitud por el faraón. Era al revés. Finalmente, el camello fue expulsado de la tienda y Egipto inició un renacimiento cultural y económico.

Las doce tribus hebreas a las que Yahvé prometió el mundo estuvieron unidas durante menos de 100 años ("años dorados") bajo los reyes Saúl, David y el bastardo Salomón. Desgarradas por luchas intestinas y fuertemente gravadas para sostener los excesos del rey "sabio", las tribus se dividieron imprudentemente en dos partes (922 a.C.): Israel con 10 tribus, al norte, y Judá (que contenía Jerusalén) con 2 tribus, al sur. Los asirios (sirios, semitas) mataron o asimilaron a las tribus del norte, que desaparecieron de la historia para siempre. Judá fue entonces derrotada por los babilonios (iraquíes, semitas). Los judíos supervivientes fueron cautivos en Babilonia. Más tarde, los que ocupaban puestos de confianza (530 a.C.) traicionaron a Babilonia.C.) traicionaron a Babilonia a los persas (iraníes, arios), del mismo modo que más tarde los judeos traicionaron a las ciudades grecorromanas de Asia Menor a los patricios, y los judíos del siglo XX traicionaron secretos militares estadounidenses a la Unión Soviética, Israel y China. (El libro veterotestamentario de Ester revela el concepto de la heroína JUDÍA). Persia permitió a los judíos regresar a Jerusalén y reconstruir su templo. En el 330 a.C., Alejandro Magno (macedonios, griegos, arios) conquista Persia. El helenismo fue finalmente sustituido (27 a.C.) por la gran hegemonía romana (aria).

Bajo el helenismo y más tarde bajo Roma, el objetivo era reunir a las heterogéneas poblaciones de Asia y Oriènte Próximo en una entidad funcional. Se introdujeron mejoras en el gobierno y los asuntos cívicos; se construyeron carreteras y acueductos; se crearon rutas comerciales y empresas (en Alejandría vivían más hebreos que en Jerusalén).

Se introdujo en la educación el concepto de Razón Occidental, es decir, la búsqueda objetiva de los HECHOS frente al razonamiento subjetivo (hebreo). Todas las regiones conquistadas se beneficiaron. Sin embargo, los elegidos de Dios tenían su propia agenda. Los hebreos estaban divididos en dos bandos principales: los sumos sacerdotes y los círculos empresariales que cooperaban con los gobiernos sátrapas para obtener favores políticos y beneficios monetarios; y los fanáticos religiosos tradicionales que buscaban el martirio y la muerte de los paganos. Para Grecia y Roma, los judíos parecían tener poca importancia, hasta que una quinta columna de traición se extendió por la región. El aire se llenó de rumores, calumnias, supersticiones y malos augurios. La usura, la corrupción y la extorsión se dispararon. La moral y los negocios se resienten. Funcionarios y oficiales del ejército fueron asesinados. Llevadas al límite, como muchas naciones, primero Grecia y luego Roma se defendieron con fuerza. Desde entonces, han sido demonizados por sus acciones. Antíoco IV de Epífanes, el Ptolomeo gobernante, intentó obtener la cooperación de los hebreos mediante edictos de apoyo a la Torá, al Sumo Sacerdote y a los círculos empresariales. Sin embargo, su paciencia se agotó cuando se enteró de una nueva rebelión armada israelita (169 a.C.). "Furioso como una bestia salvaje, Antíoco marchó sobre Jerusalén donde, después de que sus partidarios hebreos abrieran a traición las puertas de la ciudad, los griegos mataron a 80.000 ISRAELITAS en tres días y vendieron al menos a otros tantos como esclavos".

Roma, tras 100 años de mentiras y traición a los hebreos (7 millones de hebreos vivían en el Imperio Romano), y ante una nueva rebelión en Palestina, ordenó la destrucción del Templo de Jerusalén (70 d.C.). Además, según Tácito, 600.000 de los 2,5 millones de ISRAELÍES que vivían en Palestina murieron en la batalla (Josefo, el Elie Wiesel de su tiempo, afirma que 1.197.000 hombres, mujeres y niños fueron asesinados).

En el año 115 d.C., hebreos y paganos se mataron mutuamente en Egipto, Mesopotamia, Chipre y Cirene. Durante la diáspora (es decir, el destierro de los hebreos de Canaán), los "elegidos de Dios" se dispersaron por toda la costa mediterránea. Trágicamente para Occidente, muchos de ellos se dirigieron al enclave hebreo de Roma, donde, ya en el año 63 a.C., se cuenta que los hebreos causaron problemas económicos al exportar oro desde Italia. Su influencia corruptora era lo suficientemente poderosa como para sobornar a los jueces romanos e influir en la política exterior. La lamentable historia del pueblo ISRAELÍ obligado a vivir en la diáspora es otro engaño. Sólo una pequeña población hebrea ha vivido alguna vez en Palestina; genéticamente, se ven obligados a vivir entre las naciones de acogida. La capital administrativa del pueblo ISRAELI no era Jerusalén sino Babilonia. Fue allí donde un NASI (jefe) administró la dispersa nación hebrea. José Ben Tobías, JUDÍO (c. 240 a.C.) es descrito como "el prototipo del FINANCIERO INTERNACIONAL para quien no existen límites ni consideraciones éticas restrictivas... el primer gran banquero judío". (Peter Green, *Alejandro a Actium*).

Desde los faraones hasta Hammurabi, pasando por los tiempos modernos, los judíos han sido objeto de temor y repugnancia:

(CICERON) Los judíos pertenecen a una fuerza oscura y repulsiva. (TACITUS) Siempre están dispuestos a mostrarse compasivos unos con otros, mientras reservan una amarga enemistad para todos los demás. (CONSTANTIN) Los judíos son una secta dañina y perversa. (EL CORAN) Satanás se ha apoderado de ellos. Los JUDÍOS son el partido de Satanás. (GOETHE) Esta astuta raza tiene un gran principio: mientras reine el orden, no hay nada que ganar. (VOLTAIRE) Todos los JUDÍOS nacen con el fanatismo en el corazón, como los bretones y los alemanes nacen con el pelo rubio. (WASHINGTON) Los judíos trabajan más eficazmente contra nosotros que los ejércitos del enemigo. (JEFFERSON) Dispersos como están los judíos, son sin embargo una nación, ajena a la tierra en la que viven. (FRANKLIN) Estoy totalmente de acuerdo con el General Washington en que debemos proteger a esta joven nación de la influencia y la penetración insidiosas. (NAPOLEÓN) Los judíos son los grandes ladrones de la era moderna; son las aves carroñeras de la humanidad. (LISZT) La presencia de los JUDÍOS en las naciones de Europa es causa de muchos males y un grave peligro. (HEGEL) El Estado es incompatible con el principio judío. (LORD HARRINGTON) Los JUDÍOS han sido siempre los mayores enemigos de la libertad. (HUME) Los JUDÍOS tienen un carácter peculiar y son notorios por su fraude. (U. S. GRANT) Los JUDÍOS, como clase, que violan todas las reglas establecidas por el Tesoro, son por la presente expulsados de este Departamento. (SOMBART) Las guerras son las cosechas de los JUDÍOS. (DOSTOYEVSKY) Los judíos están drenando el suelo de Rusia. (JUNG) El judío nunca ha creado una forma cultural propia y, por lo que sabemos, nunca lo hará. (R. L. STEVENSON) Los judíos están endeudando irremediablemente al granjero y manteniéndolo para siempre como su esclavo. (R. WAGNER) Una cosa que tengo muy clara es que el secuestro y la falsificación de nuestras tendencias culturales pueden atribuirse a la influencia judía. (LINDBERGH) Nos preocupa el efecto de la influencia judía en nuestra prensa, radio y cine. (NESTA WEBSTER) Inglaterra ya no está controlada por los británicos. Estamos bajo una dictadura judía invisible. (KEROUAC) El verdadero enemigo es el comunista, el judío. (J. R. LOWELL) ¿Dónde estaría el JUDÍO en una sociedad de hombres primitivos sin dinero? (MALCOM X) Ni siquiera puedes decir JUDÍO sin que te acuse de antisemitismo. (MENCKEN) Me parece que, a excepción de algunos puntos brillantes, el TALMUD es bastante indistinguible de la basura. (G. B. SHAW) Ese es el verdadero enemigo... el parásito oriental, en una palabra el JUDÍO. (SOMBART) Mira en las páginas del TALMUD... A los judíos se les enseñó muy pronto a buscar su principal felicidad en el dinero. (MARK TWAIN) Leí en la *Enciclopedia Británica* que la población judía de los Estados Unidos era de 250.000; escribí al editor que yo personalmente conocía a más judíos que eso. Es mi opinión que tenemos una enorme población judía en los EE.UU. (THOMAS WOLFE) LOS JUDÍOS seducen a chicos (y chicas) cristianos puros porque quieren destruirlos.[2] Detrás de todas las guerras y revoluciones en Occidente está el JUDÍO internacional, que no cesa de gritar antisemitismo, mientras chupa la sangre de los gentiles.

> No somos judíos con guion: somos judíos sin cualificaciones ni reservas... Vuestro espíritu nos es ajeno... vuestras ambiciones y aspiraciones nacionales nos son ajenas. Somos un pueblo extranjero entre vosotros, e insistimos en que deseamos seguir siéndolo... Reconocemos la unidad nacional de los judíos de la Diáspora, independientemente del país en el que residamos. En consecuencia, ninguna frontera puede impedirnos seguir nuestra propia política judía...
> DR. JAKOB KLATZKIN, JUDÍO, "Krisis und Entsheidung".

En la época moderna, los judíos fueron expulsados, castigados o denunciados por muchos estados arios, entre ellos los siguientes:

1215 CONCILIO CATÓLICO 4 LATRANO - restringe el comercio de

---

[2] Las citas proceden del libro *ANTIZION*, compilado por William Grimstad, Noontide Press.

esclavos judíos, la prostitución y el proxenetismo.

1253 FRANCIA - restricciones por infracción de la legislación civil.

1255 INGLATERRA -18 ahorcados por asesinato ritual.

1275 INGLATERRA - Prohibición parlamentaria de la usura por parte de los judíos.

1290 INGLATERRA - expulsado de Inglaterra por traición, etc.

1300 RUSIA - guerra continua entre la Rusia Aria y los Khazars, que lleva a la revolución Bolchevique y a la toma de control ILLUMINATI de Rusia, Europa del Este y América.

1348 SAJONIA - Expulsión de los judíos a Polonia y Turquía; traición.

1360 HUNGRÍA - Expulsión de los judíos por violar la ley civil.

1370 BÉLGICA - Expulsión de los judíos por usura y traición.

1380 ESLOVAQUIA - Expulsión de los judíos por usura, traición y proxenetismo.

1420 AUSTRIA - Expulsión de judíos por violar la ley civil.

1444 PAÍSES BAJOS - Expulsión de los judíos por usura, traición y proxenetismo.

1492 ESPAÑA - Expulsión de los judíos por blasfemia y traición.

1495 LITUANIA - Expulsión de los judíos por violar la ley civil.

1498 PORTUGAL - Expulsión de judíos por blasfemia y traición.

1540 ITALIA - Expulsión de judíos por blasfemia, asesinato y proxenetismo.

1551 BAVIÈRE - Expulsión de los judíos por traición.

1776 FRANCE/BAVIÈRE - donde los ILLUMINATI están prohibidos.

1913 RUSIA - Expulsión de los bolcheviques por traición y asesinato.

1935 ALEMANIA, RUMANIA, HUNGRÍA, AUSTRIA, CROACIA y FRANCIA expulsan a los judíos por traición, usura y asesinato.

1953 Estados Unidos - El Congreso identifica y condena a espías judíos.

1966 U.S.A. - El senador McCarthy tiene razón sobre los espías judíos.

1990 CANADA - El juicio de Zundel demuestra que el "HOLOCAUSTO" es un engaño.

1999 EE.UU. - Espionaje judío.

> El judío ya se ha emancipado a la manera judía: El judío que simplemente es tolerado en Viena, por ejemplo, determina el destino de todo el Imperio Alemán a través de su poder monetario. El judío que no tiene derechos en el Estado alemán más pequeño decide el destino de Europa.
>
> KARL MARX, "Un mundo sin judíos", 1840

III

En la naturaleza, todos los organismos se alimentan de otros organismos. En este sentido, la humanidad es parasitaria porque se alimenta de otros seres vivos. Sin embargo, el único parásito humano que se encarna en los nervios de otros humanos es el JUDÍO. Su genio reside en su astucia, en su capacidad para engañar como un camaleón y, como señala Cicerón, en su malicia, que apela a la bajeza que yace en lo más profundo del alma de todos los hombres. En público, los JUDÍOS fingen POBREZA. Se presentan como judeocristianos errantes para siempre en la diáspora: ¡víctimas trágicas, indefensas, perseguidas por TODOS en un mundo intolerante y antisemita! Bajo esta quimera, el judaísmo internacional es un COMERCIO virulento, organizado, poderoso y extremadamente rico, que combina NACIÓN/LOY/RELIGIÓN/CULTURA: el único que manda lealtad, cruza todas las fronteras nacionales y desprecia totalmente a las naciones paganas que su DIOS genocida les ha ordenado destruir.

> La ira del Señor está sobre todas las naciones, y su furor sobre todos los ejércitos. Él los someterá por completo... Sus muertos serán arrojados, y el hedor saldrá de sus cadáveres... Porque este es el año de la venganza del Señor, el año de la retribución por la controversia de Sión.
>
> LA SANTA BIBLIA: Isaías 34:2.

Edward Gibbon, en su libro *The Decline and Fall of the Roman Empire*, describió a los judíos como "una raza de fanáticos... animados por un odio irreconciliable hacia la humanidad". Arnold Toynbee describió el JUDAÍSMO como una "religión fósil". Winston Churchill denunció a los JUDÍOS como "una banda de personalidades de los bajos fondos que CONSPIRAN derrocar la civilización occidental". El rabino Stephen Wise, jefe de la judería "americana" durante la Segunda Guerra Mundial, que ayudó a crear el Holocausto (CANULAR), dijo: "No soy un ciudadano americano de ascendencia judía. Soy judío. Soy judío desde hace mil años. Hitler tenía razón: somos un pueblo". Sí, Hitler tenía razón.

En este prólogo, hemos repasado brevemente las intenciones de nuestros padres fundadores de crear un bastión de la cultura occidental en Estados Unidos para su descendencia blanca. Las estadísticas actuales de la Oficina del Censo de EE.UU. revelan que los estadounidenses blancos están siendo erradicados. También hemos explorado una breve historia de los hebreos/judíos/israelíes porque, como Spengler demostró tan convincentemente -y como Estados Unidos puede atestiguar ahora- la historia se repite indefectiblemente. El viejo cáncer judío está ahora incrustado en los nervios de América.

Las reglas de navegación nos dicen que para fijar un nuevo rumbo, primero debemos saber dónde estamos; para saber dónde estamos, debemos saber dónde hemos estado. Por eso nos proponemos hacer un breve recorrido por la historia de la CONSPIRACIA, luego describir la CONSPIRACIA en acción: LIBERALISMO/MARXISMO/JUDAÍSMO, y finalmente proponer un plan para extirpar el cáncer de nuestro organismo cultural. *Si no lo extirpamos, moriremos.*

RECUERDA: los genes blancos no se pueden crear, sólo se pueden transmitir. Los arios siempre podemos construir otro Estado sobre las ruinas del antiguo; pero una vez contaminada la reserva de genes blancos, ¡puedes despedirte para siempre de las rubias, pelirrojas y morenas de piel clara!

CAPÍTULO 1

LA CONSPIRACIÓN

Porque tú eres un pueblo santo para el Señor, tu Dios, y el Señor te ha elegido para que seas su pueblo especial, por encima de todas las naciones de la tierra.

SANTA BIBLIA: Deuteronomio 14:2.

La ira del Señor está sobre todas las naciones, y su furor sobre todos los ejércitos. Los destruirá por completo... Sus muertos serán arrojados fuera, y el hedor saldrá de sus cadáveres... Porque éste es el año de la venganza del Señor, el año de la retribución por la controversia de Sión.

SANTA BIBLIA: Isaías 34:2.

El exterminio de los cristianos era necesario.

TALMUD: Zohar II 43a.

Es más mezquino cuestionar las palabras de los rabinos que la Torá.

TALMUD: Mishna Sanhedrin 11:3.

Los administradores, que elegiremos entre los ciudadanos en función de su obediencia servil, no serán personas formadas en el arte de gobernar y, por tanto, se convertirán fácilmente en peones de nuestro juego, en manos de hombres de ciencia y genio que serán sus consejeros: especialistas criados desde la infancia para dirigir los asuntos del mundo entero.

PROTOCOLOS DE LOS SABIOS DE SION, protocolo 2:2.

Todos los futuros votos, juramentos, promesas, promesas y juramentos hechos por mí serán nulos desde este Día de la Expiación hasta el siguiente.

Juramento del Kol Nidre.

LA TORAH

Cuando los historiadores se comprometen públicamente con una teoría de la conspiración, los medios de comunicación se vuelven locos, llamándoles nazis, fanáticos, paranoicos e idiotas. ¿Por qué estos furibundos desmentidos? Desde el principio de la historia, la gente ha conspirado para dominar el mundo, o lo que creían que era el mundo. ¿Por qué iba a ser diferente hoy? No lo es. Hay una conspiración en marcha ahora mismo para destruir la civilización occidental y la nación aria que la creó. Esta conspiración no es nueva. Comenzó hace más de 3.000 años en forma de leyendas tribales habladas, que finalmente fueron recogidas en la Torá (alrededor del 900 a.C.), un tapiz de mitos y cuentos plagiados, en gran parte, de Egipto, Mesopotamia, Babilonia y Grecia. La Ley Mosaica, el Jardín del Edén, el Diluvio y la historia de David proceden de fuentes no hebreas. La idea del monoteísmo se tomó prestada (hacia 1400 a.C.) del faraón Akhenatón. En este rico tapiz, los hebreos tejieron los hilos de su propia historia, tal y como la creían o querían que fuera -el *modus operandi* de los guionistas de Hollywood de hoy en día-. El protagonista ficticio de estas historias egocéntricas es Yahvé (Adonai, Jehová, Dios): un dios tribal antropomórfico, celoso, vengativo, iracundo, genocida, creado a imagen y semejanza de los hebreos que lo crearon. Naturalmente, este GRAN HEBREO del cielo ama a los HEBREOS. Todas las demás naciones son consideradas como ganado para ser utilizado, ordeñado y exterminado.

> Porque tú eres un pueblo santo para el Señor, tu Dios, y el Señor te ha elegido para que seas su pueblo especial, por encima de todas las naciones de la tierra.
>
> LA SANTA BIBLIA, Deuteronomio 14:2.
>
> Serás para mí un tesoro por encima de todos los pueblos, porque mía es la tierra.
>
> LA SANTA BIBLIA, Éxodo 19:5.

No olvidemos que estos delirios de grandeza los escribieron los hebreos sobre sí mismos. Los megalómanos de esta magnitud suelen ser maníaco-depresivos encerrados en manicomios.

El tesoro de los tesoros es Abraham, a quien Yahvé "ama sobre todas las cosas". Se nos cuenta que Abram (Abraham) y su esposa Sari (Sara), que es también su hermanastra, viajaron al próspero Egipto en busca de botín. Allí, Abraham organiza un encuentro entre su hermana y el Faraón. El omnipresente Yahvé los sorprendió en el *acto*. El faraón, sin saber que había cometido adulterio, ofreció a Abe y a Sari ganado, sirvientes, plata y oro "y Abraham se hizo muy rico". Pero, JEHOVÁ es un dios celoso y vengativo (Gen.12); NO contra el proxeneta

Abraham a quien ama por encima de todo; NO contra la buscavidas Sari. Está furioso con el buen Faraón, que ha sido engañado, y golpea a Egipto con una plaga (Spielbergismo). Muchos años después (Gn. 20), en un escenario idéntico, Sara, que entonces tenía 92 años, estafó al faraón Ambimilech. Dios dijo a Ambimilech: "¡He aquí que eres hombre muerto... porque ella es mujer de hombre! La historia real muestra que los judíos fueron expulsados de Egipto por traición y por ser portadores de la plaga - al igual que los judíos fueron portadores del tifus durante la Segunda Guerra Mundial (véase el capítulo 6, "HOLOCAUSTO").

En otro ejemplo del odio de DIOS hacia los paganos, nos enteramos de que Abraham, patriarca de Israel, le había echado el ojo a Canaán, una "tierra de leche y miel" que pertenecía a una tribu semítica pastoril: los filisteos (palestinos). Por suerte, Yahvé hizo un trato con su amigo Abraham:

> Yo te daré la tierra donde eres extranjero, toda la tierra de Canaán, a ti y a tus descendientes después de ti, para que la posean para siempre; y yo seré su Dios.
>
> GÉNESIS 17:8.

JEHOVÁ dice lo que los guionistas imprimen en los intertítulos. Aquellos que encuentran convincente creer que Yahvé creó una tierra plana, alrededor del 5000 a.C., que habló desde una zarza ardiente, que desnudó sus nalgas, que partió el Mar Rojo y que ama a los JUDÍOS más que a todas las demás naciones, comparten una credulidad infantil con aquellos que creen que millones de JUDÍOS murieron en las cámaras de gas alemanas. También confirma la creencia JUDÍA de que los gentiles son ovejas estúpidas. Dan ganas de vomitar.

La Torá ordena a los gentiles adorar a Jehová o sufrir los tormentos del infierno. Por otro lado, Jehová asegura a los gentiles que pueden robar, engañar, violar y matar impunemente. El promete que solo los JUDIOS heredaran la tierra.

EL TALMUD

LA SANTA BIBLIA nos dice que Moisés, un hebreo (¿o era egipcio?), subió al monte Sinaí (hacia el año 1300 a.C.) para hablar con Yahvé, quien le dio LA LEY (los Diez Mandamientos), que Moisés escribió en dos tablas de piedra (en aquella época no existía el alfabeto hebreo y la escritura pudo ser cuneiforme, jeroglífica, china u otra). Según la tradición, Moisés también escribió la TORAH (Pentateuco). Siglos más tarde, los fariseos afirmaron que Dios había interpretado oralmente la LEY dada a Moisés. Los fariseos afirmaban que la interpretación oral de Yahvé era idéntica a su interpretación oral. Así, la LEY ORAL de los fariseos y la TORAH son reconocidas como LA PALABRA SANTA. La LEY ORAL de los fariseos, llamada fariseísmo, que Jesús despreciaba como la "Sinagoga de Satanás", fue finalmente escrita y se convirtió en el TALMUD (500 d.C.).

> El TALMUD consta de 63 libros de escritos jurídicos, éticos e históricos de los antiguos rabinos (22 a.C.-500 d.C.). Se publicó cinco siglos después del nacimiento de Jesús. Es un compendio de leyes y conocimientos: el código legal que constituye la base de la ley religiosa judía y el libro utilizado para formar a los rabinos; es el fundamento mismo de la vida judía. Se enseña a los niños judíos en cuanto saben leer.
>
> Rabino Morris N. Kertzer, Presidente de la Asociación de Capellanes Judíos, Fuerzas Armadas, EE.UU.; portavoz del Comité Judío Americano (el "Vaticano del judaísmo").

Existen dos TALMUDs: el palestino y el babilónico. Es al TALMUD babilónico (Socino Ed. 1935), utilizado por la mayoría de los JUDÍOS, al que nos referiremos aquí. Es un tomo enorme, en gran parte aburrido, la sintaxis pesada; la esquizofrenia genética de los JUDÍOS se manifiesta en él: es jactancioso, depresivo, vengativo, vulgar, deshonesto y lleno de odio. El TALMUD trata de casi todos los aspectos imaginables de la existencia judía, poco se deja al azar, desde cómo utilizar las semillas y las hierbas, hasta la dieta y las relaciones sexuales, cuándo mentir, a quién matar, qué cabra sacrificar, cabalismo, numerología, nigromancia, taumaturgia y obsesiones con perversiones al estilo de Hollywood, funciones corporales, etc. No obstante, los rabinos han entretejido los aspectos más importantes de la vida judía. No obstante, los rabinos tejieron el hilo de la filosofía judía, la ley judía y la "historia" judía. Ahí está el grano de arena que sustenta el objetivo

JUDÍO de dominar el mundo, cosechar sus riquezas y esclavizar a los gentiles. Es este credo luciferino el que está transformando a los Estados Unidos en una nación no blanca controlada por los ILLUMINATI, que pronto formará parte de un mundo mestizo.

Los paganos que se interesen por las leyes judías serán condenados a muerte.

TALMUD: Sanedrín 59a.

No salvar a cristianos en peligro de muerte.

TALMUD: Hilkoth Akum X, 1.

¡Maten a los mejores gentiles!

TALMUD: Sanedrín 59.

Una mujer que tiene relaciones con una bestia puede casarse con un sacerdote.

TALMUD: Yebamoth 59b.

Una niña de tres años y un día puede ser adquirida en matrimonio por coito.

TALMUD: Sanedrín 55b.

La pederastia con un niño menor de nueve años no se considera pederastia.

TALMUD: Sanedrín 54b-55a.

Jesús fue concebido ilegítimamente durante su período.

TALMUD: Kallah 1b (18b).

Cuando un hombre adulto tiene relaciones sexuales con una niña menor de 3 años, no es nada.

TALMUD: Kethuboth 11a-11b.

Se permiten las relaciones sexuales con un familiar fallecido.

Ya Bhamoth.

No olvidemos que somos una nacionalidad distinta de la que todo judío -sea cual sea su país, rango o credo- es necesariamente miembro.

LOUIS DEMBITZ BRANDEIS,
JUDÍO, Tribunal Supremo de los Estados Unidos.

Michael Redkinson, judío, y el rabino Isaac Wise, "dos de las principales autoridades mundiales en el TALMUD", que colaboraron en el famoso libro *"Historia del Talmud"*, han declarado lo siguiente:

> La fuente de la que Jesús de Nazaret extrajo las enseñanzas... que le permitieron revolucionar el mundo... es el TALMUD. Esta es la forma escrita de lo que se llamó, en tiempos de Jesús, las tradiciones de los Sabios de Sion, a los que se refiere a menudo.

Redkinson y Wise, por supuesto, son unos mentirosos. El TALMUD resuena con el odio de Jesús:

> Jesús fue concebido mientras María menstruaba.
>
> TALMUD: Kallah 1b.
>
> Jesús era el hijo bastardo de Pandira, un soldado romano.
>
> TALMUD: Sanedrín 67a.
>
> Jesús está en el infierno, castigado a ser hervido en esperma caliente... ¡todos los cristianos están hervidos en mierda!
>
> Liberen a David 37.

Y el Nuevo Testamento muestra claramente el desprecio de Jesús por los fariseos y su enseñanza oral (TALMUDIQUE):

> Yo conozco la blasfemia de los que se dicen hijos de Dios, pero son de la sinagoga de Satanás. Porque vosotros sois de vuestro padre el diablo, y haréis los deseos de vuestro padre. Fue homicida desde el principio y no permaneció en la verdad, porque no había verdad en él... Cuando habla mentira, habla de sí mismo, porque es mentiroso y padre de mentira.
>
> JESÚS, JUAN 8:1

Bajo el liderazgo de los fariseos, el Templo se había convertido en el sistema de reserva federal de la época. Cristo expulsó a los usureros del Templo con un látigo de serpiente, atacando indirectamente la bolsa de los fariseos. ¡Esto selló su destino! La Liga Antidifamación de la época reaccionó rápidamente. Utilizando los procedimientos habituales, difamó a Jesús ("Infamia") para unir a la multitud a su causa - al igual que, siglos más tarde, difamaría a María Antonieta, los Romanov, Hitler, el general MacArthur, McCarthy *y otros*). Entonces Jesús fue atrapado por el Sanedrín, que lo hizo arrestar, juzgar, condenar y crucificar. (El Papa Juan Pablo, en 1995, negó la SANTA PALABRA al declarar que *los JUDÍOS no tuvieron nada que ver con la muerte de Jesucristo).*

¡Que su sangre sea sobre nosotros (JUDÍOS) y sobre nuestros hijos!

MATEO 27:24-25.

¡Soy inocente de la sangre de este hombre justo!

LOS SINÓPTICOS: Poncio Pilato.

Jesús fornica con su cretino.

TALMUD: Sanedrín.

Rodkinson y Wise, con el descaro de un ganso, dicen:

El TALMUD ha sobrevivido en su totalidad, no falta ni una sola letra del TALMUD... y florece hoy en un grado que no se encuentra en su historia pasada. Domina las mentes de todo un pueblo que venera su contenido como una verdad divina.

Una de estas "verdades divinas" del TALMUD es el sagrado juramento de KOL NIDRE (oración de todos los votos). Se recita tres veces por la congregación de la sinagoga como prólogo a los ritos de YOM KIPPUR (el Día de la Expiación o del Gran Perdón), "el más alto de los días santos". También fue musicado por Felix Mendelssohn, judío (marrano). La mayoría de los cristianos, incluido el clero, creen que el juramento del KOL NIDRE es un profundo voto de obediencia a Dios. De hecho, el TALMUD exige a todo JUDÍO que rompa por adelantado todos los juramentos y declaraciones juradas que pudiera hacer a un gentil en el transcurso del año siguiente:

"...mis promesas no serán vinculantes...mis votos no serán considerados votos...ni mis juramentos como juramentos...todos los votos que haga en el futuro serán NULOS desde este Día de la Expiación hasta el siguiente".

Juramento del Kol Nidre.

Joseph G. Burg, judío, autor de "Censura nazi sionista"; "Culpa y destino", y varios otros libros importantes sobre la Segunda Guerra Mundial, testificó para la defensa en el juicio *Canadá contra Ernst Zundel*, "Holocausto", en Toronto, Ontario, Canadá (censurado en EE.UU.). Burg testificó que los supervivientes judíos del "Holocausto" se habían inventado las historias de las cámaras de gas. Pero como su testimonio era jurado ante un tribunal pagano, podían mentir impunemente.

Si estos judíos hubieran prestado juramento ante un rabino con kipá, estas declaraciones falsas, estas declaraciones malsanas, habrían disminuido en un 99,5%, porque el juramento superficial no era moralmente vinculante para los JUDÍOS.

JOSEPH G. BURG, JUDÍO,
Juicio por crimen de odio contra Zundel, 1988.

Los judíos pueden mentir y perjurar para condenar a los cristianos.

TALMUD: Babha Kama 113b.

El TALMUD es el fundamento mismo de la vida judía. Se enseña a los niños judíos en cuanto tienen edad suficiente para leer.

RABINO MORRIS KERTZER,
Comité Judío Americano.

Así pues, la TORAH se creó para inspirar y controlar a un pueblo "de dura cerviz" y derrotado, mientras que el TALMUD era una interpretación pragmática de este MITO. Los fariseos y sumos sacerdotes, profundamente conscientes del CANULAR de Jehová, también comprendieron que la TORAH/TALMUD no sólo apoyaba su forma de vida, sino que era el pegamento que mantenía unida a la nación hebrea.

Magníficos continentes ricos en recursos naturales esperaban ser descubiertos y civilizados. Pero los judíos no produjeron exploradores ni conquistadores. Podrían haberse asimilado a las naciones semitas. En lugar de ello, obligados por el genotipo de su especie y convencidos de su condición de "ELEGIDOS", los judíos se plantaron como sanguijuelas entre las naciones paganas a las que habían jurado secretamente desposeer y destruir.

Dondequiera que ha aparecido el TALMUDISMO, el "antisemitismo" le ha seguido como la noche al día. Las comunidades judías -guetos, con sinagogas y rabinos en su núcleo operativo- diseñadas para mantener a los gentiles fuera, se convirtieron invariablemente en recintos para mantener a los judíos dentro. Los gentiles no podían tolerar a esta nación extranjera, corrupta y maníaco-depresiva entre ellos.

Los psicólogos señalan que los niños condicionados a desarrollar niveles exagerados o infundados de autoestima -y sentimientos antinaturales de valía personal-, a los que se enseña a considerarse de forma poco realista mejores que los demás, sufren invariablemente una profunda depresión cuando sus logros no están a la altura de sus expectativas. Cuando son criticados por los demás o no consiguen lo que quieren, recurren a las rabietas y a la violencia. Culpan sistemáticamente a los demás de su ineptitud. Odian a sus superiores y quieren vengarse de ellos.

Los judíos envidian y odian especialmente a la nación aria, cuyos notables logros y belleza física los judíos consideran humillantes -un licor amargo que tragar día tras día, año tras año, generación tras generación-, sobre todo para quienes tan ardientemente se creen el pueblo elegido de Dios. La CONSPIRACIÓN TORAH/TALMUD requería un nuevo enfoque, sin sacrificar la tradición, para hacer frente a los problemas políticos contemporáneos. Por lo tanto, no es sorprendente descubrir que algunos de los ancianos de Sión -tras siglos de frustración y humillación- tomaron el asunto en sus propias manos y formularon un plan para poner en práctica y acelerar las promesas incumplidas de Jehová. LOS PROTOCOLOS DE LOS SABIOS DE SION.

> Tendremos un gobierno mundial, te guste o no. La única cuestión es si el gobierno mundial se logrará por consentimiento o por conquista.
> JAMES WARBURG, JUDÍO, banquero, 1953,
> U. Audiencia en el Congreso.

> La verdad es que, durante 147 años, el fuego de la revolución ha estado ardiendo constantemente bajo la vieja estructura de la civilización... no es local, sino universal... sus causas deben buscarse en una profunda conspiración... que constituye la mayor amenaza jamás enfrentada por la raza humana... la concepción de los judíos como el pueblo elegido... constituye un intento concertado para lograr la dominación del mundo.
> NESTA H. WEBSTER, *World Revolution*, Briton Press 1971.

Este movimiento entre los judíos no es nuevo. Desde la época de Espartaco-Weishaupt hasta la de Karl Marx, pasando por Trotsky (Rusia), Bela Kuhn (Hungría), Rosa Luxemburgo (Alemania) y Emma Goldman (Estados Unidos), esta conspiración mundial para derrocar la civilización y reconstruir la sociedad sobre la base del desarrollo detenido, la malevolencia envidiosa y la igualdad imposible no ha dejado de crecer. Desempeñó, como muy bien ha demostrado la historiadora Nesta Webster, un papel reconocible en la tragedia de la Revolución Francesa, y fue la fuerza motriz de todos los movimientos subversivos del siglo XIX... la mayoría de sus principales figuras son judías. Además, la principal inspiración y fuerza motriz provino de líderes judíos.

WINSTON CHURCHILL, *Illustrated Sunday Herald* (1920).

Amshel Mayer Rothschild, judío (1743-1810), patriarca de la familia de banqueros de Fráncfort (Alemania), estaba intrigado por unos antiguos pergaminos que contenían protocolos hebreos y que había adquirido para su biblioteca. Encargó a Adam Weishaupt, un sacerdote jesuita apóstata, que los descubriera. En el fatídico año de 1776, Weishaupt presentó a Rothschild los *Einigen Original Scripten* (Protocolos), junto con un paradigma organizativo diseñado para implementar los Protocolos revisados, al que llamó "ILLUMINATI" en honor a Lucifer (Satanás), "El Portador de la Luz". Su objetivo: UN GOBIERNO MUNDIAL ILLUMINATI.

Los documentos Weishaupt/Rothschild fueron revelados al mundo (1784) "por un acto de Dios" cuando un mensajero de Rothschild y su caballo fueron alcanzados por un rayo en Ratisbona de camino a París. Las autoridades bávaras descubrieron una copia de los *Einigen Original-Scripten* en las alforjas. Los ILLUMINATI fueron rápidamente ilegalizados y las logias del Gran Oriente, donde se reunían los conspiradores, cerradas definitivamente. Los ILLUMINATI se infiltraron entonces rápidamente en las logias masónicas de toda Europa, desde las que se fomentó y dirigió la Revolución Francesa (judía).

Muchos años después, los Protocolos, nuevamente revisados, reaparecieron en San Petersburgo, Rusia, en la época de la revolución bolchevique judía en ese país. Victor E. Marsden, corresponsal del *London Morning Post* (en una época en que la integridad de la prensa se consideraba sacrosanta) adquirió una edición rusa (*Cionski Protocoli*) de la obra de Weishaupt, en el marco de una operación especial, al profesor Sergyei Nilus, un sacerdote católico ortodoxo. Marsden la tradujo al inglés y la publicó con el título: *Los Protocolos de los Sabios de Sion*. Marsden fue asesinado por su osadía. El ejemplar original de Los Protocolos de Nilus, fechado el 10 de agosto de 1906, se encuentra actualmente en el Museo Británico de Londres.

En Estados Unidos, Henry Ford padre, fundador de la Ford Motor Company, hizo imprimir millones de ejemplares de los Protocolos, en varios idiomas, y los distribuyó por todo el mundo. La comunidad judía mundial protestó vehementemente diciendo que los Protocolos eran "falsificaciones" (sic). Ford respondió (*New York World*, 2-1721):

> "La única declaración que deseo hacer sobre los Protocolos es que [...] han correspondido a la situación mundial hasta la fecha. Se ajustan a la situación actual. El senador Jacob Javits, judío, presidió una comisión de investigación del Senado estadounidense para informar sobre los Protocolos. El Senado estadounidense, que hace lo que se le ordena, confirmó que los Protocolos estaban "falsificados" (sic). ¿Falsificaciones de qué? No se celebró ningún debate sobre la correlación entre los Protocolos y lo sucedido en el escenario mundial!".

300 hombres, que se conocen entre sí, controlan el destino económico del continente.

WALTER RATHENAU, JUDÍO, poderoso financiero alemán.

El mundo está dirigido por personajes muy diferentes de los que no están entre bastidores.

BENJAMIN DISRAELI, JUDÍO, Primer Ministro, Gran Bretaña.

No has empezado a apreciar la verdadera profundidad de nuestra culpa. *Somos* intrusos. *Somos* alborotadores. *Somos* subversivos. Nos hemos apoderado de vuestro mundo natural, de vuestros ideales, de vuestro destino, y los hemos devastado.

MARCUS ELI RAVAGE, JEW, *Century Magazine* (enero de 1928).

La historia del siglo pasado es que hoy 300 financieros judíos, todos maestros de logias, gobiernan el mundo.

JEAN IZOULET, Alliance israélite universelle (1931).

Los PROTOCOLOS DE LOS SABIOS DE SION, que contienen 24 protocolos, están divididos en artículos. Es posible que varios PROTOCOLOS hayan sido suprimidos por el profesor Nilus por considerarlos perjudiciales para la Iglesia. Aquí, por falta de espacio, se abreviarán los PROTOCOLOS. (Edward Gibbon nos recuerda -*La Decadencia y Caída del Imperio Romano*, Capítulos XV, XXVIII, XLVII, XLIX- que la conspiración judía estuvo detrás de la caída de TODA la antigüedad civilizada).

LOS PROTOCOLOS DE LOS SABIOS DE SION

Protocolo 1: La libertad política es una idea, no un hecho. Hay que saber aplicar esta idea como cebo siempre que parezca necesario para atraer a las masas populares hacia tu partido con el fin de aplastar a los poderes fácticos. Esta tarea resulta más fácil si el propio adversario ha sido contagiado por la idea de libertad, el llamado liberalismo, y está dispuesto a ceder parte de su poder en nombre de una idea. Es precisamente aquí donde aparece el triunfo de nuestra teoría; las riendas aflojadas del gobierno son inmediatamente, por ley de vida, tomadas y recogidas por una nueva mano; pues el poder ciego de la nación no puede existir ni un solo día sin dirección, y la nueva autoridad no hace más que ocupar el lugar de la vieja autoridad debilitada por el liberalismo.

Nuestro derecho reside en la fuerza. La palabra "derecho" es un pensamiento abstracto que no se demuestra con nada. No significa nada más que: "Dame lo que quiero para que pueda demostrar que soy más fuerte que tú".

Nuestro poder, en el actual estado de vacilación de todas las formas de poder, será más invencible que cualquier otro porque permanecerá invisible hasta que haya adquirido tal fuerza que ninguna astucia pueda sacudirlo.

Fíjate en los animales alcohólicos que se divierten con la bebida, cuyo derecho a consumirla desmesuradamente conlleva la libertad. No nos corresponde a nosotros ni a los nuestros ir por ese camino. Los *goyim se divierten* con el alcohol y la inmoralidad prematura a la que les han conducido nuestros agentes especiales.

Protocolo 2: Los administradores, que elegiremos entre los ciudadanos, teniendo en cuenta su servilismo, no serán personas formadas en el arte de gobernar y se convertirán, por tanto, en peones de nuestro juego: en manos de hombres cultos y dotados, especialistas criados desde la infancia para dirigir los asuntos de todo el mundo.

En manos de los Estados, hay una gran fuerza que crea el movimiento del pensamiento en el pueblo. Es la prensa. Es en la prensa donde se encarna el triunfo de la libertad de expresión. Pero los *goyim* no supieron utilizar esta fuerza y cayó en nuestras manos.

Desataremos guerras económicas y militares entre los Estados *goyim*. Una vez terminadas las guerras, ambos bandos quedarán devastados y a merced de nuestras finanzas internacionales. Esta es la "cosecha judía". Primero, construimos las enormes máquinas de guerra. Segundo, destruimos la flor del hombre blanco, debilitando así la resistencia racial de los *goyim*. Tercero, las naciones blancas se postran bajo enormes deudas y nosotros nos beneficiamos de intereses sobre intereses.

Protocolo 3: Así es como la gente condena a las personas honestas y absuelve a las culpables, en la creencia de que pueden hacer lo que quieran. Gracias a ello, el pueblo destruye toda forma de estabilidad y crea desorden a cada paso. Fomentando el abuso de poder de los gobernantes, agitando y excitando a las multitudes, la prensa "dará los últimos toques a la preparación de todas las instituciones para su derrocamiento, y todo volará por los aires bajo los golpes de la turba delirante".

Aparecemos en escena como los supuestos salvadores del trabajador de la opresión, y luego le ofrecemos unirse a las filas de nuestras fuerzas combatientes -socialistas, comunistas, anarquistas- a las que siempre damos nuestro apoyo en virtud de una supuesta regla fraternal.

Protocolo 4: Para que los *goyim* no tengan tiempo de pensar, sus mentes deben ser desviadas hacia la industria y el comercio. Así es como todas las naciones serán engullidas en la carrera por el beneficio. La masonería pagana sirve ciegamente de pantalla para nosotros y nuestros objetivos, pero el plan de acción de nuestra fuerza, e incluso su escondite, siguen siendo un misterio para todo el pueblo, y no harán caso de su enemigo común.

Protocolo 5: Para poner a la opinión pública en nuestras manos, tenemos que confundirla haciendo que se expresen muchas opiniones contradictorias en todos los bandos, y esto durante el tiempo suficiente para que los goyim se pierdan en el laberinto, y lleguen a ver que lo mejor es no opinar sobre asuntos políticos, que al público no le es dado entender porque sólo los entiende el que guía al público. Este es el primer secreto.

Por todos estos medios, agotaremos tanto a los goyim que se verán obligados a ofrecernos un poder internacional que, por su posición, nos permitirá sin violencia absorber gradualmente todas las fuerzas estatales del mundo y formar un Supergobierno Mundial.

Protocolo 6: creación de enormes monopolios financieros: finanzas, editoriales, petróleo, azúcar, acero, medicamentos, ferrocarriles, alcohol, alimentos, ropa - que contienen depósitos de riqueza colosal de la que los *Goyim* deben depender para existir.

Hay que privar a los *goyim* de sus granjas y propiedades, lo que se conseguirá cargándoles con deudas que habrá que explotar sin piedad.

Protocolo 7: Nuestros agentes están en los gobiernos de todos los países del mundo, asesorando a sus dirigentes. Por lo tanto, tenemos una red internacional, mientras que los *Goyim* no tienen ninguna. A través de tratados económicos y obligaciones de préstamo, así como de las hostilidades e intrigas que crean, enredamos de tal modo los hilos de los gobiernos mundiales que serán incapaces de actuar sin nuestra aprobación. Si alguna nación se atreve a oponerse a nosotros, organizaremos colectivamente a sus vecinos y destruiremos ese país mediante una guerra universal.

Protocolo 8: Nos hemos infiltrado en los tribunales de los *Goyim* y los hemos convertido en una jungla legal. Ahora estamos en condiciones de deciros en conciencia que, llegado el momento, nosotros, los legisladores, ejecutaremos el fallo y la sentencia; mataremos y perdonaremos; como jefe de nuestras tropas, hemos montado en el corcel del líder. Y las armas en nuestras manos son la ambición sin límites, la codicia ardiente, la venganza despiadada, el odio y la maldad infinita.

Protocolo 9: Somos la fuente del terror generalizado. Tenemos a nuestro servicio personas de todas las opiniones, de todas las doctrinas: monárquicos, demagogos, socialistas, comunistas, cristianos, utópicos de todo tipo. Todos ellos están comprometidos con nuestra tarea: cada uno de ellos está royendo los últimos vestigios de autoridad, esforzándose por derrocar todas las formas establecidas de orden. Todos los Estados son torturados por estos actos; urgen tranquilidad, están dispuestos a sacrificarlo todo por la paz. Pero no les daremos la paz hasta que reconozcan abierta y sumisamente nuestro supergobierno internacional.

Protocolo 10: Hemos ideado un plan maestro para poner a todas las naciones de la tierra bajo el gobierno de un despótico dictador judío, sometiendo a todos los pueblos de la tierra a tan terribles sufrimientos, confusión y tormento que aceptarán, desesperados, cualquier cosa que les propongamos.

Para lograrlo, hay que conseguir que vote todo el mundo, independientemente de su clase o cualificación, con el fin de establecer una mayoría absoluta, que no puede obtenerse de las clases propietarias educadas. Las democracias y repúblicas en las que todos tienen derecho a voto, hasta la última escoria, nos ofrecen una gran oportunidad.

Protocolo 11: Los *goyim* son un rebaño de ovejas y nosotros somos sus lobos. ¿Y sabes lo que pasa cuando los lobos se apoderan del rebaño? Dios nos ha dado a nosotros, su pueblo elegido, el don de la dispersión, y en lo que a todos les parece nuestra debilidad, ha surgido toda nuestra fuerza, que ahora nos ha llevado al umbral de la soberanía sobre el mundo entero.

Protocolo 12: Ni un solo anuncio llegará a la opinión pública sin nuestro control. Esto es posible gracias al control total de la prensa y al control de la masonería al más alto nivel.

Protocolo 13: Para que los estúpidos *goyim* no adivinen lo que pretendemos, les distraemos de nuevo con juegos, pasatiempos, sexo, deportes populares... ¿Quién sospechará jamás que toda esta gente ha sido puesta en escena por nosotros para ajustarse a un plan político que nadie ha adivinado siquiera a lo largo de los siglos? Los liberales y los utópicos, de los que nos desharemos una vez que hayamos tomado el poder, desempeñarán un papel importante en el desmantelamiento de las instituciones *goyescas*.

Protocolo 14: En países reputados como progresistas e ilustrados, hemos creado una literatura insensata, asquerosa y abominable, que utilizaremos para dar elocuente relieve a nuestro gobierno cuando lleguemos al poder...

Protocolo 15: Mataremos sin piedad a todos aquellos que tomen las armas para oponerse a la llegada de nuestro Reino.

Reharemos todas las legislaturas, todas nuestras leyes serán breves, claras, sencillas, sin ninguna interpretación, de modo que cualquiera podrá conocerlas perfectamente. La característica principal será la sumisión a las órdenes, y este principio se elevará a cotas grandiosas.

Protocolo 16: Para destruir todas las fuerzas colectivas excepto las nuestras, castraremos la primera etapa del colectivismo, las universidades, reeducándolas en una nueva dirección. Sus dirigentes y profesores serán nombrados con precauciones especiales y dependerán de nuestro gobierno; se les inculcarán detallados programas de acción secretos para que puedan ejercer su profesión.

Borraremos de la memoria de la humanidad todos los hechos de siglos anteriores que no nos convengan y dejaremos sólo aquellos que describan todos los errores cometidos por los gobiernos *goyim*. No habrá libertad de educación. Todos los pueblos serán iniciados en una sola fe: el judaísmo.

Protocolo 17: Llevamos mucho tiempo ocupándonos de desacreditar al clero de los *gentiles* y arruinar así su misión en la tierra. Cada día disminuye su influencia sobre los pueblos del mundo.

La libertad de conciencia ha sido declarada en todas partes. Sólo unos pocos años nos separan de la completa destrucción del cristianismo.

Protocolo 18: Cuando nuestro rey judío del mundo esté en el poder, estará protegido por un aura de divinidad mística, que nosotros crearemos, para que los estúpidos *goyim* lo vean como un Dios.

Protocolo 19: Los *goyim* no tienen derecho a inmiscuirse en política. Cualquier líder de un movimiento de oposición será juzgado del mismo modo que el robo, el asesinato o cualquier otro crimen abominable y repugnante. Los ciudadanos no tendrán más influencia ni control sobre los asuntos políticos que un rebaño de ganado.

Protocolo 20: La suma total de nuestras acciones se resuelve con la cuestión de los números. La ruina de los estados paganos se consiguió retirando el dinero de la circulación. Sólo nosotros poseemos sus bancos y controlamos su política fiscal. Están irrevocablemente ligados a nosotros por deudas a largo plazo y por los intereses que cobramos por esas deudas.

Mientras los préstamos eran internos, los *goyim* no hacían más que transferir su dinero de los bolsillos de los pobres a los de los ricos. Cuando compramos a las personas necesarias para transferir los préstamos al exterior, toda la riqueza de los Estados fluyó hacia nuestras arcas y los *gentiles* empezaron a pagarnos el tributo de súbditos.

Protocolo 21: Sustituiremos los mercados monetarios por instituciones estatales de crédito cuya finalidad será fijar el precio de los valores industriales de acuerdo con nuestras opiniones. Estas instituciones podrán emitir 500 millones de papel industrial en un día, o comprar a partir de esa cantidad. Como resultado, todas las empresas industriales dependerán de nosotros. Podéis imaginar el inmenso poder que nos aseguraremos de este modo.

Protocolo 22: En nuestras manos está el gran poder de nuestra época: el oro: en nuestros almacenes podemos conseguir tanto como queramos. El verdadero poder no acepta ningún "derecho", ni siquiera el de Dios: nadie se atreve a acercarse tanto a él como para quitarle ni un palmo.

Protocolo 23: Cuando nuestros agitadores hayan sembrado la discordia, la revolución y el fuego de la anarquía en todo el mundo, cuando el Elegido esté en el trono, entonces estos agitadores habrán cumplido su parte. Habiendo cumplido su tiempo, será necesario apartarlos de su camino, en el que no debe quedar ningún nudo ni astilla.

Protocolo 24: El futuro rey del mundo provendrá de la línea ancestral del rey David. Será elegido por los Sabios de Sión debido a sus habilidades excepcionales. Sólo el Rey y los tres Sabios de Sión estarán al tanto de los misterios y planes secretos del gobierno. Nadie sabrá lo que el Rey desea conseguir con sus disposiciones y, en consecuencia, nadie se atreverá a emprender un camino desconocido.

Cualquiera que, como el autor, haya visto y oído con inquietante estupor los objetivos de la vida económica, política e intelectual judía, puede afirmar que ellos (los PROTOCOLOS) son la más pura expresión del espíritu judío... que un espíritu ario... jamás, bajo ninguna circunstancia, podría haber concebido estos métodos de acción, estos arteros expedientes y estas estafas en su conjunto.

ARTHUR TRIBITSCH, JUDÍO,
"Deutscher Geist oder Judentum.

Es imposible para cualquier persona inteligente leer los Protocolos sin asombrarse por su perspicacia profética. En verdad, sin embargo, no necesitamos los Protocolos... para informarnos de estas cosas... Lo que me interesa es lo que he discernido del uso organizado del mal para subvertir la civilización occidental y derrumbar nuestros valores tradicionales, de modo que una influencia totalmente diferente, helada de sangre y odio, pueda ahora dominar el mundo... Estadistas como Churchill y Lloyd George, escritores como Belloc y Wickham Steed, editores como H. Estadistas como Churchill y Lloyd George, escritores como Belloc y Wickham Steed, editores como H. A. Gwynne, judíos mismos del calibre de Disraeli y Oscar Levy, todos han dado su testimonio... a una vasta acumulación de pruebas... el poder judío es real.

A. K. CHESTERTON, "The Learned Elders and the BBC".

Todos los gentiles deberían leer los PROTOCOLOS DE LOS SABIOS DE SION en su totalidad para entender por qué los JUDÍOS protestan tan vehementemente contra su autenticidad. Aquí está la locura tribal judía reflejada como en un espejo, oscuramente: congelada en la eternidad para que toda la humanidad la vea, comprenda y resista.

CAPÍTULO 2

LOS JÁZAROS INVENTAN EL JUDAÍSMO

Las ratas están bajo los montones; el judío está bajo el lote.

T. S. ELIOT, "Burbank con un Baedeker..."

La culpa, querido Bruto, no está en nuestras estrellas, sino en nosotros mismos, en el hecho de que somos subalternos.

WILLIAM SHAKESPEARE, "Julio César".

La derivación genética jázara de la mayoría de los judíos -sólo los sefardíes pueden considerarse hebreos de sangre- se conoce desde hace mucho tiempo, aunque no a gran escala. Dunlap, en la Universidad de Columbia, Bury, en Inglaterra, y Poliak, en la Universidad de Tel Aviv, han llevado a cabo investigaciones sobre esta "cruelísima broma" y se han ganado la aprobación de los investigadores en los últimos cincuenta años.

ALFRED M. LILIENTHAL, JEW, *La conexión sionista*.

La conversión de los jázaros (al talmudismo) tuvo un impacto considerable y duradero en el mundo occidental.

ENCICLOPEDIA BRITÁNICA (1956)

Me parece que los judíos están especializados en una existencia parasitaria de otras naciones, y es necesario demostrar que son capaces de cumplir por sí mismos los diversos deberes de una naturaleza civilizada.

SIR FRANCIS GALTON (1812-1911), fundador de la eugenesia.

Hacia el año 600 d.C., una belicosa tribu de medio mongoles, parecida a los actuales turcos, conquistó el territorio de lo que hoy es el sur de Rusia. Muy pronto, el reino (kanato) de los jázaros, nombre dado a la tribu, se extendió desde el mar Caspio hasta el mar Negro. Su capital, Ityl, estaba situada en la desembocadura del Volga.

SOLOMON GRAYZEL, JUDÍO, "Historia de los judíos".

Como hemos aprendido, la historia del mundo está salpicada de relatos de engaño, traición, traición y decepción por parte de los hebreos. Uno de los engaños más significativos, incluso taumatúrgicos, fue la CONVERSIÓN, por rabinos sefardíes en Constantinopla, de unos tres millones de jázaros paganos -una tribu asiática con afinidades mongolas y turcas- a la religión hebrea (TORAH/TALMUDISMO), ¡sólo para convencer al cristianismo de que los jázaros eran judíos bíblicos de la diáspora! La antigua patria de los jázaros estaba en el corazón de Asia. Eran una nación guerrera y depredadora cuya religión era una mezcla de adoración fálica, idolatría y libertinaje. Odiados y temidos por su comportamiento psicopático, los jázaros fueron expulsados de Asia por las tribus vecinas. Esta ignominiosa retirada se convirtió en una invasión de Europa oriental donde, "impulsados por su propio deseo de saqueo y venganza" (según la *Enciclopedia Judía*), los jázaros conquistaron y subyugaron a veinticinco naciones pastoriles, poniéndolas bajo su "custodia protectora" y exigiendo el pago de tributos. Los jázaros se asentaron en la región entre el mar Negro y el mar Caspio, extendiendo gradualmente sus conquistas hacia el norte a lo largo de los ríos Don y Volga, hasta que el kanato jázaro cubrió más de un millón de kilómetros cuadrados. En el año 1000, Khazaria era el reino más grande de Europa Oriental y uno de los más ricos (en términos de botín, no de cultura). Sin embargo, hoy en día, los jázaros han sido prácticamente borrados de la historia mundial *porque los JUDÍOS quieren que el mundo olvide que ellos son los descendientes directos de los jázaros asiáticos.* Los Judíos quieren que creamos que son los descendientes de los hebreos bíblicos. ¡NO LO SON! Esa es toda la historia.

Los excesos sexuales de los jázaros al estilo de Hollywood corrompieron la moral tribal y minaron la disciplina militar. El jagan Bulan quería y necesitaba una religión oficial para inculcar disciplina y crear unidad tribal. En 730, Bulan invitó a representantes del islam, el cristianismo y el talmudismo a debatir con él sobre religión. Tras largas deliberaciones, el astuto jagan eligió la religión hebrea, el TALMUDISMO (hoy llamado JUDAÍSMO), para convertirla en la religión adoptada por todos los jázaros. (Como San Agustín, HÉBREU, Bulan aspiraba a la castidad y a la continencia "pero, querido Señor, todavía no"). *El jagan Bulan y 4000 nobles feudales jázaros se convirtieron rápidamente a la Torá/Talmudismo* (¡4001 prepucios!). Poco a poco, millones de Khazars se unieron a las filas de los elegidos de DIOS. Bulan, por supuesto, sabía que el TALMUDISMO era una estafa. No importaba mientras sus súbditos lo creyeran. Tampoco importaba que los jázaros no fueran hebreos (semitas). Era fácil de manejar. ¡Todo lo que tenían que hacer era mentir! Hacerse pasar por judíos. La Europa cristiana emergente aceptaría a los "asiáticos/judeos" igual que aceptó ingenuamente a la deidad tribal hebrea Yahvé como su

Dios. El pacto de Jehová con su pueblo elegido -y los Protocolos diseñados para hacer realidad estas alucinaciones- fueron sin duda lo más seductor para Bulan. Los jázaros eran principalmente extorsionadores, traficantes de esclavos, proxenetas, asesinos y usureros, despreciados por sus vecinos paganos. Tras generaciones de guerras contra los rus, varangios, eslavos y árabes, los jázaros (judíos) fueron totalmente derrotados (1300 d.C.) en el campo de batalla. Privados de sus tierras, se dispersaron por Europa y otros lugares, lo que explica por qué, 700 años después, *tantos judíos indeseables viven en Hungría, Polonia, Rusia, Ucrania, Lituania, Rumanía, Galitzia, Austria e Israel.* En términos culturales, los jázaros dejaron muy poco a la posteridad. No queda el menor rastro de su lengua. Pero queda mucho del veneno que legaron (véase ILLUMINATI). Nunca antes dos razas tan desviadas, los JAZARES ASIÁTICOS y los hebreos SEMÍTICOS, habían compartido tantas características repulsivas.

Para explicar mejor el efecto devastador de los jázaros sobre la humanidad, tenemos que viajar brevemente a Inglaterra.

En 1775, mientras el adorador de Satán Adam Weishaupt revisaba los PROTOCOLOS Rothschild, JUIF/KHAZAR, el dramaturgo británico William Sheridan, en su obra *The Rivals*, acuñó la palabra "JUIF": un derivado de la palabra "JUDÉEN". La palabra "JUDÉEN" se había utilizado a lo largo de la historia en un contexto de argot (como "Hebe" para el hebreo o "Yid" para el yiddish). *Sin embargo, fue Sheridan quien legitimó por primera vez la palabra "JUDÉEN", utilizándola en la prensa como nombre propio de un judío de fe hebrea, pero aplicándola a un personaje de KHAZAR.* ES IMPORTANTE SABER que la palabra "JUDÍO" no aparece en el original del Antiguo Testamento escrito en hebreo; ni en los Targums - traducción del Antiguo Testamento al arameo; ni en la Septuaginta (TORAH) - traducción del arameo al griego (3 a.C.). La palabra "JUDÍO" no aparece en ninguna de las primeras traducciones de la SANTA BIBLIA (Vulgata latina, Rheims/Douai, King James, etc.). Por lo tanto, dado que la palabra "JUDÍO" no se utilizó hasta 1775, es erróneo llamar JUDÍOS a los patriarcas bíblicos. No lo eran. Eran hebreos. Jesucristo NO era judío. Era un rabino (maestro) que veneraba la Ley Mosaica y despreciaba la Ley Oral Farisaica (Talmud). Jesús (si existió) nació en Galilea ("tierra inmunda de los gentiles"). Es posible que fuera semita, pero también podría haber sido ario. El Nuevo Testamento es contradictorio sobre su linaje. Una cosa es cierta: NO era judío (jázaro).

También es erróneo y deliberadamente engañoso aplicar la palabra "JUDÍO" a los hebreos/israelíes (semitas). Por último, el término difamatorio "antisemita", aplicado a los que odian a JAZAR, es oximorónico. La palabra correcta es "judeofóbico".

> El estudio del judaísmo es el estudio del Talmud, así como el estudio del Talmud es el estudio del judaísmo... son dos cosas inseparables, o mejor aún, son una misma cosa.
>
> ARSENE DARMESTETER, JUDÍO, "El Talmud".

Después de 1776, la estratagema de relaciones públicas de los jázaros comenzó a dar frutos: fueron aceptados por el cristianismo (los leones castrados) como remanentes de la tribu de Judea (hebreos) en la diáspora y fueron designados oficialmente como "JUDÍOS". Con el tiempo, el fariseísmo se convirtió en talmudismo y, finalmente, el talmudismo se convirtió en JUDAÍSMO: la religión de los JAZARES actuales. Las palabras "JUDÍO" y "JUDAÍSMO" empezaron a aparecer, por primera vez, en las ediciones revisadas de los Talmuds, y empezaron a aparecer en TODAS las ediciones revisadas de la Santa Biblia. Hoy en día, los asquenazíes (asiáticos/jázaros) y los sefardíes (hebreos bíblicos/israelitas) -que con razón se odian- se agrupan bajo el término "JUDÍOS". Así, los jázaros (en un abrir y cerrar de ojos) abandonaron sus afinidades asiáticas y se convirtieron en "hebreos"; pasaron a ser el pueblo elegido de Yahvé, los beneficiarios de la Alianza y herederos de Palestina y de todos los minerales y demás bienes que allí se encuentran. Además, los jázaros reforzaron su odio racial hacia las tribus arias con el odio talmúdico hacia todos los GENTILES. Los antropólogos se refieren a los jázaros como judíos mongoles-armenoides. Los historiadores los llaman asquenazíes (judíos asiáticos/europeos). Los psiquiatras los llaman maníaco-depresivos. Los JUDÍOS merecen su apodo: "Maestros del Engaño". Así que hoy en día, todos los llamados "JUDÍOS" creen fanáticamente (o afirman) que son el pueblo elegido por Dios para dominar el mundo. Cualquier medio es bueno para lograr esta ilusión. Tal estado mental es sintomático de las personalidades psicopáticas y está asociado con la locura, la megalomanía, el infantilismo, la depresión maníaca, los delirios de grandeza, el sadismo, etc. Otra conclusión lógica que se desprende de esta loca farsa es que cualquier pueblo -digamos 10 millones de watusi o 50 millones de chinos- ¡sólo necesita convertirse al judaísmo para tener el "derecho" jázaro de poseer Palestina, matar árabes y destruir a los gentiles en todas partes!

Los judíos podrían haber tenido Uganda, Madagascar y otros lugares para establecer una patria judía, pero no quieren absolutamente nada más que Palestina: no porque el agua del Mar Muerto pueda producir por evaporación metaloides por valor de 5 billones de dólares, no porque el subsuelo de Palestina contenga veinte veces más petróleo que las reservas combinadas de las dos Américas; sino porque Palestina es la encrucijada de Europa, Asia y África; porque Palestina es el verdadero centro del poder político mundial, el centro estratégico para el control del mundo.

NAHUM GOLDMAN, Presidente del Congreso Judío Mundial.

Chaïm Weizmann, un JUDÍO, el Gabinete de Guerra británico y el Ministerio de Asuntos Exteriores francés estaban convencidos en 1916... que la mejor y quizás la única manera (como resultó) de inducir al Presidente americano a entrar en la guerra (Primera Guerra Mundial) era asegurar la cooperación de los judíos sionistas prometiéndoles Palestina, y así alistar y movilizar las fuerzas hasta entonces insospechadas y poderosas de los judíos sionistas en América y en otras partes a favor de los Aliados sobre la base de un contrato recíproco....

SAMUEL LANDMAN, JUDÍO,
"Gran Bretaña, los Judíos y Palestina.

A continuación, echaremos un breve vistazo a los ILLUMINATI que hoy marcan la culminación de la CONSPIRACIÓN. Mitos antiguos, mentiras y personajes de dibujos animados cobran vida. Lo CANULAR se hace realidad.

CAPÍTULO 3

ILLUMINATI

El mundo está dirigido por personajes muy diferentes de los que no están entre bastidores.

BENJAMIN DISRAELI, JUDÍO, Primer Ministro británico, 1868

300 hombres, todos miembros de logias, todos conociéndose, controlan el continente.

WALTER RATHENAU, JUDÍO, ministro alemán de Asuntos Exteriores (presidente de 84 grandes empresas alemanas, asesinado en 1920).

Desde que entré en política, las opiniones de los hombres me han sido confiadas casi siempre en privado. Algunos de los más grandes hombres del comercio y la industria de los Estados Unidos tienen miedo de alguien, tienen miedo de algo. Saben que en alguna parte hay un poder tan organizado, tan sutil, tan vigilante, tan entretejido, tan completo, tan omnipresente, que más vale que no hablen demasiado alto cuando lo condenan.

WOODROW WILSON, Presidente de los Estados Unidos, *La nueva libertad.*

Uno a uno, los judíos tomaron el control de los principales periódicos... Los bancos judíos eran supremos. Se apoderaron del Tesoro estadounidense. Obligaron a Woodrow Wilson a nombrar a Paul Warburg, un judío, para la Junta de la Reserva Federal, que domina... cuyo hermano Max Warburg (jefe del servicio secreto alemán) es una figura destacada de las finanzas alemanas.

SIR CECIL SPRING-RICE, Embajador británico en Estados Unidos, Alemania y Rusia (1916)

El tamaño de nuestra deuda nacional es la medida de nuestra sumisión a las finanzas judías globales. Vivimos en una democracia y, sin embargo, se contraen préstamos que siempre cuestan más que la cantidad del préstamo y nadie tiene una palabra que decir al respecto. Los estadounidenses no sabemos cuántos intereses pagamos cada año y no sabemos a quién se los pagamos.

HENRY FORD, padre, *El Judío Internacional.*

Lo que es importante destacar es la creciente evidencia de una conspiración secreta en todo el mundo para la destrucción del gobierno organizado y la liberación del mal... eminentes políticos, filósofos y soldados se encuentran en momentos críticos dando opiniones de una descripción absolutamente inmoral, que no están de acuerdo con su comportamiento en la vida ordinaria... es aquí donde la conspiración del mal contra la humanidad se hace reconocible.

MONITOR DE CIENCIA CRISTIANA,
"El peligro judío", 619-20.

El objetivo no es otro que crear un sistema global de control en manos privadas capaz de dominar el sistema político de cada país y la economía mundial.

CARROLL QUIGLEY, Profesor de la Universidad de
Georgetown,
Tragedia y esperanza.

El significado de la historia del siglo pasado es que 300 financieros judíos, todos maestros de logias, gobiernan el mundo (1931).

JEAN IZOULET, JUDÍO,
Alianza Israelita Universal.

Señor Presidente, es monstruoso para esta gran nación ver su destino presidido por un traicionero sistema de reserva federal que actúa en secreto con usureros internacionales.

LOUIS T. McFADDEN, Presidente del Comité Bancario de la
Cámara de Representantes, 610-32.

Los trilateralistas no dirigen el mundo en secreto, sino el Consejo de Relaciones Exteriores (CFR).

WINSTON LORD, ex Presidente del CFR.

Los miembros del CFR son personas cuya influencia en sus comunidades está muy por encima de la media. Han utilizado el prestigio de su riqueza, posición social y educación para llevar a su país a la bancarrota y a la debacle militar. Deberían mirarse las manos. Están cubiertas de sangre.

CHICAGO HERALD TRIBUNE.

Lo que realmente desea la Comisión Trilateral es la creación de un poder económico mundial superior a los gobiernos políticos de los Estados nación en cuestión... Como gestores y creadores del sistema, gobernarán el futuro... Las poblaciones son tratadas únicamente como grupos productores económicos. La libertad (política, espiritual, económica) es irrelevante.

U.S. SEN. BARRY GOLDWATER, JUDÍO, *sin disculpas.*

En reuniones secretas en Suiza, 13 personas dan forma a la economía mundial. El Banco de Pagos Internacionales se creó en 1930 para ayudar a pagar las reparaciones que Alemania y otros perdedores de la Primera Guerra Mundial debían a los vencedores. Hoy protege el sistema financiero mundial. Las voces más poderosas son las del estadounidense Alan Greenspan, Presidente de la Reserva Federal, y su sustituta Alice M. Rivlin (ambos judíos).

WASHINGTON POST, (extracto) 6-28-98).

EL MITO: En el principio, LUCIFER, "el ángel de luz", se creyó más grande que Yahvé. Disfrazado de serpiente en el Jardín del Edén, Lucifer sedujo a Eva (el TALMUD dice que fornicó con ella), quebrantando las leyes de Dios e introduciendo el pecado en el mundo. Por esta y otras abominaciones, Lucifer y sus co-consejeros entre las huestes celestiales fueron expulsados del cielo. Por ser un arcángel, Lucifer sigue siendo un espíritu maligno indestructible creado, según se nos dice, por Yahvé, ¡el "todopoderoso"!

¡Cómo caíste del cielo, Lucifer, hijo de la Estrella de la Mañana!
¡Cómo fuiste cortado en el suelo que debilitó a las naciones!

SANTA BIBLIA: Isaías 14.

Lucifer (Satanás, el Diablo) estableció un reino terrenal donde él y sus seguidores (ILLUMINATI) se beneficiaron de las lágrimas, el trabajo, el sudor y la sangre de la humanidad: se apoderaron de los cuerpos y las almas de los hombres. La empresa de Lucifer tuvo tanto éxito que Yahvé se enfadó y, en un ataque de celos (HOLOCAUSTO número uno), ahogó a toda la raza humana -¡hombres, mujeres y niños! - con la excepción de Noé, en hebreo "un borracho adorable", y su familia. Sin embargo, después de estos ahogamientos masivos, todo se fue al infierno en una cesta de mano, otra vez. Una y otra vez. Una y otra vez. *La esencia de este mito hebreo es la siguiente: Dios no puede vencer a Satanás.*

LA REALIDAD: el mito explica por qué Rothschild bautizó a los ILLUMINATI con el nombre de Lucifer, y por qué adoptó en su cartela la serpiente hebrea simbólica, que representa la astucia y el engaño de Lucifer. La apostasía de Lucifer y su modus operandi atraen enormemente a los Usureros: serpientes humanas con pocas o ninguna cualidad moral, es decir, carentes de honor, valor, creatividad y habilidad, personificando la fealdad de cuerpo y alma. Lo que poseen en abundancia es engaño, codicia, orgullo desmedido y malicia. ¿Por qué trabajar, se preguntan, cuando se pueden obtener las riquezas del mundo mintiendo, robando, levantando falsos testimonios y apelando a la "bajeza que reside en el alma de todos los hombres"?

Ya hemos mencionado a Amschel Mayer Bauer, un prestamista judío que descubrió que podía obtener enormes beneficios emitiendo pagarés a corto plazo por importes muy superiores a sus activos. Este papel que devengaba intereses, garantizado por Bauer, se utilizaba a menudo como medio de cambio en el mercado. Mientras los tenedores no exigieran un concierto de oro a cambio de su papel, Shylock escapaba a la soga. En resumen, Bauer emitía pagarés a los prestatarios, a cambio de una comisión, que representaban activos que no poseía (véase: El Sistema de la Reserva Federal). Decidió abandonar sus actividades de prestamista, cambió su apodo por el de Rothschild ("Escudo Rojo") y se concentró en su lucrativa estafa bancaria. A finales del siglo XVIII, Rothschild & Sons se había convertido en el principal establecimiento bancario de Europa, y su estafa se convirtió en la piedra angular del sistema bancario central Rothschild que hoy controla el Sistema de la Reserva Federal). Rothschild no sólo pensaba en el dinero. Combinó el odio TALMUDÍ contra los gentiles con la sed de venganza de los jázaros contra la raza aria. El nombre "Escudo Rojo" se convirtió en el símbolo de la revolución mundial. Como recordarán, Rothschild encargó a Adam Weishaupt (un sacerdote jesuita apóstata que fue expulsado de su puesto en la Universidad de Ingolstadt por practicar la adoración a Satán) que actualizara los antiguos Protocolos. La organización creada por Weishaupt para poner en práctica estos planes es la ILLUMINATI.

Los ILLUMINATI están dirigidos por un JAGÁN. El Khagan preside la KEHILLA (Junta Directiva), compuesta por 13 judíos, la mayoría de los cuales son banqueros internacionales. Cada uno de estos directores dirige una organización clave dentro del Movimiento Revolucionario Mundial. Los directores se turnan para presidir el ILLUMINATI, que está formado por 300 personalidades influyentes, no todas judías, que representan los ámbitos más importantes de la actividad humana: finanzas, medios de comunicación, gobierno, ejército, asuntos exteriores, ciencia, industria, comercio, educación, religión, etcétera. Sin embargo, al ser una ORGANIZACIÓN SECRETA, es prácticamente invisible. Como el viento, se revela por su influencia y sus daños:

LA REVOLUCIÓN FRANCESA de 1778, el primer golpe ILLUMINATI contra la Cristiandad, reveló los PROTOCOLOS en acción.

> Una vez que el control de la deuda está firmemente establecido, pronto le sigue el control de todas las formas de publicidad y actividad política, así como un control total de los industriales (empresarios y sindicatos)... el control de la mano derecha establece la parálisis, mientras que la mano izquierda revolucionaria sostiene la daga y asesta el golpe fatal.
>
> SIR WALTER SCOTT, *The Life of Napoleon* (los nueve volúmenes de Scott están suprimidos debido a su postura judeofóbica y nunca se catalogan con sus otras obras).

Mientras los periódicos judíos de M. Balsamo calumniaban a la Iglesia y al Estado, los ILLUMINATI organizaban el Reinado del Terror. Se crearon clubes jacobinos por toda Francia para servir de lugares de reunión a los canallas.

> Restif alude también al racismo de clase, al miedo que la burguesía y los artesanos sienten por los hombres pálidos, de pelo oscuro y mal peinado, ojos penetrantes y bigotes desgreñados... este canalla es siempre moreno y sombrío... Los respetables: los hombres de propiedad, los artesanos virtuosos son rubios y de buena complexión.
>
> REVISTA LITERARIA BRITÁNICA, Restif de la Bretonne - relatos del Terror.

> La masonería continental está, y ha estado durante 200 años, notoriamente controlada por los judíos.
>
> A. K. CHESTERTON
> The New Unhappy Lords (1974).

La INFAMIA (mentiras, calumnias y falsos testimonios) es una de las armas más temidas de los judíos. La víctima no es consciente de los astutos susurros a sus espaldas hasta que empieza a sentir miradas de condena, rechazo y repentinos reveses de fortuna. *Prácticamente no hay forma de refutar esta destrucción anónima de su reputación.* Para objetivos mayores, los ILLUMINATI despliegan todo su aparato de asesinato, desde campañas mediáticas hasta comités de investigación del Congreso, intimidación del IRS y equipos especiales de respuesta.

El cambio gradual de las aspiraciones occidentales (hacia 1750) de la Cultura a la Civilización creó tensiones y fracturas en el seno de las monarquías europeas, que requirieron tiempo para diagnosticar, tratar y curar. Los judíos vieron en esta indisposición una oportunidad para atacar. Lo que casi con toda seguridad habría sido una revolución pacífica en Francia se convirtió en una tragedia. Por primera vez, Occidente fue testigo del PODER JUDÍO: los ILLUMINATI fomentaron la REVOLUCIÓN FRANCESA. La INFAMIA la desencadenó.

La reina de Luis XVI, María Antonieta, era hija de Francisco I de Austria. La hermana de Marie, al saber que el gobierno bávaro había descubierto los planes ILLUMINATI, le advirtió de los PROTOCOLOS y del peligro inminente. La Reina escribió:

> Creo que en lo que se refiere a Francia, usted está demasiado preocupado por la masonería. Aquí no es ni de lejos tan importante como en otros lugares de Europa.

El agente ILLUMINATI Moses Mendelssohn, judío, encarga a un joyero londinense un collar de diamantes por valor de 250.000 libras, que es regalado a María Antonieta. Las filtraciones sobre la "indulgencia" de la Reina aparecen en los periódicos de París, enfureciendo a los funcionarios, a la Iglesia y al público. La Reina pudo demostrar que no había encargado el collar, pero la reputación de la monarquía quedó seriamente dañada. El judío Joseph Balsamo hace distribuir 500.000 panfletos en los que acusa a la reina, "esa puta austriaca" (término que los bolcheviques aplicarán más tarde a la zarina), de haber concedido favores sexuales a un amante secreto a cambio del collar. Para estrechar el cerco, el judío Balsamo falsificó la firma de la reina en una carta en la que invitaba al cardenal príncipe de Rohan a reunirse con ella en el palacio real para hablar del asunto del collar. Una actriz fue contratada para hacerse pasar por la Reina. El escenario resultante, con testigos oculares ocultos, implica al Cardenal en una relación amorosa con la Reina. El escándalo empañó las más altas esferas de la Iglesia y del Estado. El CANULAR, pues eso es lo que es, ensancha la brecha entre la monarquía y el pueblo, disminuyendo su resistencia a la ILLUMINATI.

Cuando los *canallas* (los agitadores judíos en la prensa y en las calles) sumieron a Francia en un frenesí de desesperación, las puertas de las prisiones y los manicomios se abrieron de golpe. Se desató el

TERROR. Mientras los criminales y los locos se desataban, quemando, violando, matando, gritando "Liberté, Égalité, Fraternité" y agitando la bandera roja de Rothschild, los clubes jacobinos detenían y encarcelaban sin juicio a burgueses y aristócratas: hombres, mujeres y niños cuyo exterminio planeaban los ILLUMINATI.

El marqués de Mirabeau y Robespierre, líderes de la revolución contra su propia raza, se dieron cuenta demasiado tarde de que hombres más poderosos que ellos habían creado EL TERROR. Mirabeau, en un último acto de redención, intenta salvar a la familia real condenada. Fue frustrado y decapitado. Robespierre, antes de recibir un disparo en la mandíbula para silenciarle, declaró ante la Convención:

> No me atrevo a rasgar el velo que cubre este profundo misterio de iniquidad. Pero puedo afirmar muy positivamente que entre los autores de este complot están los agentes de este sistema de corrupción y extravagancia -el más poderoso de todos los medios inventados por los extranjeros- para derrotar a la República: me refiero a los impuros apóstoles del ateísmo y de la inmoralidad que es su base.
>
> ROBESPIERRE, de *Vie de Robespierre*, de George Renier.

La discreción de Robespierre al no revelar a los CONSPIRADORES no le sirvió de nada. Sabía demasiado y fue decapitado como casi todos los líderes revolucionarios gentiles. Ahora sabemos que ocultaba la identidad de: Daniel Itg (Berlin), Herz Gergsbeer (Alsacia), los Rothschild y Sir Moses Montifiore (Inglaterra), todos ellos financieros judios que pretendian establecer una monarquia constitucional en Francia, como habian hecho en Inglaterra. La monarquía absoluta, combinada con el nacionalismo, rechazaba absolutamente la usura. Por lo tanto, los judíos lanzaron una guerra continental contra Francia. Esta guerra requirió enormes préstamos extranjeros de TODOS los participantes: Francia, Inglaterra, España, etc., pero los ILLUMNATI hicieron fracasar a Francia al negarse a aceptar pagos en assignats. Esto fue lo que condujo al TERROR.

La historia "popular" retrata a María Antonieta como una mujer descerebrada, gratuita y sin compasión que, al enterarse de que la población no tenía pan, dijo: "Que coman brioche". Historiadores serios han demostrado que los detractores de la Reina eran judíos mentirosos. La Reina soportó con dignidad los sufrimientos infligidos a ella y a su familia y afrontó con gran valor su muerte en la Guillotina.

Napoleón I (1769-1821) también luchó contra las trampas y mentiras de los ILLUMINATI. La manchada reputación de Bonaparte se basa en que él, héroe del pueblo, se opuso a los préstamos con interés. La principal preocupación de los banqueros era continuar las guerras y financiarlas.

> Nunca se insistirá demasiado en que las finanzas, y no la expansión territorial, fueron la clave del reinado de Napoleón. Si el emperador francés hubiera aceptado abandonar su sistema financiero en favor del sistema londinense (Banco Central), es decir, en favor de los préstamos a través del mercado monetario, podría haber tenido paz en cualquier momento.
>
> R. MICHAEL WILSON, *El amor de Napoleón*.

Durante la Guerra Peninsular (1809), Wellington se enfrentó a las tropas francesas en España. La costa ibérica estaba rodeada por la flota francesa, que bloqueaba los suministros a las fuerzas británicas. El problema fue resuelto por los Rothschild británicos, que informaron a los Rothschild franceses, quienes pasaron oro de contrabando a Wellington en una caravana de mulas a través de los Pirineos. Con el oro en la mano, Wellington compró suministros y forraje a los españoles. ¿Y qué pasa con las tropas que mueren por sus ideales, su Dios y su país? A los judíos no les importa.

Mientras se desarrolla la batalla de WATERLOO, sobre la que descansa el destino de Inglaterra y Francia, los ILLUMINATI urden un complot que les permite conocer el resultado de la batalla antes que los dos gobiernos. Se establece un sistema de palomas mensajeras para cruzar el Canal de la Mancha (de ahí la expresión: "Me lo ha dicho un pajarito"). En cuanto se confirmó la victoria de Wellington (1815), los agentes de Rothschild en Londres anunciaron que la batalla estaba perdida. El mercado monetario británico entró en pánico: los inversores se deshicieron de sus acciones de alto valor y de los títulos del Estado a precios bajísimos. Entre bastidores, Rothschild compraba todo lo que caía en sus manos. En Francia se llevó a cabo una estafa similar. Los muertos fueron enterrados. Los héroes recibieron medallas y los BANQUEROS se rieron.

> El nombre de Rothschild se hizo así omnipresente y se advirtió que la Casa se extendía como una red por las naciones; no es de extrañar, por tanto, que sus operaciones en el mercado monetario acabaran calando en todos los gabinetes de Europa.

RABINO MOSE MARGOLUTH (1851).

La EDAD DE LA RAZÓN fue el caldo de cultivo de la idea del capitalismo: libre empresa, competencia, individualismo ("sálvese quien pueda"); el sistema monetario formaba parte del capitalismo. Toda la dirección de esta etapa del desarrollo orgánico de la cultura occidental fue secuestrada por el monopolio monetario ILLUMINATI. Capitalismo se convirtió en sinónimo de usura y, como sabes, *usura es sinónimo de deuda, es decir, de esclavitud.*

La naturaleza satánica de la REVOLUCIÓN INDUSTRIAL, que comenzó en Inglaterra (hacia 1760), lleva la impronta de los Rothschild. Ellos establecieron los códigos de construcción, las ordenanzas, las normas y los valores. Los judíos NO tienen patriotismo por su país de acogida: NO aman el paisaje, el Estado, su historia y su gente. Ven SU MUNDO TALMUDI como un mundo sin fronteras, y a los goyim como SUS ovejas a las que desplumar. Si el hombre ario hubiera controlado su propio dinero, NO habría creado ciudades-fábrica infernales, utilizando a sus propios hijos como mano de obra esclava. Habría modelado la revolución industrial con el mismo arte y amor que utilizó para crear su gran música, literatura, arte, ciencia y catedrales. El uso degrada. El ROPA esclaviza.

En la AMÉRICA COLONIAL, después de que el Banco de Inglaterra (dominado por los JUDÍOS) se negara a aceptar el texto libre de deudas de las colonias americanas, Benjamín Franklin observó con amargura que "la prosperidad terminó y sobrevino la depresión y el desempleo". Para sobrevivir, los colonos tuvieron que hipotecar sus propiedades y valores con el Banco de Inglaterra. La Guerra de Independencia (1776) no se libró contra Jorge III, como nos quieren hacer creer los libros de historia, sino contra los JUDÍOS USUREROS.

> El Banco de Inglaterra se negó a dar más del 50% del valor nominal de nuestros vales cuando los entregó, como exige la ley. Por tanto, el medio de cambio en circulación se redujo a la mitad... Las colonias habrían soportado de buen grado el pequeño impuesto sobre el té, entre otras cosas, si Inglaterra no les hubiera quitado su dinero, lo que creó desempleo...
> BENJAMIN FRANKLIN, documento del Senado de EE.UU. n° 23.

En los años siguientes, antes de crear la FED, los ILLUMINATI crearon pánicos financieros, escasez de dinero y propagaron la Infamia, con el fin de crear descontento público con el sistema monetario americano y sustituirlo por el suyo propio.

> ¡Sois una guarida de ladrones y víboras! ¡Tengo la intención de derrotaros, y por el Dios eterno, os derrotaré!
>
> ANDREW JACKSON, Presidente de los Estados Unidos, hacia 1835

GUERRA CIVIL

Surgió una oportunidad estratégica cuando profundos antagonismos sociales empezaron a amenazar la estabilidad de América. Los ILLUMINATI avivaron las chispas, sabiendo que recogerían una dorada cosecha si lograban dividir ideológicamente al Norte y al Sur, empujando luego a ambos bandos a una larga y sangrienta guerra civil.

> No me cabe la menor duda, y lo sé con absoluta certeza, de que la separación de Estados Unidos en dos federaciones de poderes iguales había sido decidida mucho antes de la Guerra Civil por la primera potencia financiera de Europa.
>
> OTTO VON BISMARCK, Canciller, Alemania.

La Guerra Civil Americana, en un sentido muy real, fue una continuación de la guerra revolucionaria emprendida por nuestros fundadores contra el Banco de Inglaterra. La Guerra Civil fue planeada en Londres por Rothschild, que quería dos democracias americanas, cada una cargada de deudas. Cuatro años antes de la guerra (1857), Rothschild decidió que su banco de París apoyaría al Sur, representado por el senador John Slidell, un judío de Luisiana, mientras que la sucursal británica apoyaría al Norte, representado por August Belmont (Schoenberg), un judío de Nueva York. El plan consistía en financiar, a tipos de interés usurarios, las enormes deudas de guerra previstas, utilizando esa deuda para extorsionar a ambas partes la aceptación de un sistema de banca central Rothschild similar al que había desangrado (y seguía desangrando) a las naciones de Europa, manteniéndolas en condiciones de guerra perpetua, insolvencia y a merced de los especuladores judíos.

Como en la Francia prerrevolucionaria, los agitadores ILLUMINATI, como gusanos atacando una herida abierta, se pusieron a trabajar en el Norte y en el Sur, en todos los niveles del gobierno y en toda la sociedad, para explotar los problemas de división que amenazaban a la nación. Los banqueros internacionales lo consiguieron. Todos los esfuerzos de paz entre el Norte y el Sur fracasaron.

> La propaganda hizo hincapié en la cuestión de la esclavitud, pero el verdadero objetivo de la guerra era empujar a ambos bandos a aceptar el mismo sistema monetario que Rothschild había establecido en Inglaterra y en el continente, con el fin de explotar la inmensa productividad del pueblo estadounidense en su conjunto.
>
> WILLIAM G. SIMPSON, El camino del hombre occidental.

> El gobierno debe crear, emitir y hacer circular todo el dinero y el crédito necesarios para satisfacer el gasto público y el poder adquisitivo de los consumidores.
>
> PRESIDENTE ABRAHAM LINCOLN.

Lincoln dijo que temía más a los banqueros internacionales que a la Confederación. Podía ver claramente la conspiración que crecía a su alrededor, incluso dentro de su propio gabinete. En un intento de desestabilizar a Rothschild, consiguió que el Congreso emitiera 150 millones de dólares en "billetes verdes", una moneda sin intereses garantizada por el gobierno estadounidense (estos billetes han circulado sin deudas en Estados Unidos desde entonces). Sin embargo, la comunidad judía internacional se negó a aceptarlos. Ambos bandos en conflicto necesitaban desesperadamente grandes cantidades de dinero para mantener la guerra. Sólo Rothschild podía proporcionar este dinero - a tasas usurarias. DINERO SANGRIENTO.

> Estados Unidos fue vendido a los Rothschild en 1863.
>
> EZRA POUND, "Impacto".

> Tras la guerra [...] el poder financiero de este país se esforzará por prolongar su reinado trabajando sobre los prejuicios del pueblo hasta que la riqueza se agregue en manos de unos pocos y la República sea destruida. Estoy más preocupado que nunca por la seguridad de mi país, incluso en medio de la guerra.
>
> PRESIDENTE ABRAHAM LINCOLN.

624.511 soldados murieron durante la Guerra Civil (1861-1865) 475.881 soldados resultaron heridos. Estas cifras son incompletas porque algunos registros no se llevaron y otros se perdieron, sobre todo al principio de la guerra. Después de la guerra, al darse cuenta de que el verdadero enemigo de la Unión era Rothschild, el Presidente, haciendo hincapié en la Constitución, dejó claro al Congreso que:

> El privilegio de crear y emitir dinero es... ¡la prerrogativa suprema del gobierno!
>
> ABRAHAM LINCOLN.

La Constitución de EE.UU. confiere exclusivamente al Congreso la facultad de acuñar moneda y regular su valor; el Tribunal Supremo ha dictaminado que el Congreso no puede abdicar de esta función.

El presidente Lincoln había lanzado el guante. Bajo su administración, un sistema de banca central Rothschild no sería tolerado.

Lincoln enfureció aún más a los JUDÍOS cuando anunció su intención de colonizar a los negros recién reintegrados en Estados Unidos. Los JUDÍOS querían que los negros permanecieran en Estados Unidos como mano de obra barata (ahora que ya no necesitaban que se les cuidara y mantuviera), pero también como elemento racial divisorio que podría ser explotado en el futuro por la Revolución.

La intransigencia de Lincoln selló su destino. Había que eliminar el obstáculo. *Pruebas convincentes sugieren que el asesino de Lincoln, John Wilkes Booth (Botha), JUDÍO, fue contratado por Judah Benjamin, JUDÍO, tesorero de la Confederación.* Benjamin era un estrecho colaborador de Benjamin Disraeli, JUDÍO (1804-1881), primer ministro británico. Disraeli, Benjamin y Booth habían hablado juntos con los Rothschild. Cuando Booth escapó del teatro Ford, lo hizo "por accidente" por la única carretera de Washington D.C. que no estaba bloqueada por las tropas. Entre sus posesiones había un libro de códigos idéntico al que se encontró en posesión de Benjamin; y otro, con sus páginas arrancadas, entre las posesiones del Secretario de Guerra estadounidense, Stanton. Tras el asesinato, Benjamin huyó a Londres, donde fue acogido por su tribu. Recientemente, los familiares de Booth solicitaron la exhumación de su tumba en Maryland. No creen que Booth esté allí. Pero el permiso fue denegado por autoridades anónimas.

Si por casualidad visita las largas filas de muertos yanquis y rebeldes en Pea Ridge, Gettysburg, Shiloh, Chickamaugua, Cold Harbor, Chancellorsville, Antietam *y otros*, recuerde que cada cruz representa DINERO EN SANGRE, lágrimas y dolor exigidos por los JUDÍOS JAZARES TALMUDÍES.

Treinta y cinco años después de Appomatox, en los albores del siglo más sangriento de la historia mundial, los ILLUMINATI preparan el terreno para la Primera Guerra Mundial. Dondequiera que vivan, los judíos difunden INFAMIA, como han hecho en todas sus guerras y revoluciones, demonizando a su enemigo. Los tambores han comenzado a sonar. En América, los judíos usaron la adulación y la coerción para llegar a la Casa Blanca. Manipularon al presidente Wilson -como más tarde harían con FDR- "como un mono en una cuerda". Para disgusto de los patriotas, el Congreso de EE.UU. aprobó la inconstitucional FEDERAL RESERVE ACT (1913), dando a los Rothschild el control total del sistema monetario de EE.UU.. A partir de entonces, los ILLUMINATI controlaron el funcionamiento del gobierno estadounidense (hoy, los judíos entran y salen del Despacho Oval y del Tesoro, igual que entran y salen del Hillcrest Club de Los Ángeles). Los JUDÍOS prepararon inmediatamente a los Estados Unidos para la Primera Guerra Mundial, de cuya inminencia el pueblo americano no tenía ni idea en aquel momento. Para garantizar a los BANQUEROS la devolución del capital y los intereses, el Congreso promulgó la 16ª Enmienda a la Constitución, estableciendo el primer impuesto sobre la renta personal de la historia de EEUU. No sólo se esperaba que los estadounidenses murieran en una guerra contra sus parientes alemanes, sino que tenían que pagar a los JUDÍOS por el privilegio.

Ese mismo fatídico año, 1913, los judíos crearon la Liga Antidifamación de B'nai B'rith, cuyo principal objetivo *es* la difamación. Su objetivo declarado es identificar, desenmascarar y erradicar el "antisemitismo" (sic), que se equipara a cualquier crítica a los JUDÍOS. El Congreso se asusta ante sus malévolos ojos. Con sede en Nueva York, la ADL emplea permanentemente a 225 abogados, grupos de presión, ingenieros sociales, educadores y especialistas en relaciones públicas. Tiene oficinas regionales en todo el mundo civilizado.

Los B'NAI B'RITH (Hijos de la Alianza), una cábala secreta,

afirman ser una organización religiosa y caritativa desgravable. Su red penetra en todos los niveles de la comunidad judía, dentro y fuera del país. Su objetivo es unir a todos los judíos en torno a la aplicación de los Protocolos.

En 1913, el resultado de la guerra que se avecinaba era bien conocido por los actores internos. Una vez agotados los combatientes europeos y cargados de deudas, la estrategia planteada consistía en aportar al conflicto los recursos y el poder sin rival de Estados Unidos. Los estadounidenses, con el cerebro lavado y sumidos en un frenesí asesino, se apresuraron a "ir allí" para "salvar el mundo para la democracia", una palabra que no aparece en ninguna parte de la Constitución de Estados Unidos. *Los verdaderos objetivos eran:*

1. Destruir la Rusia cristiana, el enemigo ario del MARXISMO/LIBERALISMO/JUIVERISMO.
2. Sustituir las monarquías absolutas de Europa por gobiernos democráticos. Exponiendo así a la Europa cristiana aria al virus del LIBERALISMO/MARXISMO/JUIVERISMO.
3. Inundar Europa de deudas colosales a devolver con intereses usurarios a los ILLUMINATI.
4. Establecer una patria sionista en Palestina (tributo de Gran Bretaña a los judíos "americanos" por arrastrar a Estados Unidos a la guerra).
5. Destrucción de Alemania. JUIVERIE ha invertido masivamente en el Imperio Británico, en manos del Banco de Inglaterra. La marina mercante, los ferrocarriles intercontinentales, el comercio exterior y las colonias de Alemania suponen una seria amenaza económica.
6. Matar a la flor y nata del hombre ario, exponiendo la herencia genética blanca al mestizaje y a la trata de blancas.

En Europa y América, los ILLUMINATI colocaron a sus peones goy en altos cargos. Judíos en posiciones de confianza en varios gobiernos europeos utilizaron confidencias obtenidas al más alto nivel para traicionar a sus estados anfitriones y utilizar este conocimiento para promover los objetivos del ILLUMINATI. Por ejemplo: Max Warburg, judío y jefe de la inteligencia alemana, financió a los bolcheviques de Lenin. El hermano de Max, Paul Warburg, arquitecto del sistema de la Reserva Federal, compró la presidencia de Woodrow Wilson y, con Jacob Schiff, Kuhn-Loeb & Co, financió a los degolladores bolcheviques de León Trotsky.

Poco después estallaron las crisis financieras en todo Occidente, sembrando la confusión y la desesperación. L'INFAMIE exacerbó las diferencias étnicas entre los Estados europeos. Los Balcanes se convirtieron en un polvorín de animosidades políticas y raciales. El archiduque Fernando de Austria viajó a Serbia para intentar calmar las diferencias. Él y su encantadora esposa fueron asesinados en Sarajevo (628-1914) por Gavrilo Princip, un masón. Las fichas de dominó empezaron a caer, una a una.

> El Archiduque era muy consciente de que un atentado contra su vida era inminente. Un año antes de la guerra, me había informado de que los francmasones habían resuelto su muerte.
>
> CONDE CZERNIN, *En la Guerra Mundial*.
>
> Es un hombre extraordinario, y es una pena que haya sido condenado; morirá en las escaleras de su trono.
>
> LÉON PONCINS, *El poder secreto detrás de la revolución*.
>
> El asesinato del Archiduque encendió elementos que de otro modo no habrían prendido como lo hicieron, si es que lo hicieron. Por ello es importante rastrear los orígenes del complot del que fue víctima...
>
> B. FAY, *Los orígenes de la guerra mundial*.
>
> La línea del Partido era unir a todas las organizaciones revolucionarias con el objetivo de conseguir que todos los grandes países capitalistas entraran en guerra unos contra otros para que todas las terribles pérdidas sufridas, los elevados impuestos recaudados y las penurias soportadas por las masas de la población hicieran que la mayoría de las clases trabajadoras reaccionaran favorablemente a... una revolución que pusiera fin a todas las guerras. Una vez sovietizados todos los países, los ILLUMINATI formarían una dictadura totalitaria... Es posible que sólo Lenin conociera los objetivos y ambiciones secretas de los ILLUMINATI, que moldearon la acción revolucionaria en función de sus objetivos. Los dirigentes revolucionarios tenían que organizar sus maquis en todos los países para poder apoderarse del sistema político y de la economía de la nación; los banqueros internacionales tenían que extender las sucursales de sus agencias por todo el mundo...
>
> WILLIAM GUY CARR, R. D., *Peones en el juego*.

Se cometieron una serie de asesinatos (1881-1914) para promover los objetivos bélicos de los ILLUMINATI, siendo los más críticos: El zar Alejandro II ("Padrecito") de Rusia, en 1881; la emperatriz de Austria, en 1893; el rey Humberto de Italia, en 1900; el presidente estadounidense McKinley, en 1901; el gran duque Sergio de Rusia, en 1905; el primer ministro V. von Plehve, de Rusia, en 1905; el primer ministro Peter A. Stolypin, de Rusia, en 1911; el rey Carlos y el príncipe heredero de Portugal, en 1908; el archiduque Fernando y la duquesa de Austria, en 1914. Todos estos asesinatos, y muchos más, pueden atribuirse al bolchevismo, a la masonería (masones del Gran Oriente) y a otros grupos terroristas patrocinados por los ILLUMINATI. En el juicio militar austriaco (10-12-14) sobre el asesinato del Archiduque, el fiscal interrogó a Cabrinovic - el asesino que lanzó la primera bomba - quien respondió:

> La masonería tuvo algo que ver porque reforzó mis intenciones. La masonería había condenado a muerte al Archiduque más de un año antes.
>
> I. CABRINOVIC, masón, serbio.

> Permítanme retrotraerles a 1913. Si me hubiera plantado aquí en 1913 y os hubiera dicho: "Venid a una conferencia para discutir la reconstrucción de un hogar nacional en Palestina", me habríais mirado como a un soñador; aunque, de todo lo que vino después, encontré una oportunidad, la oportunidad de establecer un hogar nacional para los judíos en Palestina. ¿Se te ha ocurrido alguna vez que fue en la sangre de todo el mundo donde surgió esta oportunidad? ¿Realmente crees que fue un accidente? ¿Realmente crees, en el fondo, que fuimos traídos de vuelta a Israel por la mayor de las coincidencias? ¿Crees que no hay mayor significado en la oportunidad que se nos ha dado? Después de dos mil años de vagar por el desierto, se nos ofrece una ocasión y una oportunidad, y muchos se contentan con decir que no nos interesa. Me pregunto si han pensado en la cadena de circunstancias.
>
> LORD MELCHETT, JUDÍO, Presidente de la Federación Sionista Inglesa.

La PRIMERA GUERRA MUNDIAL (1914) estalló como se había previsto. Fue Alemania, uno de los estados más cultos y civilizados de Europa -que ofrecía a un mundo admirado su magnífica música y su genio científico-, el objetivo específico por las razones antes mencionadas y, también, porque Alemania representaba el CORAZÓN DEL CRISTIANISMO. Los medios de comunicación controlados por los judíos demonizan inevitablemente a sus enemigos presentándolos como monstruos depravados: se acusa a los soldados alemanes de amputar las manos a los niños belgas, de matar a bayonetazos a las mujeres embarazadas y descuartizar a los fetos, de hundir al azar barcos de pasajeros y de ametrallar "obscenamente" a los supervivientes en los botes salvavidas. Los "hunos" fueron acusados de fabricar pantallas de lámparas y pastillas de jabón con cadáveres enemigos. Los estadounidenses de origen alemán fueron condenados al ostracismo. Se arrojaban ladrillos a través de las ventanas de sus salones. Se culpó a Alemania de toda la guerra.

Aunque Rusia era aliada de Gran Bretaña y Francia, los judíos financiaron la revolución bolchevique contra el Estado ruso. La INFAMIA envolvió al zar y a la zarina de origen alemán, creando desconfianza en la monarquía y fomentando motines en el ejército. Esto permitió a las tropas alemanas trasladarse del frente oriental al frente occidental, donde los sangrientos combates en tierra de nadie se convirtieron rápidamente en una ventaja para Alemania.

En este momento crítico, el barón ILLUMINATI Edmond de Rothschild, un JUDÍO (Banco de Inglaterra), organizó una audiencia entre Lord Arthur Balfour, Secretario de Asuntos Exteriores británico, y Chaïm Weizmann, un JUDÍO y cofundador del SIONISMO. Weizmann propuso a los judíos que Estados Unidos entraría en la guerra contra Alemania si Gran Bretaña, a cambio, garantizaba la creación de un hogar judío en Palestina. Gran Bretaña aceptó, traicionando a los árabes (Tratado Sykes-Picot) que habían luchado por Gran Bretaña contra los turcos. La primera versión secreta de la Declaración Balfour fue enviada por cable al presidente Wilson, cuyos asesores, el rabino Wise, Louis Denmitz Brandeis, judío, Bernard Baruch, judío, Felix Frankfurter, judío, y Edward Mandel House, judío, hicieron adiciones y correcciones. El barón Edmond de Rothschild redactó finalmente la versión definitiva, sustituyendo la línea "una patria para la raza judía" por "una patria para el pueblo judío". El texto fue mecanografiado en papel con membrete del Ministerio de Asuntos Exteriores británico y firmado por Lord Balfour. El último párrafo dice: "Le agradecería que pusiera esta declaración en conocimiento de la Federación Sionista". Estaba dirigida al barón Edmond de Rothschild, que había redactado el texto final y era miembro del KEHILLA ILLUMINATI que había planeado la entrada de Estados Unidos en la guerra (Gran Bretaña se ganó el sobrenombre de "Pérfida Albión" después de que Cromwell diera el Banco de Inglaterra a los judíos en 1653).

Un "pajarito" le dijo a Winston Churchill que la Primera Guerra Mundial estallaría en septiembre de 1914, así que en febrero de 1913 hizo convertir el transatlántico británico *Lusitania* en un crucero auxiliar armado con doce cañones navales de seis pulgadas: un hecho publicado en *Jane's Fighting Ships* (1914), la referencia internacional en materia naval. En Estados Unidos, sin embargo, el *Lusitania* se presentó como un buque de pasajeros. El Almirantazgo alemán advirtió, en anuncios publicados en el *New York Times*, que el *Lusitania* transportaba material bélico y, por tanto, se consideraba un *premio de guerra*. El Departamento de Estado estadounidense rechazó las acusaciones alemanas. El *Lusitania*, que Churchill había descrito anteriormente como "45.000 toneladas de cebo vivo", zarpó y fue torpedeado en aguas profundas frente a la costa irlandesa por un submarino alemán (1915). El *Lusitania* se hundió, como era de esperar, con gran pérdida de vidas humanas (véase: WTC, 9-11-01). El INFAMIO contra Alemania llenó las ondas, la prensa y las universidades de todo el mundo. En el espacio de tres años, bombardeado por incesantes mentiras, *el Stupidus Americanus*, en un frenesí animal, se tragó el "cebo" y corrió a Europa a "salvar el mundo para la democracia" (palabra que no aparece en la Constitución estadounidense) y a matar a sus propios hermanos de sangre: ¡los "despreciables hunos"!

> Chaïm Weizmann, el Gabinete de Guerra británico y el Ministerio de Asuntos Exteriores francés estaban convencidos en 1916 de que la mejor y quizás la única manera (lo que resultó ser el caso) de inducir al Presidente estadounidense a entrar en la guerra (Primera Guerra Mundial) era asegurarse la cooperación de los judíos sionistas prometiéndoles Palestina, y así alistar y movilizar las fuerzas hasta entonces insospechadas de los judíos sionistas en América y en otros lugares a favor de los Aliados, sobre la base de un acuerdo acompañado de un quid pro quo...
>
> SAMUEL LANDMAN, JUDÍO,
> *Gran Bretaña, los judíos y Palestina.*

En Rusia convergieron los anarquistas de Lenin y Trotsky. Tres millones de miembros desarmados de la clase media (burguesa), cristianos y musulmanes, fueron masacrados en el empuje inicial de la REVOLUCIÓN BOLCHESA, y 31 millones de europeos murieron después. Millones simplemente desaparecieron en el Gulag, para siempre. Casi todo el estrato cultural blanco (petrino) fue aniquilado (la "Solución Final"). Rusia se perdió entonces para Occidente, siendo su población post-revolucionaria predominantemente asiática.

> El nacionalismo es un peligro para el pueblo judío. Hoy, como en todas las épocas de la historia, se ha demostrado que los judíos no pueden vivir en Estados poderosos donde se haya desarrollado una elevada cultura nacional.
>
> THE JUDÍO SENTINEL, Chicago 9-24-36.
>
> Creo que el orgullo nacional (patriotismo) es una tontería.
>
> BERNARD BARUCH, JUDÍO, *Chicago Tribune* 9-25-35.
> (Consejero de Wilson, Roosevelt, Eisenhower).

Colin Simpson, periodista británico, actuando al amparo de la Ley de Libertad de Información, descubrió el conocimiento anticipado del *Lusitania* entre los efectos personales de Franklin Roosevelt en Hyde Park, Nueva York (1973). Roosevelt, fracasado en Harvard y Subsecretario de la Marina estadounidense durante la Primera Guerra Mundial, había ocultado a traición su conocimiento previo al Congreso de Estados Unidos (más tarde, ocultó el "cebo" de Pearl Harbor, "una fecha que pasará a la larga serie de infamias cometidas por estos traidores"). El *Lusitania* iba cargado de material bélico con destino a Inglaterra (beligerante) y salía de Estados Unidos (neutral), infringiendo el derecho marítimo internacional. Una empresa privada de salvamento (noviembre de 1982), que exploraba el malogrado buque frente a la costa irlandesa, utilizó un equipo de cámaras submarinas que reveló que un torpedo había impactado en un compartimento que contenía municiones. La explosión lanzó el casco destrozado del *Lusitania hacia el exterior.*

Tras el armisticio de 1918, Gran Bretaña bloqueó los puertos alemanes, matando de hambre a más de un millón de alemanes a base de basura y ratas. Las famosas escuelas y universidades alemanas se llenaron de judíos, mientras que los jóvenes alemanes, incapaces de permitirse siquiera la comida, pasaron de las trincheras a las líneas de panadería. La trata de blancas floreció cuando los judíos hacían supuestas ofertas de trabajo legítimas a jóvenes sin dinero, que luego eran enviadas a redes de prostitución en el extranjero. Hoy en día, utilizando la misma estafa, los judíos atraen a jóvenes rusas blancas hambrientas a una vida de prostitución en Israel y en otros lugares. También las utilizan como reproductoras. ("60 Minutes" CBS, 1998).

El Tratado de Versalles ("Conferencia Kosher") fue diseñado por los

ILLUMINATI para aplastar a Alemania, debilitar su resistencia al marxismo y sentar las bases de la Segunda Guerra Mundial, veinte años después.

El Presidente Wilson llevó a París a 117 judíos y 39 gentiles (principalmente sirvientes).
COUNT CHEREP-SPIRIDOVICH, *Rusia bajo los judíos.*

Los judíos formaron un fuerte anillo alrededor de Woodrow Wilson. Hubo un tiempo en que sólo se comunicaba con el país a través de un judío.
HENRY FORD, père, Volumen II, *El judío internacional.*

La densamente poblada nación alemana se vio privada de gran parte de su territorio, incluidas zonas mineras vitales y el "corredor polaco" que separaba el Ducado de Prusia del resto del país. Alemania se vio privada de su flota mercante... y tuvo que hacer frente a una carga imposible de reparar. Como resultado, el país derrotado se encontró en una situación precaria que le llevó rápidamente al colapso económico. El Imperio Austrohúngaro, antiguo reducto de los pueblos teutones y de la civilización occidental, fue destruido... al nuevo Estado de Checoslovaquia le correspondieron 3,5 millones de personas de sangre y lengua alemanas...

En 1923, Berlín era una ciudad desesperada. La gente esperaba en el callejón detrás del Hotel Adlon, lista para abalanzarse sobre los cubos de basura... una taza de café costaba un millón de marcos un día, un millón y medio al día siguiente, dos millones al día siguiente... la actitud alemana (sospecha y miedo) se intensificó por el nuevo poder que habían adquirido los judíos alemanes... utilizando fondos de judíos ricos con conciencia racial de otros países y por una afluencia de judíos del destruido Imperio Austrohúngaro.
DR. JOHN O. BEATY (OSS), *El telón de acero sobre América.*

La devaluación del marco alemán permitió a los judíos con libros, francos y dólares "comprar" empresas, bienes inmuebles y tesoros artísticos alemanes a una fracción de su valor intrínseco (como hicieron en el Sur tras la Guerra Civil). Quince años después, los nazis recuperaron estos tesoros robados a los JUDÍOS. Hoy, en 1998, los judíos (con el apoyo de Estados Unidos) están demandando con éxito a naciones e individuos para recuperar el "botín nazi robado a los judíos". El mismo botín que los JUDÍOS extorsionaron originalmente a una nación alemana postrada y arruinada.

Tras la Primera Guerra Mundial, los Aliados *pidieron disculpas oficiales a Alemania* por los falsos relatos de atrocidades. ¡Infamia! Se reconoció que los alemanes se habían comportado tan bien o mejor que sus homólogos. *El Registro del Congreso de Estados Unidos* (Senado, 15-6-33) culpó directamente de la Primera Guerra Mundial a sus autores: los banqueros internacionales habían provocado la guerra y fueron sus vencedores finales.

La Segunda Guerra Mundial (véase el capítulo 6: "El Holocausto") se planeó en el Tratado de Versalles y fue la continuación del programa ILLUMINATI para esclavizar a las naciones del mundo sometiéndolas a montañas de deudas usurarias.

La intervención directa con todo el potencial militar de Estados Unidos era esencial para que la guerra (la Segunda Guerra Mundial) no acabara en una victoria de Occidente (Alemania) sobre la Rusia marxista asiática... y diera lugar a la creación de una unidad Cultura-Nación-Estado-Pueblo-Raza de Occidente.
FRANCIS PARKER YOCKEY, *Imperium*.

Cualquiera que sepa algo sobre los hechos del mundo y los principales detalles del abandono estadounidense de su seguridad y sus principios en Teherán, Yalta y Potsdam... quedan claros tres objetivos espantosos:

1) Ya en 1937, (la cábala de Roosevelt) decidió ir a la guerra con Alemania sin otro propósito que complacer al elemento dominante en Europa del Este... dentro del Partido Nacional Demócrata y "conservar esos votos", como dijo Elliot Roosevelt... para satisfacer la vanidad del Presidente de presentarse a un tercer mandato.

2) El poderoso elemento de Europa del Este, dominante en los círculos internos del Partido Demócrata, contemplaba con total ecuanimidad... e incluso entusiasmo, el asesinato del mayor número posible de arios de la odiada raza jázara.

3) Nuestro gobierno dominado por extranjeros hizo la guerra para la aniquilación de Alemania, el baluarte histórico de la Europa cristiana... En 1937-1938, el gobierno alemán hizo un "esfuerzo sincero para mejorar las relaciones con Estados Unidos, pero fue rechazado". Los llamamientos de Alemania a la negociación... fueron ocultados al público hasta que fueron descubiertos por el Comité de Actividades Antiamericanas de la Cámara de Representantes... más de diez años después de que los hechos hubieran sido tan criminalmente suprimidos.
DR. JOHN O. BEATY, *El telón de acero sobre América*.

Nuestro breve examen de estas derrotas históricas revela que fueron dirigidas por una fuerza mucho más poderosa que los Estados arios realmente comprometidos en la lucha. El Presidente Wilson dijo: "En algún lugar hay un poder tan organizado, tan sutil, tan vigilante, tan entretejido, tan completo, tan penetrante..." que este poder satánico sólo puede ser detectado por la similitud de sus métodos, la cohesión de sus acciones y sus horribles RESULTADOS. La judería se ha infiltrado en las áreas más sensibles de poder y confianza en TODAS las naciones occidentales, mientras secretamente juran lealtad a la judería. Los arios llaman a esto traición. Pero los JUDÍOS consideran tales acusaciones como "antisemitas", considerando a los arios como ganado que invade su mundo. El Presidente Wilson, los Estados Unidos de América y la humanidad aprendieron estos hechos demasiado tarde. Después de la Primera Guerra Mundial, los ILLUMINATI fracasaron en su intento de establecer una Sociedad de Naciones porque el Congreso de los Estados Unidos se negó a renunciar a su soberanía. Miembros estadounidenses del ILLUMINATI, frustrados pero decididos, se reunieron en París para discutir nuevas formas de impulsar el gobierno mundial único. Los participantes eran Jacob Schiff, judío (KuhnLoeb & Co, agente de los Rothschild); Bernard Baruch, judío, "Príncipe de Kahilla" (que había hecho millones especulando con el cobre - del que se hacen las conchas); Walter Lippman, judío, (erudito/escritor); el coronel E. Mandel House, judío (agente de la Casa Blanca, el Tesoro y Wall Street); John D. Rockefeller, judío; y los colaboradores gentiles Averell Harriman, Christian Herter y John Foster Dulles. El traficante de armas J.P. Morgan, agente de Rothschild, estaba allí en espíritu. Todos se habían beneficiado monetariamente de la Primera Guerra Mundial y todos, por las mismas razones, contribuyeron a crear la Segunda Guerra Mundial. Ninguno de ellos sirvió nunca en el ejército. Fue el ejército el que les sirvió a ellos.

Esperaban reforzar el control ILLUMINATI sobre Estados Unidos. El Consejo de Relaciones Exteriores (CFR) nació de esta reunión en París. Al mismo tiempo, en Inglaterra, el Royal Institute of International Affairs fue organizado por una cábala similar. Ambas organizaciones dependían del KEHILLA, el consejo de administración del ILLUMINATI. El Instituto Rockefeller es una filial del CFR. Los Rockefeller, de origen judío, fusionaron su banco Chase con el Manhattan Bank de Warburg (judío) y colocaron una filial de Chase-Manhattan en la plaza Karl Marx de Moscú para financiar la llamada "Guerra Fría", mientras luchábamos en guerras perdedoras en Corea y Vietnam.

Mis antepasados pueden haber sido judíos. No estamos seguros.
NELSON ROCKEFELLER, Vicepresidente, EE.UU., TIME, 10-19-70,
(Nelson, casado con la aria "Happy" Rockefeller, murió de apoplejía mientras
retozaba en la cama con su secretaria judía).

El libro de Steven Birmingham *The Grandees: America's Sephardic Elite* (Harper & Row) confirma el origen judío de Rockefeller.

En 1973, David Rockefeller creó la Comisión Trilateral (TRI) y nombró a Zbigniew Brzezinski, asesor de seguridad del presidente Jimmy Carter, para dirigirla. Durante muchos años, David Rockefeller presidió ambos grupos (CFR/TRI).

Los Bilderbergers, "el Cuarto Reich de los ricos", son el equivalente europeo del CFR, aunque sus miembros son más reducidos y poderosos, y cuentan con una red social más exclusiva. Sus reuniones, que suelen celebrarse en fincas aisladas, son muy secretas y están protegidas por fuerzas terrestres y aéreas fuertemente armadas. Los miembros de élite del CFR/TRILATERAL/BILDERBERGERS comparten membresías entrelazadas. Recientemente, los Bilderbergers lograron la "unificación de Europa". *No una nación aria unida* como querían Carlomagno, Federico, Napoleón y Hitler, sino la unificación a través de una moneda única. Hoy, Europa está totalmente esclavizada al USURE e incapaz de rebelarse y desafiar al JUDAISMO INTERNACIONAL como hizo Alemania en 1933.

Las Naciones Unidas fueron urdidas por los ILLUMINATI después de la Segunda Guerra Mundial. Cuarenta miembros de la delegación de EEUU en la Conferencia de la ONU en San Francisco eran miembros del CFR: Alger Hiss, principal autor de la Carta de la ONU que garantizaba que el Consejo de Seguridad (el órgano más importante de la ONU) tendría una mayoría marxista; Dean Acheson (Yale, demócrata), futuro Secretario de Estado de EEUU, juró, después de que Hiss fuera condenado por perjurio: "¡Nunca le daré la espalda a Alger Hiss!". (Los archivos soviéticos confirman que Hiss era un agente soviético); Owen Lattimore y Philip Jessup, tachados por el Senado estadounidense de "instrumentos de los soviéticos"; Harry Dexter White (Weiss), JUDÍO, impulsor de los acuerdos de Bretton Woods, que crearon el Fondo Monetario Internacional (FMI) y el Banco Mundial, cuyas inversiones están suscritas con el dinero de los contribuyentes estadounidenses. White fue posteriormente desenmascarado como espía soviético.

CITAS DIRECTAS DEL INFORME ANUAL DEL CFR DE 1980:

El objetivo del Consejo de Relaciones Exteriores es el siguiente:

1) Demostrar innovación a la hora de abordar cuestiones internacionales.
2) Contribuir al desarrollo de la política exterior estadounidense de forma constructiva y no partidista.
3) Ejercer un liderazgo permanente en la gestión de los asuntos exteriores.
4) El Consejo es una institución educativa y un foro único que reúne a líderes de los sectores académico, público y privado.

La tradición del Consejo dicta que las declaraciones de los oradores no deben atribuírseles en los medios de comunicación ni en foros públicos.

En general, las reuniones del Consejo NO ESTÁN ABIERTAS al público ni a los medios de comunicación... (sin embargo, sería legítimo que los funcionarios transmitieran a sus colegas lo que han aprendido en la reunión... o que un abogado transmitiera un memorándum a su socio, o que un director de empresa lo hiciera a otro director de empresa. Sin embargo, no sería apropiado que un participante en una reunión publicara las declaraciones de un orador en el periódico, o que las repitiera en la televisión o la radio... está prohibido que un participante en una reunión transmita cualquier declaración hecha por el Consejo a un periodista o a cualquier otra persona susceptible de publicarla en los medios de comunicación públicos.
El Consejo no está afiliado al Gobierno de Estados Unidos.

Paradójicamente, el informe del CFR reconoce que el 12% de sus 2164 miembros ¡SON funcionarios del gobierno estadounidense! Esto significa que al menos 260 miembros, según esta organización secreta, ¡ocupan puestos importantes en el gobierno de EEUU! El 70% de los miembros son de la zona de Washington, D.C./Nueva York/Boston. La mayoría están adoctrinados en el marxismo: Ivy League, London School of Economics, Georgetown University, Southern Illinois U., etc.

Desde la Segunda Guerra Mundial, casi todos los Secretarios de Estado han sido miembros del CFR/TRILATERAL. La mayoría han sido judíos, incluida Madeleine Albright, nombrada por Clinton. Entre los últimos ministros de Defensa se encuentran Harold Brown, James

Schlesinger, Cap Weinberger, Henry Kissinger y William Cohen, todos judíos y miembros del CFR/TRI. Ninguno de ellos vistió nunca un uniforme del ejército estadounidense. Todos ellos, tras su paso por el gobierno, encontraron empleo en el ILLUMINATI, normalmente en Wall Street. No olvides que los judíos observantes hacen votos cabalísticos KOL NIDRE para apoyar la TORAH; los judíos marranos juran proteger al PUEBLO KHAZAR. Esto explica la brecha de seguridad en los Estados Unidos.

El ex presidente del CFR Winston Lord, asesor de Clinton en la Casa Blanca casado con una china, señaló que "los trilateralistas no dirigen el mundo, lo hace el CFR".

El caso nº 76 del CFR (1959) dice lo siguiente:

> Estados Unidos debe esforzarse por construir un nuevo orden internacional, también para los Estados que se autodenominan socialistas. El experimento social llevado a cabo en China bajo el liderazgo del Presidente Mao es uno de los más importantes y exitosos de la historia de la humanidad.
> DAVID ROCKEFELLER, JUDÍO, Presidente del CFR/TRI.

El Senado estadounidense calcula que alrededor de 65 millones de chinos fueron masacrados bajo el mandato del Presidente Mao, en lo que resultó ser un experimento social terriblemente fallido, rechazado incluso por los más íntimos admiradores de Mao.

Los miembros del CFR, que ocupan muchos de los más altos cargos del gobierno estadounidense, son nombrados -no elegidos- para sus puestos de confianza por el Presidente. El "gobierno invisible" del que surge, el CFR, pretende abandonar la soberanía estadounidense. La lealtad del CFR, cuyo presidente es ahora David Gelb, un judío, no es a la Constitución de EEUU, sino al TALMUD.

> A los estadounidenses les interesa acabar con la nación.
> WALT ROSTOW, judío, CFR/TRI, asesor de los presidentes Kennedy y Johnson, contribuyó al desarrollo de la "acción policial" en Vietnam.

> Nuestro objetivo nacional debería ser renunciar a nuestra nacionalidad.
> KINGMAN BREWSTER, CFR, ex Presidente, Universidad de Yale, en CFR Quarterly *Foreign Affairs*.

De Gaulle no podía entender la creencia estadounidense en la obsolescencia del Estado-nación.

HENRY KISSINGER, JUDÍO,
CFR/TRILATERAL, *Los años de la Casa Blanca*.

Aunque los objetivos del CFR y del TRILATERAL son los mismos que los del ILLUMINATI -y existen vínculos al más alto nivel entre sus miembros-, tienen estrategias diferentes, que a veces se solapan. El CFR parece dedicarse principalmente a infiltrarse en el gobierno estadounidense. Influye en las políticas de los distintos departamentos y agencias coordinándolas con las expectativas de los ILLUMINATI. La TRILATERAL parece tener como objetivo internacionalizar (sovietizar) los negocios y la industria en las Américas, Europa y la región del Pacífico (de ahí el nombre de "Trilateral").

La Comisión Trilateral cuenta con unos 300 miembros, 87 de ellos en Estados Unidos: el segmento más numeroso representa a la comunidad bancaria.

FOLLETO DE PREGUNTAS Y RESPUESTAS

Publicado por la Comisión Trilateral

El CT es un grupo de debate no gubernamental, centrado en las políticas... no sólo sobre cuestiones relativas a estas (tres) regiones, sino también en un contexto global.

Zbigniew Brzezinski desempeñó un papel muy importante en la formación de la Comisión... y es su principal pensador. Jimmy Carter fue miembro de la Comisión desde 1973 hasta su elección como Presidente de la Unión Europea.

Dimitió como Presidente de los Estados Unidos de acuerdo con las normas de la Comisión, que prohíben a los miembros de la administración nacional formar parte de la Comisión.

La Comisión Trilateral es una organización independiente. No forma parte del gobierno estadounidense (véase la tabla CFR/TRI, índice) ni de las Naciones Unidas. No tiene vínculos formales con el CFR o el Brookings Institute, aunque un número considerable de miembros de la Trilateral también participan en una o más de estas organizaciones. [Véase el gráfico ILLUMINATI en la página 105 - JvB].

La Comisión Trilateral no es en absoluto secreta. Sus reuniones son el único aspecto confidencial.

La Comisión Trilateral está encantada con la cobertura de sus actividades.

Las acusaciones de que la Comisión Trilateral está intentando establecer un gobierno mundial único son totalmente falsas... no ha habido ni un solo informe de la Comisión ni un solo caso en los debates de la Comisión en el que un miembro o autor de un grupo de trabajo haya propuesto la disolución de nuestro gobierno nacional y la creación de un gobierno mundial.

La Comisión Trilateral no ejerce presión a favor de ninguna legislación o candidato en particular.

La idea de que la Comisión Trilateral es una conspiración se basa en gran medida en el hecho de que muchos miembros de la administración Carter, incluido el Presidente, eran antiguos miembros de la Comisión. A primera vista, se trata de una extraña coincidencia, pero estos hechos no indican que la Comisión controle el gobierno estadounidense.

En total contradicción con el folleto de preguntas y respuestas de la Comisión Trilateral, encontramos algunas declaraciones del "cerebro" que actualmente enseña en la Universidad de Georgetown, Zibby Brzezinsky:

La ficción de la soberanía nacional... ya no es compatible con la realidad.

Sin embargo, aunque el estalinismo fuera una tragedia innecesaria para el pueblo ruso y el comunismo como ideal, para el mundo entero el estalinismo fue una bendición disfrazada.

El marxismo es tanto una victoria del hombre exterior activo sobre el hombre interior pasivo como una victoria de la razón sobre la creencia.

El marxismo es el sistema de pensamiento más influyente de este siglo.

América está experimentando una nueva revolución... una que pone de relieve su obsolescencia.

La gestión deliberada del futuro de Estados Unidos se generalizará, y el planificador acabará sustituyendo al abogado como principal legislador y agitador social.

En el año 2000 (en Estados Unidos), se aceptará que Robespierre y Lenin fueron reformistas amables.

ZBIGNIEW BRZEZINSKI, CFR/TRILATERAL, Asesor de Seguridad de EEUU, de su libro *Between Two Ages*.

Los folletos puestos a disposición del público por el CFR/TRILATÉRALE son claramente rocambolescos y no reflejan las opiniones expresadas en otros lugares por sus dirigentes.

Lo que realmente quieren los trilateralistas es la creación de un poder económico mundial superior a los gobiernos políticos de los Estados nación implicados... Como gestores y creadores del sistema, gobernarán el futuro. La mayor parte de nuestra ayuda exterior... se utiliza para crear una economía internacional gestionada y controlada por el mecanismo de los conglomerados internacionales de la industria y los negocios. Las personas son tratadas sólo como grupos económicos productivos. La libertad (política, espiritual, económica) carece de importancia en la construcción trilateral del próximo siglo.

BARRY GOLDWATER, judío, senador de EE.UU,
Sin disculpas.

Estoy convencido de que el CFR, y las organizaciones exentas de impuestos asociadas a él, constituyen el gobierno invisible que define las principales políticas del gobierno federal... Estoy convencido de que el objetivo de este gobierno invisible es convertir a Estados Unidos en un Estado socialista y convertirlo en una unidad del sistema socialista mundial.

DAN SMOOT, profesor de Harvard, FBI,
El gobierno invisible.

El poder del dinero internacional es la conspiración más peligrosa contra la libertad humana que el mundo haya conocido jamás.

FREDERICK SODDY, profesor de Oxford ganador del Premio Nobel.

El eminente Dr. Medford Evans dijo: "*La tecnología occidental y el desarrollo económico soviético* de Anthony Sutton es quizás el libro más importante desde la Biblia". El autor añade que *Trilateralists Over Washington*, de Sutton, y todos sus libros, son de lectura obligada para quienes deseen comprender las malignas influencias que actúan en la destrucción de la cultura occidental. Estos libros se refieren al período de la Guerra Fría en la historia de los EE.UU. y la URSS, pero son extremadamente relevantes hoy en día. Increíblemente, muchos de los que aplicaron la política ILLUMINATI durante este período ocupan puestos de prestigio, reciben elogios, disfrutan de honorables jubilaciones o están enterrados en el cementerio de Arlington. He aquí algunas de las observaciones realizadas por Sutton en su investigación (*Tecnología occidental y desarrollo económico soviético*):

Los soviéticos tienen la mayor acería del mundo. Construida por McKee Corp, es una copia de la planta de U.S. Steel en Gary, Indiana. Toda la tecnología siderúrgica soviética procede de Estados Unidos y sus aliados.

Los soviéticos tienen la mayor fábrica de tubos de Europa: un millón de toneladas al año. Los equipos son del tipo Salem, Aetna, Standard... Si conoce a alguien que trabaje en el sector espacial, pregúntele cuántos kilómetros de tubos entran en la composición de un misil.

El camión soviético estándar utilizado en Vietnam y Oriente Medio se fabrica en la planta ZIL-130, construida por A. J. Brandt Co. en Detroit, Michigan. El ejército soviético cuenta con más de 300.000 camiones, todos ellos construidos en fábricas estadounidenses ("Hanoi" Jane Fonda fue fotografiada ondeando una bandera congoleña en uno de estos vehículos).

La URSS tiene la mayor marina mercante del mundo, con unos 6.000 barcos, dos tercios de los cuales se construyeron fuera de la URSS. El 80% de los motores de estos barcos se construyeron fuera de la URSS. Ninguno de ellos es de diseño soviético. Los construidos dentro de la URSS lo fueron con ayuda tecnológica de Estados Unidos.

En la carrera de Hanoi se utilizaron unos cien barcos para transportar armas y suministros soviéticos a los norvietnamitas. NINGUNO de los motores principales de estos barcos fue fabricado por los soviéticos. Toda la tecnología de construcción naval procedía de Estados Unidos o de nuestros aliados.

Durante la guerra de Vietnam ("acción policial"), la administración Johnson envió a los soviéticos equipos y ayuda tecnológica que duplicaron con creces su producción de automóviles.

(A partir de 1917), surgió en Occidente una fuerza omnipresente, poderosa y no claramente identificable para fomentar nuevas transferencias. Sin duda, el poder político y la influencia de los soviéticos por sí solos no bastaron para propiciar políticas occidentales tan favorables (hacia la URSS)... De hecho, tales políticas parecen incomprensibles si el objetivo de Occidente es sobrevivir como una alianza de naciones independientes y no comunistas.

DR. ANTHONY C. SUTTON, Hoover Institute, Stanford, Univ. de Stanford.

LOS ESTADOS UNIDOS APOYAN EL COMUNISMO:

Tras la Segunda Guerra Mundial, Estados Unidos (CFR) traicionó a su viejo aliado Chiang Kai-shek al permitir que Mao Tse-tung se hiciera con el control de China continental (1950), al tiempo que prometía defender Formosa contra Mao. En el espacio de un año, los estadounidenses lucharon y murieron en Corea, luego en Vietnam, ¡supuestamente para EVITAR la expansión comunista en Asia! Mientras tanto, el SISTEMA DE RESERVA FEDERAL financiaba la maquinaria de guerra soviética y el CFR/TRILATERAL la modernizaba y desarrollaba.

Los ILLUMINATI nos arrastraron a guerras "sin esperanza" en Corea y Vietnam por dos razones: DINERO y la esperanza de que el ejército de EEUU sufriera muchas bajas, lo que llevó a la desesperación y a la revolución en Main Street USA. Cuando el ejército de EEUU empezó a ganar estas guerras, los medios de comunicación pusieron el grito en el cielo. Sinvergüenzas dirigidos por judíos, emergiendo como ratas de las chimeneas y callejones, condenaron las supuestas "atrocidades" del ejército estadounidense, calumniaron a nuestros oficiales y hombres, escupieron literalmente a los veteranos, y lavaron el cerebro con éxito al *Stupidus Americanus* y a un Congreso cobarde para que aceptaran la derrota. (El general Douglas MacArthur se quejó de que los generales norcoreanos recibían sus directrices antes que él, desde un Pentágono plagado de espías).

La traición nunca prospera. ¿Por qué? Porque cuando prospera, nadie se atreve a llamarla traición.

LORD HARRINGTON.

¡Tob shebbe goyim harog!

TALMUD: Sanedrín.

Dame el poder de emitir y controlar la moneda de una nación y no me importa quién haga sus leyes.

ANSELM MAYER ROTHSCHILD.

El relato anterior sólo revela el hilo más pequeño de un tapiz de maldad. Los aspectos recurrentes de la historia de ILLUMINATI son el MANEJO DEL DINERO, el uso de la INFAMIA -calumnias y falsos testimonios- y el SILENCIO de quienes podrían testificar contra ellos:

En Francia, en 1780, la familia real, los jefes de gobierno y los líderes goy de la revolución fueron asesinados PARA SILENCIARLOS.

Napoleón, encarcelado en secreto en la isla de Santa Elena, fue envenenado para silenciarlo.

En la Rusia de 1918, los miembros de la familia real, la corte y el gobierno fueron calumniados y asesinados para silenciarlos. (Habiendo los judíos masacrado o expulsado a todo el estrato cultural ario, que incluía científicos, ingenieros y otros profesionales, los soviéticos nunca fueron más que un tigre de papel hasta que capturaron a científicos nazis y obtuvieron los secretos de la bomba atómica, así como tecnología, equipos y dinero ILLUMINATI).

El Presidente Woodrow Wilson, demócrata, murió quebrantado en mente y espíritu, silenciado por Sam Untermeyer (judío) que había confiscado las indiscretas cartas de amor del Presidente a la Sra. Peck a principios del gobierno de Wilson.

Los líderes nazis fueron calumniados, acusados falsamente, perseguidos por judíos con uniformes estadounidenses, condenados por tribunales improvisados por crímenes cometidos después de los hechos, y luego (en el Día de los Santos Judíos) ahorcados, PARA HACERLOS CALLAR.

Otros oficiales alemanes fueron encarcelados de 15 años a cadena perpetua; al ser liberados, muchos de ellos fueron asesinados. 10 de mayo de 1941, seis meses antes de Pearl Harbor, Rudolph Hess, anglófilo y lugarteniente de Hitler, salta en paracaídas desde su Messerschmitt 109 sobre Escocia (su primer salto), en un esfuerzo de última hora por arreglar la paz entre los estados beligerantes. Hess fue encarcelado en la prisión de Spandau sin juicio previo e incomunicado durante 46 años (21 de ellos en régimen de aislamiento). El 17 de agosto de 1987, a la edad de 93 años, poco antes de su anunciada liberación, Hess fue asesinado. Oficialmente, se suicidó (Menachim Begin, terrorista ISRAELÍ, advirtió al presidente estadounidense Jimmy "Rabbit" Carter, demócrata, CFR/TRILATERAL, que Hess no debía salir vivo de Spandau). Los archivos de alto secreto sobre Hess no se revelarán en su totalidad hasta 2027.

Franklin Delano Roosevelt, demócrata, murió a la edad de 63 años antes del final de su guerra para salvar al mundo del comunismo. Cayó (o lo empujaron) de cabeza en las brasas de una chimenea en Warm Springs, Georgia, lo que convenientemente lo silenció y le dio, en su viaje al infierno, una probadita de Hamburgo y Dresde. Los ILLUMINATI no podían permitirse que el Congreso interrogara a FDR (vivo o muerto). Está enterrado bajo una placa de bronce de 4 pulgadas de espesor en Hyde Park, N.Y. Nunca se publicó el informe de su autopsia.

Lee Harvey Oswald, el presunto asesino de John F. Kennedy, fue previsiblemente asesinado por un judío (Jack Ruby), silenciando un testimonio crucial que habría revelado al verdadero asesino o asesinos que Ruby (Rubinstein) había sido contratado para proteger.

Oswald, McFadden, Long, Patton, Forrestal, Isador Fisch, un judío ("amigo" de Bruno Hauptmann), y muchos otros participantes en los acontecimientos definitorios de una MALA ERA han sido reducidos al SILENCIO - permanentemente. Dejando que las figuras de la historia occidental sean rellenadas por "historiadores" motivados subjetivamente. ¡EL SILENCIO ES ORO!

Ahora podemos deducir lo anterior de la historia:

LOS ILLUMINATI PRETENDEN SUSTITUIR LA CIVILIZACIÓN OCCIDENTAL POR UN GOBIERNO MUNDIAL LUCIFERINO

Esto se logrará a través del *poder del DINERO, que sólo está en manos de los JUDÍOS*. El orden de batalla es el siguiente:

Objetivos

1) Destruir la monarquía, el nacionalismo y el patriotismo.
2) Crear democracias (gobiernos marxistas).
3) Mezcla de razas.
4) Crear una única religión mundial: el judaísmo/nohajismo.
5) Abandono de las fronteras nacionales
6) Destruir el ejército de las naciones.
7) Destruye el estrato que sostiene el cultivo.
8) Controlar la maquinaria del gobierno.

Estrategias

1) Apoderarse del sistema monetario.
2) Tomar el control de los medios de comunicación.
3) Creando guerras, deudas, bancarrotas y altos impuestos.
4) Distorsionando el lenguaje, los códigos morales, la ética y la moral.
5) Confiscar las armas privadas.
6) Controlar la educación, reescribir la historia.
7) Apertura de la frontera mexicana.
8) Infiltrarse en el gobierno, los sindicatos y la industria.

Tácticas

1) Fomento de la integración interracial.
2) Promover el marxismo, el freudismo y el boasismo.
3) Promover la democracia, la anarquía y los disturbios raciales.
4) Calumnia: héroes nacionales, orgullo racial, tradición.
5) Chantaje, calumnia, extorsión, soborno, asesinato.
6) Apoyar a todas las facciones disidentes. Honrar a los traidores.
7) Usar la ADL, IRS, ACLU, CIA, ATF para castigar a los patriotas arios.
8) Mentir, difundir información errónea y desinformar.

> Quemad todo lo que haya en la ciudad, y matad a filo de espada a hombres y mujeres, jóvenes y viejos, bueyes y ovejas; quemad la ciudad y todo lo que haya en ella.
>
> JOSÉ 7:21.

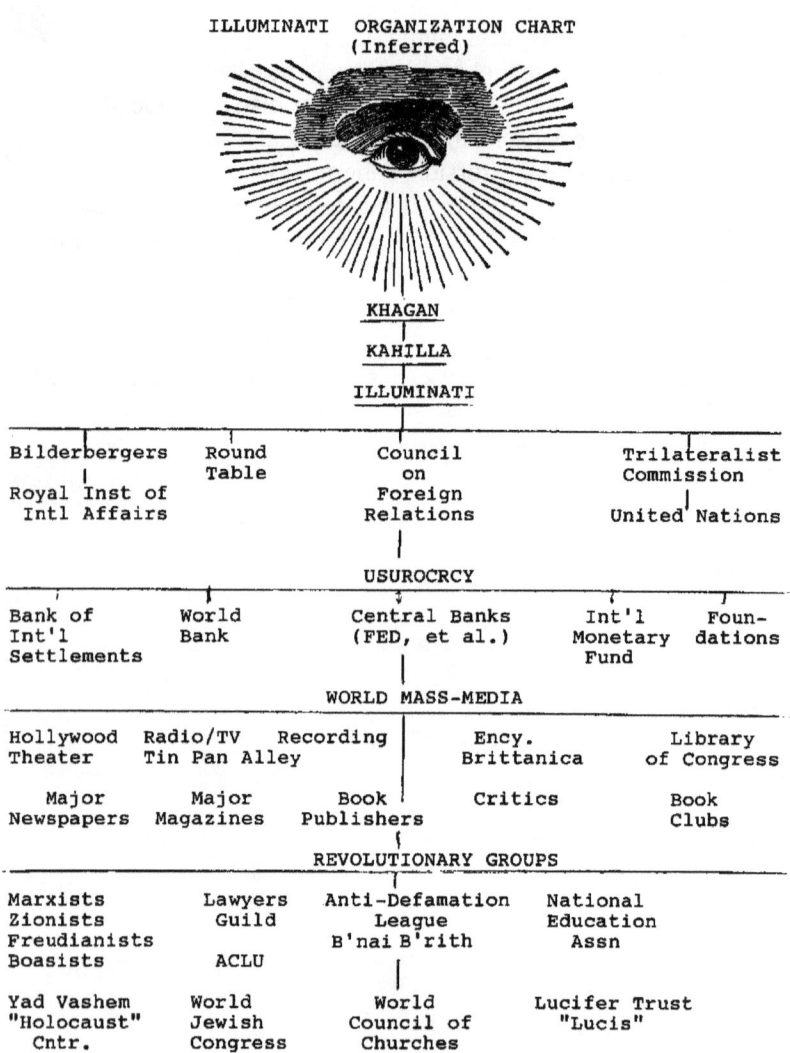

El marxismo es la forma moderna de la profecía judía.

REINHOLD NIEBUHR, en un discurso recibido calurosamente en el Instituto Judío de Religión, Waldorf Astoria, Nueva York.

Juro solemnemente que ejerceré fielmente el cargo de Presidente de los Estados Unidos y que haré todo lo posible por preservar, proteger y defender la Constitución de los Estados Unidos de América.

CONSTITUCIÓN DE LOS ESTADOS UNIDOS, Artículo II, Sección 1, Cláusula 7.

El presidente Bill Clinton, cuya mente fue adoctrinada por la Ivy League, Rhodes Scholar y el marxismo, y que fue chantajeado y extorsionado, nombró a numerosos JUIFS/CFR/TRILATERALES para puestos sensibles en el GOBIERNO de EE.UU., incluyendo: JUECES DE LA CORTE SUPREMA Ruth Bader Ginsberg y Stephen Breyer, JUDÍOS; SECRETARIA DE ESTADO, Madeleine K. Albright, JUDÍO; SECRETARIO DE ESTADO ADJUNTO, Stuart Eizenstat, JUDÍO; SECY. ESTADO, Stanley Roth, JUDÍO; SECRETARIO DE DEFENSA, William Cohen, JUDÍO; ASESOR SUPERIOR DEL PRESIDENTE, Rahm Emanuel, JUDÍO; ABOGADO DE LA CASA BLANCA, Bernie Nussbaum, JUDÍO; DIRECTOR DE LA AGENCIA CENTRAL DE INTELIGENCIA (CIA), John Deutch, JUDÍO (actualmente investigado por traición) ; ASESOR DE SEGURIDAD NACIONAL, Sandy Berger, JUDÍO; SECRETARIO DEL TESORO, Robert Rubin, JUDÍO; JEFE DE LA ADMINISTRACIÓN NACIONAL DE AERONÁUTICA Y ESPACIO (NASA), Daniel E. Golden, JUDÍO; ADMINISTRADOR DE LA SEGURIDAD SOCIAL, Kenneth Apfel, JUDÍO; JEFE DEL DEPARTAMENTO DE AGRICULTURA, D. Glickman, JUDÍO; y varios cargos ministeriales, incluyendo a Robert Reich, Donna Shalala, Alice Rivlin (FED), Robert Morris ("el chupa-dedos"), y otros - todos son JUDÍOS cuya única lealtad, ligada por el juramento de KOL NIDRE, es a la tribu Khazar, y al TALMUD, que está dedicado a la destrucción de la civilización occidental.

Un análisis de los 4984 miembros más militantes del Partido Comunista en Estados Unidos mostró que el 91,4% de ellos eran de origen extranjero o estaban casados con personas de origen extranjero.

COMISIÓN JUDICIAL DEL SENADO DE LOS ESTADOS UNIDOS, 1950

No me sorprendería que un día estos judíos se convirtieran en mortales para la raza humana.

VOLTAIRE

CAPÍTULO 4

PLATA

Hubo un clamor del pueblo... contra sus hermanos los judíos... hipotecamos nuestras tierras, nuestros viñedos y nuestras casas para comprar grano por la escasez... y ahora esclavizamos a nuestros hijos e hijas... algunas de nuestras hijas ya están esclavizadas; no está en nuestro poder redimirlas, porque otros hombres son dueños de nuestras tierras y nuestros viñedos....

SANTA BIBLIA: NE: 5:1,7.

Nuestro sistema monetario no es más que un juego de manos... El "poder monetario" que ha logrado eclipsar a un gobierno ostensiblemente responsable no es sólo el poder de los ultrarricos, sino nada más y nada menos que una nueva técnica para destruir dinero sumando y restando números de los libros de contabilidad de los bancos, sin la menor consideración por los intereses de la comunidad ni por el papel real que el dinero debe desempeñar en ella... Permitir que se convierta en una fuente de ingresos para los emisores privados es crear, en primer lugar, una rama secreta e ilícita del gobierno y, en segundo lugar, un poder rival lo bastante poderoso como para acabar derrocando todas las demás formas de gobierno.

FRED SODDY, Premio Nobel, *Riqueza, riqueza virtual y deuda*.[3]

Una gran nación industrial está controlada por su sistema crediticio. Nuestro sistema crediticio está concentrado. El crecimiento de la nación, por lo tanto, y todas nuestras actividades están en manos de unos pocos hombres. Nos hemos convertido en uno de los gobiernos más mal gobernados, uno de los gobiernos más controlados y dominados del mundo civilizado... ya no es un gobierno de opinión libre... sino un gobierno por la opinión y la coerción de pequeños grupos de hombres dominantes.

PRESIDENTE WOODROW WILSON, 1916.

Occidente considera al judío como un extranjero que vive en su seno. Los judíos no tenían Estado propio, ni territorio. Cualquiera que fuera

---

[3] Publicado por Omnia Veritas Ltd, www.omnia-veritas.com

el paisaje, hablaban la lengua común. En público, negaban su identidad racial adoptando las vestimentas exteriores, por grotescas que fueran, de cualquier nación en la que aparecieran. Los nombres cristianos, las conversiones, las operaciones de nariz y los zapatos de plataforma formaban parte del camuflaje. Los judíos parecían ser sólo una religión. Como resultado, los judíos eran políticamente invisibles para Occidente, y su guerra contra Occidente siempre fue subterránea, astuta y engañosa. La estrategia judía consistía en infiltrarse en las instituciones de la cultura occidental y destruirlas. La principal arma de los judíos era la manipulación del dinero y la usura.

Los primeros papas y monarcas cristianos invocaron las proscripciones bíblicas contra la "práctica maligna y perniciosa de la usura". El dinero sólo se utilizaba como medio de cambio y depósito de valor garantizado por el honor del Estado y la capacidad productiva de sus ciudadanos. Sin embargo, el resultado final de las proscripciones cristianas contra la usura fue convertir a los judíos en los amos de la banca europea.

Los judíos no tienen escrúpulos religiosos a la hora de tomar dinero de los goyim. Ahora tienen los medios para llevar a cabo su guerra de aniquilación de Occidente. No han querido presentarse como una unidad de combate y atacar abiertamente a su odiado enemigo. Han permanecido invisibles. Su estrategia consiste en *organizar a todo el pueblo judío en una quinta columna* cuyo objetivo es penetrar en Occidente y *destruirlo todo*. Lo hacen exacerbando las diferencias naturales entre los Estados occidentales e influyendo en los resultados a favor del liberalismo frente a la autoridad, es decir, el materialismo, el libre comercio y la usura frente al socialismo occidental, el internacionalismo frente a la unidad occidental. El dinero era su espada y su escudo. El odio y la venganza eran sus motivos.

> La táctica de esta guerra judía fue el uso del dinero. Su dispersión, materialismo y completo cosmopolitismo le impidieron tomar parte en la forma heroica de combate sobre el terreno, por lo que se vio confinada a la guerra de prestar, o negarse a prestar, de corrupción, de obtener poder legalmente exigible sobre individuos importantes... La historia de Shylock muestra la doble imagen del judío: aplastado socialmente en el Rialto, pero emergiendo como un león en la sala del tribunal.
>
> FRANCIS PARKER YOCKEY, *Imperium*.

En los albores del siglo XX, los ILLUMINATI se preparan para lanzar un ataque masivo contra Occidente. No a la luz del discurso abierto ni en el campo de batalla, sino a su manera habitual: conspirando, desde los bajos fondos. Su estrategia consistía en poner los recursos, la riqueza y la mano de obra de Estados Unidos al servicio de las aspiraciones judías, incluida la destrucción de las monarquías de Europa y la creación de un falso Estado jázaro/sionista en Palestina. Encontraron a su Judas en Woodrow Wilson, decano de la Universidad de Princeton, un inocente con un ego enorme y una grieta en su armadura. Sin saberlo, se ha convertido en un peón indispensable e involuntario en el juego del dinero internacional.

Paul Moritz Warburg, judío, fue enviado a Estados Unidos en 1903 para promover la creación de un banco central de los Rothschild en preparación de la Primera Guerra Mundial, que entonces estaba en ciernes. Warburg hizo de la Kuhn-Loeb Co, un importante banco de Wall Street, su base de operaciones. Tras conocer a Wilson en un seminario universitario, Warburg lo recomendó a la cábala bancaria internacional. Tras más investigaciones, el rabino Steven Wise, el judío Jacob Schiff, el judío Sam Untermyer y otros poderosos jázaros acordaron que Wilson sería el chivo expiatorio de los ILLUMINATI en la Casa Blanca.

Poco después, se anunció la campaña presidencial demócrata de Wilson, promovida y financiada por ILLUMINATI: Warburg, judío, y sus hermanos, Felix y Max (jefe del servicio secreto alemán y del banco M.M. Warburg, Hamburgo); Adolph Ochs, judío (editor del *New York Times*); Henry Morgenthau, judío (magnate de los barrios negros de Harlem, Manhattan); Jacob Schiff, judío (presidente de la Kuhn-Loeb Co.); Samuel Untermyer, judío (poderoso abogado de negocios); y Eugene Meyer, judío, (presidente de la Asociación de la Industria de la Construcción, Kuhn-Loeb Co.); Samuel Untermyer, judío (poderoso abogado de negocios); y Eugene Meyer, judío (banquero y propietario del *Washington Post*, el periódico que su senador lee mientras toma su café matutino); y el agente de los Rothschild; y los banqueros internacionalistas Lazard Frères; J&W Seligman; Speyer Brothers; y los Rothschild. Algunos gentiles elegidos a dedo, entre ellos J.P. Morgan, el traficante de armas, participaron en la operación.

Para dividir el voto republicano, los ILLUMINATI financiaron tanto a Teddy Roosevelt como al actual presidente Howard Taft en su carrera hacia la presidencia. Tras la victoria de Wilson en las elecciones amañadas (1912), que atribuyó a su encanto e ingenio, Warburg y su camarilla pusieron en marcha su plan para hacerse con el control de las finanzas y el crédito estadounidenses. Warburg presentó al presidente al coronel Edward Mandell House, un judío. House se convirtió en el alter ego de Wilson, su confidente y mensajero entre el Despacho Oval y Wall Street. En su novela *Philip Dru*, House deja claro que su idea de un buen gobierno es la Usurocracia global. A los legisladores que no comparten sus puntos de vista les impide reunirse con el Presidente. Manipulando a Wilson, sobornando a miembros del Congreso y emprendiendo la campaña de presión más engañosa de la historia de Estados Unidos, Warburg consiguió lo que quería. Durante el receso navideño (23 de diciembre de 1913), con gran parte de la oposición ausente, el Congreso de EEUU promulgó la Ley de la Reserva Federal VENDIENDO EL SISTEMA MONETARIO ESTADOUNIDENSE a los banqueros internacionales y condenando a la Cristiandad a la Primera Guerra Mundial, la Segunda Guerra Mundial, la "Guerra Fría" y todas nuestras guerras "sin salida".

> Esta legislación establece el fideicomiso más gigantesco del planeta. Cuando el Presidente firme esta ley, se legalizará el gobierno invisible del poder del dinero... el peor crimen legislativo de la historia se está perpetrando con esta ley bancaria y monetaria. Los líderes de los partidos han actuado de nuevo y han impedido que el pueblo obtenga los beneficios de su propio gobierno.
>
> CHARLES LINDBERGH, padre, Congreso de EEUU.

Poco después, Sam Untermeyer, un judío, entró en posesión de las indiscretas cartas de amor de Wilson a la señora Peck, su amante y esposa de un amigo. El círculo íntimo se refería al Presidente como "el chico malo de Peck". Wilson hizo lo que se le dijo que hiciera cuando se le dijo que lo hiciera, lo que condujo al nombramiento de Louis Denmitz Brandies, judío, sionista, para el Tribunal Supremo de los Estados Unidos y a la entrada de América en la Primera Guerra Mundial.

> "El dinero es la peor clase de contrabando", dijo William Jennings Bryan, Secretario de Estado estadounidense. Y nuestros préstamos a los Aliados en los dos años y medio anteriores a nuestra entrada en la Primera Guerra Mundial fueron más exactamente actos de agresión que nuestros tardíos envíos de tropas en 1917, después de que la declaración de guerra de Wilson hubiera dado a la farsa un aire de legalidad.

EUSTACE MULLINS, "Los secretos de la Reserva Federal".[4]

Todas las guerras tienen un origen económico.

BERNARD BARUCH, JUDÍO,
ante la Comisión Nye, 9-13-37.

Nunca se ha juzgado la constitucionalidad de la FEDERAL RESERVE ACT, a pesar de que es claramente inconstitucional.

ARTÍCULO I, SEC. 8, CLÁUSULA 5 CONSTITUCIÓN DE EE.UU.: El Congreso tendrá facultades para acuñar moneda, regular su valor y el de las monedas extranjeras, y fijar patrones de pesos y medidas.

Esta cláusula nunca ha sido modificada. Por lo tanto, es lógico plantearse la siguiente pregunta: ¿puede el Congreso delegar legalmente su autoridad constitucional?

SHECHTER POULTRY v. U.S.A. (29 US 495) (55 US 837.842 (1935):

2)   El Congreso no puede abdicar o transferir a otros sus funciones legislativas...
3)   El Congreso no puede delegar constitucionalmente su poder legislativo en asociaciones o grupos comerciales o industriales para facultarles a aprobar leyes...
4)   El Congreso no puede delegar poderes legislativos al Presidente...

El Presidente del Tribunal Supremo dijo: La Constitución ha establecido un gobierno nacional con poderes considerados adecuados, como han demostrado serlo, tanto en tiempo de guerra como en tiempo de paz, pero estos poderes del gobierno nacional están limitados por el mandato constitucional. Quienes actúan dentro de esos poderes no son libres de sobrepasar los límites impuestos porque crean que se requiere un poder mayor o diferente. Tales afirmaciones de autoridad extraconstitucional fueron anticipadas y excluidas por los términos explícitos de la Décima Enmienda: Los poderes no delegados a los Estados Unidos por la Constitución, ni prohibidos por ella a los Estados, están reservados a los Estados y al pueblo.

ALGONQUIN   SNC,   Inc.   v.   FEDERAL   ENERGY

---

[4] Publicado por Le Retour aux Sources, www.leretourauxsources.com.

ADMINISTRATION 518 Fed 2nd 1051 (1975): *Conclusión:* Ni el término "seguridad nacional" ni el término "emergencia" son talismanes cuya invocación taumatúrgica debería suspender ipso facto los controles y equilibrios normales de cada rama del gobierno... Si nuestro sistema ha de sobrevivir, debemos responder a los problemas más difíciles de forma coherente con los límites impuestos al Congreso, al Presidente y a los tribunales por nuestra Constitución y nuestras leyes. EL CONGRESO NO PUEDE ABDICAR O TRANSFERIR A OTROS SUS FUNCIONES LEGISLATIVAS ESENCIALES.

ART. I, SEC. 10, CLÁUSULA 1, CONSTITUCIÓN DE LOS ESTADOS UNIDOS:
Ningún Estado... hará otra cosa que monedas de oro y plata como moneda para el pago de deudas...

EL INTÉRPRETE DE LA CONSTITUCIÓN AMERICANA:
Si se aprueba una ley que contradice la Constitución, es como si la ley no se hubiera aprobado en primer lugar.

Si el Congreso no puede transferir sus funciones legislativas a otros, es lógico preguntarse si la FED es una agencia del Congreso. ¡La respuesta se da enfáticamente a continuación!

LEWIS contra EE.UU. (680 F2d 1239 - julio 1982):

Los Bancos de la Reserva Federal en virtud de la Ley Federal de Reclamaciones por Agravios al Gobierno NO son instrumentos del gobierno federal, sino organizaciones independientes, privadas y controladas localmente.

El factor esencial para determinar si un organismo es una agencia federal es la existencia de un control del gobierno federal sobre la "ejecución física detallada" y las operaciones "cotidianas" de esa entidad.

El Tribunal Supremo ha dictaminado (más arriba) que el Congreso NO puede delegar sus funciones legislativas. ¿Legisla la FED?

Legislar - hacer o promulgar leyes.

Leyes: normas de actuación establecidas por la costumbre o establecidas y aplicadas por la autoridad soberana.

Regular - Regular, someter a la ley.

REGLAMENTO "Q" DEL SISTEMA DE RESERVA FEDERAL: legisla en la medida en que *fija los tipos de interés máximos que los bancos miembros pueden pagar a los depositantes por los depósitos a la vista y a plazo.*

La Constitución de EE.UU. sólo confiere este poder al Congreso (véase más arriba). El Reglamento "Q" es también una violación de las leyes antimonopolio de EE.UU., que prohíben la *fijación* conspirativa *de* tasas, tarifas y comisiones, sujeta a multas y penas de prisión. A menos que usted sea un banquero internacional.

Hay que preguntarse por qué el Congreso no deroga la Ley de la Reserva Federal. Tiene el derecho -e incluso el DEBER- de hacerlo. ¿Por qué el poder judicial no dictamina que la ley es manifiestamente inconstitucional? La respuesta es obvia. Bajo una forma democrática de gobierno, en lugar de la República concebida por nuestros antepasados, los miembros de segunda categoría del Congreso son elegidos por la multitud y los medios de comunicación. Los jueces federales, nombrados de por vida, son egoístas, venales, serviles a los grupos de interés y a los sobornos. Les encanta vivir en Hollywood-on-the-Potomac, con sus lujosos sueldos, prebendas, ostentación y glamour, y comodidad. Temen el poder del mercado de valores ILLUMINATI. Temen a la FED, a la ADL, al IRS y a lo que les ocurre a los patriotas. Temen al MARXISMO, al LIBERALISMO y a la JUDERÍA. Temen a los MEDIOS DE COMUNICACIÓN. Aman sus trabajos y no quieren perderlos. ¿Dónde más pueden los aduladores y cobardes hacer tanto botín y disfrutar de tanto prestigio? A los congresistas les encanta por encima de todo gastar tu dinero ("¡impuestos, impuestos, impuestos; gastar, gastar, gastar; elegir, elegir, elegir!", consejo de Harry Hopkins a los New Dealers de FDR). La FED, por supuesto, se irrita cuando el Congreso no pide prestado y gasta. Por lo tanto, la estratagema del Congreso es beneficiarse de la estafa mientras mantiene a los votantes ignorantes en La-La-Land.

> Los malentendidos sobre el dinero han sido y siguen siendo intencionados. No surgen ni de la naturaleza del dinero ni de ninguna estupidez por parte del público... la Usurocracia internacional pretende preservar la ignorancia del público sobre el Sistema Usurocrático y su funcionamiento....
>
> EZRA POUND (puesto desnudo en una jaula por

por judíos que le llamaban loco).

Echemos un vistazo más de cerca al Sistema de la Reserva Federal, sobre el que sus representantes electos son demasiado ignorantes o están demasiado asustados para hacer nada.

Déjame emitir y controlar el dinero de una nación y no me importa quién haga sus leyes.
ANSELM MEYER ROTHSCHILD.

Datos clave sobre el Sistema de la Reserva Federal (FED): La FED no es una agencia del gobierno de Estados Unidos. Es una sociedad anónima privada, inspirada en el Banco de Inglaterra y otros bancos centrales de los Rothschild. La FED, creada por el Congreso, está controlada por el sector privado; sus billetes son de curso legal pero son deudas contraídas por el gobierno estadounidense con los banqueros. El papel comercial y los títulos del Estado se utilizan como reservas fraccionarias para crear crédito. El dinero de tu cartera representa deuda del gobierno que se paga con tus impuestos sobre la renta; también pagas impuestos sobre la renta por los intereses que el dinero de la deuda gana si se invierte. Resumiendo:

1. La FED es una empresa privada. La palabra "federal" es tan insignificante como "Federal" Tire Company.
2. La FED opera con independencia de los poderes legislativo, ejecutivo y judicial del gobierno estadounidense.
3. Las cuentas de la FED nunca han sido auditadas de forma independiente. Se niega a ser auditada por el gobierno estadounidense (GAO).
4. La FED NO es una agencia del gobierno de EE.UU., aunque fue creada por el Congreso y teóricamente puede ser abolida por el Congreso. Es propietaria de bienes muebles e inmuebles. Sus empleados no reciben salarios del gobierno de EEUU.
5. El Presidente de los Estados Unidos, con la aprobación del Senado, nombra a la Junta de Gobernadores de la FED. La mayoría de ellos son representantes de Wall Street con vínculos con los ILLUMINATI. Muchos de ellos son miembros del CFR/TRILATERAL. Después de todo, la FED fue diseñada por banqueros para banqueros.
6. Tras deducir los gastos de funcionamiento (?), la FED transfiere lo que considera excedentes (?) al Tesoro estadounidense.
7. Los bancos miembros de la FED (Chase-Manhattan, por

ejemplo) tienen miles de millones de dólares en títulos estadounidenses (por los que no han pagado nada), como reservas para préstamos por los que reciben todos los intereses. No pagan NINGÚN beneficio al Tesoro estadounidense.

8. Los bancos miembros utilizan estas reservas fraccionarias para conceder préstamos de entre 10 y 30 veces el importe de las reservas.

9. Nunca se ha revelado quiénes son los propietarios de las acciones de clase A de la FED. Las conjeturas educadas indican que los mayores accionistas son los siguientes: La Casa de Rothschild, judía; el banco Lazar Frères de París, judío; la familia Schiff, Kuhn-Loeb Co, judía (la hija rubia del vicepresidente estadounidense Al Gore se casó recientemente con un Schiff. "Venden" más que el dormitorio de Lincoln en las recaudaciones de fondos de la Casa Blanca); la familia Lehmann, JUDÍA; los Rockefeller; Israel Seif, Londres, JUDÍA; el Banco de Inglaterra, JUDÍA, y así sucesivamente.

10. El Comité Federal de Mercado Abierto (FOMC) es el órgano decisorio más importante del sistema. Formado por los siete miembros de la Junta de Gobernadores, los cuatro presidentes de los bancos miembros y el presidente del FED Bank de Nueva York, el FOMC compra y vende valores públicos y supervisa las operaciones de cambio de divisas del sistema. El FOMC fija el tipo de descuento aplicado a los bancos miembros, que determina los tipos de interés que usted paga a su prestamista.

11. Dado que los cambios en los tipos de interés y la cantidad de dinero en circulación tienen un profundo impacto en la economía, los inversores harían bien en estar informados de antemano (filtrados) de los próximos cambios en la política de la FED. Las políticas anticipadas de la FED son, por tanto, un secreto bien guardado. Pero, ¿se mantiene una seguridad absoluta? ¿Cree en cuentos de hadas? ¿O es que los miembros del Consejo de Gobernadores, que sirven a placer de los ILLUMINATI, desempeñan el papel de correos de información altamente sensible? No es de extrañar que el skyline de todas las grandes ciudades esté dominado por bancos. Desde que la codicia sustituyó al honor, el dinero lo ha comprado todo: presidentes y primeros ministros, papas y prelados, miembros del Congreso y jueces.

12. La FED es sólo uno de los muchos sistemas de banca central ILLUMINATI que han echado raíces como sanguijuelas gigantes en el flujo de la riqueza mundial.

13. En el momento de escribir estas líneas, Estados Unidos (nosotros, el pueblo) tiene una deuda de más de seis billones de dólares. Los hombres endeudados trabajan para otros hombres.

Henry Ford pensaba que era estúpido, y yo también, que Estados Unidos tuviera que pagar intereses por el préstamo de su propio dinero. La gente que no remueve una palada de tierra ni aporta una libra de material cobrará más dinero de los Estados Unidos que toda la gente que aporta todo el material y hace todo el trabajo... ¡por qué tendríamos que pagar intereses a los corredores de dinero por el uso de nuestro propio dinero!

> THOMAS A. EDISON, sobre los préstamos del Congreso de la FED.

Es indiscutible que nuestra economía está moldeada por banqueros que prestan dinero que no poseen, que nunca han poseído y que nunca poseerán, calculando que nadie les pedirá ese dinero en forma de billetes, monedas u oro...

> CHRISTOPHER HOLLIS, "La quiebra del dinero".

Ahora podemos ver que mientras el propósito básico del dinero es un medio de intercambio y almacenamiento de valor, los ILLUMINATI han distorsionado este propósito inicial. El dinero se ha convertido en un MONOPOLIO privado, una MERCANCIA y un medio de COERCIÓN. Gracias a la capacidad de la FED de emitir el dinero de nuestra nación en forma de DEUDA, de aumentar o reducir la cantidad de dinero en circulación (M-1) a voluntad y de aumentar o reducir los tipos de interés a voluntad, crea lo que se conoce como ciclos económicos (periodos de expansión y recesión) que permiten a sus amos, los ILLUMINATI, controlar la vitalidad de los estados nación del mundo y, si es necesario, castigarlos por insubordinación (Alemania, Rodesia (Zimbabue), Austria, Irak, Libia y Sudáfrica, por ejemplo).

LA FED: ACTIVIDAD ILEGAL Y TRAICIÓN - EL DINERO DE AMÉRICA PRESTADO PARA EXISTIR

Cuando el Congreso necesita dinero, pide prestado a la FED. Estos préstamos deben ser devueltos -principal e intereses- por el contribuyente. Sin embargo, no se crea dinero libre de deuda para pagar los intereses, que tienen que tomarse de la masa monetaria (M-1), ¡que es dinero de deuda! Es como pagar los intereses de tu tarjeta de crédito Visa con tu tarjeta Master Card. Es el truco del Antiguo Testamento de robar a Pedro para pagar a Pablo. Pagar el principal y los intereses saca dinero de la circulación, creando una escasez de dinero. Hay que pedir prestado más dinero para pagar los intereses, creando una deuda adicional.

ESTAFA DEL SISTEMA DE LA RESERVA FEDERAL

Pide prestado para pagar un 6% de interés simple sobre la deuda inicial de 100 $.[5]

Año Empréstito	Principal	Deuda inicial a final de año	Interés anual adeudado	Efectivo en circulación (M-1)
1	$100.00	$100.00	$6.00	$100.00
2	"	$106.00	$6.36	"
3	"	$112.36	$6.74	"
4	"	$119.10	$7.15	"
5	"	$126.25	$7.57	"
50[6]	"	$1,737.75	$104.25	"

Bajo el régimen de la FED, es matemáticamente imposible que los ciudadanos estadounidenses devuelvan la enorme deuda contraída con el cártel bancario internacional. Es cierto que la FED paga al Tesoro estadounidense una proporción irrisoria de sus beneficios anuales, pero esto no contribuye en nada a mitigar el fraude.

Los ingresos procedentes de los títulos del gobierno de EE.UU. en poder de los 12 bancos de la FED ascendieron a 3.771.209.607 $ en 1972. Estos ingresos proporcionaron la mayor parte de los ingresos del sistema para el año - 3.792.334.523 dólares... 3.231 millones de dólares se pagaron al Tesoro de EE.UU. el año pasado como "intereses de los billetes de la Reserva Federal".

JUNTA DIRECTIVA DE LA FED,
al senador Alan Cranston, 20-6-73.

Interés compuesto: no hay nada más representativo del espíritu judío que el interés compuesto. Albert Einstein, judío, dijo que el inventor de la fórmula era un genio. Charles Lindbergh, padre, Thomas Edison y todos los que odian el USURE dicen que "el interés compuesto es satánico". Por ejemplo, si contratas una hipoteca de 40.000 dólares a pagar en 30 años a un tipo de interés del 15%. Al final del periodo, habrá pagado al banco 182.080,80 dólares de intereses. Lo único que tiene que hacer el banco es anotarlo en el libro mayor. Si tienes que

---

[5] En ningún momento puede pagarse la deuda con dinero en circulación.

[6] Cuando la deuda (en el escenario anterior) llega a los 50 años, todo el dinero en circulación es insuficiente para pagar sólo los intereses, por no hablar del principal.

vender tu casa antes de que acabe el plazo (los estadounidenses se mudan cada 7 años por término medio), te encontrarás con que tienes muy poco capital para destinar a los pagos mensuales de la hipoteca. *¡Se necesitan 24 años para amortizar la mitad del capital!* La mayor parte de tu dinero en los primeros años se gasta en intereses (las deducciones de intereses permitidas son insignificantes). Cuando compres otra vivienda, tendrás que volver a empezar a pagar las cuotas de la hipoteca. Si tienes mala suerte y no puedes hacer frente a los pagos, tu amable banquero embargará la propiedad y se irá con tu depósito y todo lo que pueda robarte.

Sistema de reserva fraccionaria - El tren de los banqueros

La Junta de Gobernadores del Sistema de la Reserva Federal (FBG) determina las exigencias de reservas de los bancos miembros, lo que a su vez determina la cantidad de dinero que se pone en circulación. Supongamos que un banco tiene créditos de depósito de reserva por valor de 10.000 dólares. Si el coeficiente de reservas es del 15%, puede crear créditos por un total de ¡56.666 $! Si el coeficiente de reserva es del 20%, puede crear préstamos por un total de 40.000 $ (recuerde al prestamista Amschel Mayer Bauer, JUDÍO, Frankfurt, Alemania).

Así es como funciona el vuelo:

1) Cuando el Chase-Manhattan Bank de Rockefeller necesita 5 millones de dólares, simplemente registra un crédito de 5 millones en el Tesoro estadounidense.

2) El Tesoro entrega al banco títulos del Estado por ese importe. El banco les paga con un cheque al portador basado en los nuevos títulos que acaba de entregar el Tesoro.

3) Utilizando estos nuevos títulos (o papel comercial), Chase Manhattan encarga la moneda a la Fed de Nueva York, que a su vez ordena a la Oficina de Impresión y Grabado que imprima la nueva moneda.

4) Una vez realizada la transacción -que no costó un céntimo al banco- Chase-Manhattan puede adelantar a sus clientes hasta 45 millones de dólares (el 10% del coeficiente de reserva) en nuevos préstamos a los tipos de interés vigentes. ¡Todos estos nuevos préstamos se crean de la nada!

Los bancos -los bancos comerciales y la Reserva Federal- crean todo el

dinero de esta nación, y la nación y su pueblo pagan intereses por cada dólar de este dinero recién creado. Esto significa que los bancos privados están ejerciendo inconstitucional, inmoral y ridículamente el poder de gravar al pueblo. Porque cada dólar de nueva creación diluye en cierta medida el valor de todos los demás dólares que ya están en circulación.
JERRY VOORHIS, Congreso Americano, CA-D., 1946.

Nadie tiene derecho a ser prestamista, salvo quien tiene dinero para prestar.
THOMAS JEFFERSON.

Sr. Eccles, ¿cómo consigue el dinero para comprar estos 2.000 millones de títulos del Estado?

ECCLES: Nosotros lo creamos.

¿Basado en qué?

ECCLES: Nuestro derecho a emitir dinero a crédito.

Audiencia de la COMMISSION DE LA BANQUE ET DE LA MONNAIE DE LA CHAMBRE, 1941.

Es la afluencia de este dinero fiduciario lo que hace que el dinero duramente ganado por el ciudadano estadounidense pierda su poder adquisitivo. Esto es inflación. Es usura. Así es como los JAZARES TALMUDES han degradado la moneda americana.

Cuando un banco concede un préstamo, lo único que hace es aumentar la cuenta de depósito del prestatario en el banco... El dinero no procede del depósito de otra persona; no ha sido ingresado previamente en el banco por otra persona. Es dinero nuevo, creado por el banco para uso del prestatario.
SEC'Y TREASURY ANDERSON, "U.S. News & WR", 8-3159.

Al comprar bonos del Estado, el sistema bancario en su conjunto crea dinero nuevo, es decir, depósitos bancarios. Cuando los bancos compran mil millones de dólares de bonos del Estado tal y como se ofrecen... abonan mil millones de dólares en la cuenta de depósitos del Tesoro. Cargan en su cuenta de bonos del Estado mil millones de dólares, o crean efectivamente, mediante un asiento contable, mil millones de dólares.
MARRINER ECCLES, Presidente del Consejo de Gobernadores, FED, 1935.

El gobierno debe crear, emitir y hacer circular todo el dinero y el crédito necesarios para satisfacer el gasto público y el poder adquisitivo de los consumidores. El privilegio de crear y emitir dinero es la prerrogativa suprema del gobierno.

ABRAHAM LINCOLN.

¿Es más absurdo que una nación recurra a un individuo (Rothschild) para mantener su crédito, y con su crédito su existencia como imperio, y su comodidad como pueblo?

BENJAMIN DISRAELI, JUDÍO,
Primer Ministro, Gran Bretaña.

La estafa de las Naciones Unidas: Henry Morgenthau, judío, Secretario del Tesoro bajo FDR ("Algunos de mis mejores amigos son comunistas") nombró a su protegido Harry Dexter White (Weiss), judío, Subsecretario del Tesoro. White, desenmascarado más tarde como espía soviético, robó placas del Tesoro estadounidense para dárselas a los bolcheviques de la Unión Soviética. Esto explica por qué millones de judíos que entraron ilegalmente en EE.UU. durante la Segunda Guerra Mundial llegaron con los bolsillos llenos y compraron propiedades y empresas estadounidenses mientras los estadounidenses arios libraban guerras genocidas en Europa. Durante el Acuerdo de Bretton Woods (1944), White estuvo detrás de la creación del Banco Mundial y el Fondo Monetario Internacional, diseñados para "estabilizar la economía internacional". Cada año, los estadounidenses pagan miles de millones de dólares a estas organizaciones vinculadas a la ONU (One World), que conceden préstamos a bajo interés a gobiernos extranjeros con "fines de desarrollo". En realidad, los préstamos se conceden para garantizar que los Estados extranjeros dispondrán de los fondos necesarios para reembolsar los préstamos contraídos previamente con banqueros internacionales. De hecho, ¡el gobierno estadounidense garantiza estos préstamos extranjeros concedidos por los banqueros internacionales en caso de impago! De este modo, los banqueros se benefician de los beneficios resultantes de sus préstamos de alto riesgo, mientras que Estados Unidos asume las pérdidas. Durante muchos años, Robert Strange McNamarra fue Presidente del Banco Mundial. Recientemente (1997) se disculpó ante el pueblo estadounidense por sus mentiras y su mala gestión, como Secretario de Defensa de EEUU, de la "acción policial" en Vietnam. El mentor de White, Henry Morgenthau Jr, judío, es más conocido por el Plan Morgenthau para reducir a Alemania a la inanición. Cuando le dijeron que su plan provocaría la muerte de millones de alemanes, declaró: "¡Qué coño me importa el pueblo alemán!".

EXTRACTO DE LOS ARCHIVOS DEL CONGRESO

LOUIS T. McFADDEN, Presidente del Comité Bancario y Monetario de la Cámara de Representantes:

Señor Presidente, tenemos en este país una de las instituciones más corruptas que el mundo haya conocido. La Reserva Federal ha estafado a Estados Unidos dinero suficiente para pagar la deuda nacional... Señor Presidente, es monstruoso que esta gran nación tenga su destino presidido por un sistema de traición que opera en secreto con piratas y usurpadores internacionales. La FED ha hecho todo lo posible para ocultar su poder. Pero la verdad es que la FED ha usurpado el gobierno de los Estados Unidos. Controla todo aquí. Controla las relaciones exteriores. Hace y deshace gobiernos a su antojo (10 de junio de 1932).

Señor Presidente... hay una situación en el Tesoro de los Estados Unidos que, si el pueblo americano la conociera, le haría perder toda confianza en su gobierno... una situación que el Presidente Roosevelt no habría investigado. El Sr. Morgenthau trajo consigo desde Wall Street a James Warburg, hijo de Paul Warburg, jefe del Manhattan Bank (y principal arquitecto del sistema de la Reserva Federal)... James Warburg es hijo de un antiguo socio de Kuhn-Loeb Co, nieto de otro socio y sobrino de un socio actual. No ocupa ningún cargo en nuestro gobierno, pero [...] está presente todos los días en el Tesoro y dispone allí de alojamiento privado. En otras palabras, la Kuhn-Loeb Co. ocupa ahora el Tesoro de los Estados Unidos (29 de mayo de 1933).

Señor Presidente, entendiendo que Henry Morgenthau, que está emparentado con Herbert Lehman, el gobernador judío de Nueva York, y que está emparentado por matrimonio o de otro modo con los Seligman de la empresa judía internacional J&W Seligman, que se demostró públicamente ante un Comité Selecto del Senado que había ofrecido un soborno a un gobierno extranjero, y con los Warburg, cuyas conexiones a través de la Kuhn-Loeb Co, el Bank of Manhattan y otras instituciones extranjeras y nacionales bajo su control, han drenado miles de millones de dólares del Tesoro estadounidense; y con los Strauss, propietarios de R.H. Macy & Co, de Nueva York, que es un punto de venta de mercancías que se vierten en este país a expensas del gobierno... y que el Sr. Morgenthau también está conectado o relacionado de otro modo con la comunidad bancaria judía de Nueva York, Londres, Amsterdam y otros centros financieros, y tiene como ayudante encargado de manejar los fondos públicos a Earl Bailie, miembro de la firma J& W Seligman. W Seligman, corruptores como los antedichos - me parece que la presencia de Henry Morgenthau en el Tesoro de los Estados Unidos y la petición de darle 200 millones de dólares del dinero del pueblo para fines de juego, es una sorprendente confirmación de otros discursos que he pronunciado en esta sala (24 de junio de 1934).

Algunas personas piensan que los Bancos de la Reserva Federal son instituciones del gobierno estadounidense. No son instituciones gubernamentales. Son monopolios privados de crédito que explotan al pueblo de Estados Unidos en beneficio propio y de sus clientes extranjeros, especuladores y estafadores extranjeros y nacionales, y ricos prestamistas depredadores. En esta oscura tripulación de piratas financieros hay quienes cortarían la garganta de un hombre para sacar un dólar de su bolsillo; hay quienes envían dinero a los Estados para comprar votos para controlar nuestra legislación; y hay quienes mantienen una propaganda internacional para engañarnos... que les permitirá encubrir sus fechorías pasadas y poner en marcha de nuevo su gigantesca ola de crímenes... (10 de junio de 1932)

El congresista Louis T. McFadden es un verdadero héroe americano. Sus investigaciones fueron directas al corazón de los ILLUMINATI que, en los años 30, tramaban la guerra contra Alemania y el sistema de trueque económico de Hitler. McFadden recibió poca atención de la prensa a pesar de haber sido objeto de un aluvión de amenazas, llamadas telefónicas obscenas y haber recibido disparos. En un banquete en la capital de nuestro país, donde había sido invitado para hablar de todas las implicaciones de sus investigaciones sobre la FED, de repente sufrió espasmos y murió instantáneamente, a pesar de gozar de buena salud. Hubo la habitual autopsia chapucera que sigue a la muerte de figuras del gobierno estadounidense.

El privilegio de crear y emitir dinero es... la prerrogativa suprema del gobierno.

ABRAHAM LINCOLN.

DOSSIER DEL CONGRESO COMISIÓN DE INVESTIGACIÓN DE LA CÁMARA

Las actas secretas de los Bancos de la Reserva Federal revelan comportamientos clandestinos e ilegales.
(Extractos del 24 de mayo de 1977)

Rep. REUSS, JUDÍO, Presidente de la Comisión de Banca y Finanzas.

Lo hemos intentado todo, desde la persuasión moral hasta los intentos de una auditoría completa de la FED por parte de la Oficina General de Contabilidad. Nuestros esfuerzos, obstaculizados por *la pretensión de independencia de la FED*, sólo han dado resultados esporádicos. Nunca hemos podido obtener información completa sobre las diversas actividades de la FED. (REUSS EXPLICA QUE TRAS VARIOS ESFUERZOS SU COMITÉ PUDO OBTENER ACTAS PARCIALES DE VARIAS REUNIONES DE LA FED CORRESPONDIENTES A LOS AÑOS 1972-75, NOTA DEL EDITOR)

Lo que estas actas revelan sobre las operaciones de la FED... es inquietante. Incluso con 904 supresiones (en las actas) hechas por la FED sobre "asuntos sensibles", estas actas plantean las más serias preguntas sobre el uso del poder y del dinero.

Las actas revelan lo siguiente:

1. Cuando se consideró la legislación del Congreso que habría sometido a la FED a escrutinio..., la FED utilizó los consejos de administración de sus Bancos de Reserva en una campaña de presión contra la legislación (la FED se puso en contacto con las principales corporaciones que dependen de los bancos para hacer negocios, instando a los líderes corporativos a amenazar con retirar sus contribuciones políticas si sus miembros del Congreso apoyaban la legislación para investigar a la FED) (EXTORSIÓN).
2. La FED animó a los bancos comerciales a conceder préstamos a beneficiarios privilegiados mientras negaba que lo estuviera haciendo (COERCICIÓN).
3. La FED permitió que un director de laJunta de Gobernadores votara sobre asuntos en los que su bufete de abogados tenía intereses creados. (COLUSIÓN).
4. El FED concedió préstamos no subvencionados a sus propios empleados. (MALVERSACIÓN).
5. La FED permitió que los directivos se votaran a sí mismos (DETOURNEMENT).

Cada una de estas actividades es en sí misma motivo de preocupación. En conjunto, representan un patrón de decisiones de responsabilidad pública. *Demuestran una historia de manipulación entre bastidores para dejar de lado las investigaciones legítimas del Congreso.* (Fin del informe)

El informe anterior condujo a la destitución del Presidente del Consejo de Gobernadores, Arthur Burns (Burnstein), judío, ¡que fue expulsado discretamente por los ILLUMINATI y nombrado Embajador en Alemania! El Comité evitó revelar las ACTIVIDADES TRAICIONALES llevadas a cabo por la FED durante los años cubiertos por el informe (ver Capítulo 3: ILLUMINATI), mientras la FED estaba ocupada financiando la industria soviética durante la "Guerra Fría", y nuestros hombres morían en Vietnam.

No cabe duda de que las finanzas ya han esclavizado a más de la mitad del mundo y de que pocos individuos, empresas o incluso naciones pueden permitirse disgustar al poder del dinero.
PROF. FREDERICK SODDY, M.A., F.R.S., Oxford.

ARCHIVO DEL CONGRESO
Cámara de Representantes

HENRY GONZALES, Presidente del Comité Bancario de la Cámara de Representantes.

Sr. Presidente, el Presidente, el Congreso y el pueblo están siendo rehenes de esta desbocada Junta de Gobernadores... He sido miembro del Comité Bancario durante 20 años... y en ningún momento hemos visto a un Presidente o miembro de la Junta de la FED mostrar ninguna voluntad de rendir cuentas por sus métodos, juicios, políticas y procedimientos.... a puerta cerrada... en el llamado Comité de Libre Mercado (FOMC), que es en realidad un comité secreto que determina las políticas que pueden hacer o deshacer cualquier administración en el poder... Mr. Volcker dice: "Estas políticas (las suyas) conducirán a un nivel de vida más bajo para algunos americanos". ¿Qué americanos? ¿David Rockefeller? El Chase-Manhattan Bank fue determinante en la resolución aprobada por esta Cámara con respecto a Polonia (Polonia no podía pagar sus deudas a los bancos estadounidenses)... y el Congreso responde inmediatamente: Cinco mil millones de dólares al *Fondo Monetario Internacional (FMI)* para que facilite los pagos al Chase-Manhattan Bank... El Sr. Volcker no hace recortes en este ámbito... no es inflacionista. Pero está diciendo que cosas como los préstamos para la vivienda, los préstamos a los granjeros americanos... o a las pequeñas ciudades americanas para el drenaje... para los cupones de comida... son inflacionistas y tienen que ser recortados. (2 de marzo de 1982).

Si la FED es, como afirman los gobernantes, una agencia gubernamental y no un usurpador inconstitucional que actúa ilegalmente, entonces cada vez que la FED crea dinero como lo hace para crear riqueza, la deuda debería ser cancelada y los bonos destruidos, como se quema una hipoteca cuando se paga la casa. Pero eso no ocurre.

REP. JERRY VOORHIS, CA-D, *"Los misterios de la FED"*, 1981.

Los jefes de los bancos centrales del mundo no son en sí mismos poderes sustanciales en las finanzas mundiales... son los técnicos y agentes de hombres poderosos y dominantes: los banqueros de inversión que los elevaron al poder y que con la misma facilidad pueden derribarlos. El PODER está en manos de los banqueros de inversión no incorporados entre bastidores. Han formado un sistema de cooperación y dominación internacional más privado y secreto que el de sus agentes en los Bancos Centrales.

CARROLL QUIGLEY, *"Tragedia y esperanza"*.

Carroll Quigley, partidario de un gobierno mundial único, era considerado un "insider". Su libro pretendía ser un himno a los ILLUMINATI, pero dijo demasiado. Al principio, el libro fue firmemente suprimido y retirado de las estanterías. Quigley, profesor de la Universidad de Georgetown, murió poco después. El Presidente Clinton, en su discurso de aceptación, llamó a Quigley *"mi mentor"*.

El Congreso puede aprobar leyes que afecten a la economía general tras un largo y serio debate, pero la FED puede sentarse en una breve sesión y anularlas por completo.

DR. M. A. LARSON, *"La FED y nuestro dólar manipulado"*.

Sólo el gobierno federal puede tomar un trozo de papel en perfecto estado, aplicarle tinta y dejarlo absolutamente sin valor.

LUDWIG VON MISES.

Sabiendo que los bancos comerciales, como Chase-Manhattan, y los banqueros internacionales, como Kuhn-Loeb Co, son parte integrante del imperio bancario mundial de los judíos, veamos una investigación del Estado de Nueva York sobre ciertos bancos comerciales:

ASAMBLEA DEL ESTADO DE NUEVA YORK

WILLIAM H. HADDAD, Fiscal General del Estado de Nueva York.

Sr. Presidente, el propósito de este informe es exponer las omnipresentes deliberaciones de dos comités (bancarios). Otras pruebas provienen del examen de los archivos... del Chase-Manhattan Bank que voluntariamente nos permitió examinar *ciertos documentos (del Banco)...* poco antes de que él, y todos los bancos, dejaran simultáneamente de cooperar con esta investigación.

No cabe duda de que todos estos hombres sabían exactamente lo que estaba ocurriendo en la City... Los bancos estaban claramente sobreendeudados en valores de la City y, dada la convicción unánime de los banqueros de que la City acabaría incumpliendo, la presión sobre estos bancos para deshacerse de su deuda por cualquier medio necesario debió de ser irresistible....

Los bancos fueron rescatados de tres maneras: 1. vendieron cantidades extraordinarias de títulos municipales de sus propias carteras. 2. 2. No sustituyeron los títulos municipales que vencían, lo que supuso una inversión de la práctica anterior. 3. vendieron *por primera vez* valores municipales nuevos y antiguos a inversores no institucionales y no profesionales *sin revelar el riesgo que preveían*...

En concreto, los bancos vendieron valores de la ciudad de Nueva York a pequeños inversores particulares, y lo hicieron sin revelar su información privilegiada sobre la situación financiera de la ciudad (...). En una situación clásica, un médico había vendido recientemente su piso... acudió a un banco en lugar de a su agente para invertir dinero... le vendieron valores que el banco estaba en proceso de descargar... Sin embargo, el banco nunca le reveló este hecho... Según el banco, éste era un intermediario neutral e imparcial que actuaba de acuerdo con los más altos principios éticos.

Algunos bancos tuvieron que vender sus carteras porque sus malas inversiones en fondos de inversión inmobiliaria, empresas petroleras y países subdesarrollados les colocaban en una situación financiera precaria. Según el acta de la segunda reunión celebrada en Gracie Mansion (la residencia del alcalde), el Sr. Horowitz, de Solomon Bros, señaló que "la ciudad ha perdido el mercado institucional... aunque los bancos siguen ayudando, los bancos de fuera de la ciudad han dejado de comprar bonos municipales". En las actas del comité de planificación de Chase-Manhattan figura la siguiente declaración: "Seguimos vendiendo bonos de la ciudad de Nueva York en cada oportunidad que se nos presenta". La estrategia preveía la venta incluso en caso de pérdidas. Gracias por su atención. (Fin de los extractos del informe Haddad)

No le sorprenderá saber que la Comisión del Mercado de Valores (SEC) ha exonerado a todas las partes implicadas en la promoción y venta de los bonos municipales sin valor de la ciudad de Nueva York. No se trata de un caso aislado. Más bien es una acusación contra la mentalidad de los banqueros internacionales que siempre anteponen el beneficio monetario a la ética.

¡Tob Shebbe Goyim Harog!

TALMUD: Sanedrín.

El árbol de la libertad se alimenta de la sangre de los tiranos; es su abono

natural.
THOMAS JEFFERSON.

Las autoridades monetarias del Estado podrán proveer a las necesidades del Pueblo y realizar todos los trabajos útiles al Estado dentro de los límites impuestos por la disponibilidad de materias primas y la fuerza cerebral y muscular del Pueblo, sin necesidad de solicitar autorización al Usurero.
EZRA POUND, "Impacto".

El pánico de 1907 fue causado por la contracción deliberada del dinero y el crédito; los pánicos de 1920-21 y 1929-35 fueron causados por la misma causa idéntica. No puede haber ninguna duda al respecto; y los que estaban detrás de ello llegaron a revelar abiertamente el plan y el propósito al país, poniendo el plan en el registro público para siempre. Nunca podrá ser borrado.
ROBERT S. OWEN, Senador de EEUU,
Congressional Record, 3-18-32.

Los hechos demuestran que, en mayo de 1920, un drástico aumento del tipo de redescuento (el tipo de interés que la FED cobra a los bancos) provocó deliberadamente uno de los mayores descensos de la actividad empresarial y hundimientos de precios de la historia. El resultado fue una depresión desesperada de la que Estados Unidos nunca se recuperó, a pesar del New Deal liberal de FDR, hasta la creación de la Segunda Guerra Mundial y la reactivación de las fábricas estadounidenses. *Esta fue la estratagema de los ILLUMINATI para preparar a América para la guerra contra Alemania, que había sido feliz y próspera desde que Hitler había expulsado a los usureros judíos y a los marxistas.*

Por todos estos medios, desgastaremos tanto a los goyim que se verán obligados a ofrecernos un poder internacional que nos permita, sin violencia, absorber gradualmente todas las fuerzas estatales del mundo y formar un supergobierno.
LOS PROTOCOLOS, Sección V.

ALGUNOS LOGROS
DEL SISTEMA DE LA RESERVA FEDERAL

	1913	1982
Deuda federal	1.200 millones	1,5 billones[7]
Impuesto sobre la renta de las personas físicas	3,0 millones de euros	200.000 millones
Valor en dólares	100 céntimos	7 céntimos
Propiedad de la FED	insignificante	700.000 millones
Coste del pan	10 céntimos	65 céntimos
Coste por tonelada de carbón	14 dólares	35 dólares

Dado que el Congreso no ha delegado su autoridad legislativa sobre los pesos y medidas estándar, en la actualidad: Una tonelada = 2000 libras. Un pie = 12 pulgadas. Pagar una deuda de un billón de dólares a razón de un dólar por segundo llevaría 31.682 años (sin incluir los intereses).

¿Qué pasa con los "prósperos" estadounidenses que se jubilaron con generosas rentas y pensiones? El sistema se ha portado muy bien con ellos, dirá usted. Sí, esa es su recompensa por seguir el sistema, sin hacer preguntas. *"Lamieron las botas.* Lo que hicieron fue hipotecar a los Estados Unidos de América a cambio de un condominio en un campo de golf. Sus hijos, hijas y nietos pagarán la factura como ovejas pardas mestizas bajo la dictadura globalista. Nunca lo olviden: ¡La DEUDA ES ESCLAVITUD! Y a menos que seas un banquero, la pagas con sangre, trabajo, lágrimas y sudor.

Al final de esta década, viviremos bajo el primer gobierno mundial único que haya existido en la sociedad de naciones.
EL PAPA JUAN PABLO II,
"Las llaves de esta sangre", por Malachi Martin

---

[7] 1998 ¡La deuda federal supera los 6 billones de dólares!

CAPÍTULO 5

ESPIROQUETAS DE LA SÍFILIS JUDÍA

El desarrollo de la sociedad no está sujeto a leyes biológicas (naturaleza), sino a leyes sociales superiores. Los intentos de difundir las leyes del reino animal a la humanidad son un intento de rebajar a los seres humanos al nivel de las bestias.
INSTITUTO DE LA ACADEMIA DE CIENCIAS DE LOS EE.UU.

La teoría marxista es el sistema de pensamiento más influyente de este siglo.
ZBIGNIEW BRZEZINSKI, "Entre dos edades".

El odio que estaba en el corazón del marxismo también está presente en la nueva religión (freudismo). En ambos casos, se trata del odio del extranjero hacia su entorno totalmente ajeno, que no puede cambiar y que, por tanto, debe destruir.
FRANCIS PARKER YOCKEY, *Imperium*.

En el lenguaje... del mito, vomitar es el término correlativo e inverso de coito; y defecar es el término correlativo e inverso de comunicación auditiva.
CLAUDE LÉVI-STRAUSS, JUDÍO, freudiano.

Los apocalipsis del Antiguo Testamento del marxismo... el simbolismo antropomórfico de Freud se adaptaban perfectamente a un pueblo religioso que buscaba reemplazar una fe moribunda y anacrónica. La llegada de Boas, que declaró que todas las razas eran iguales, fue un regalo del cielo.
WILMOT ROBERTSON, *La mayoría desposeída*.[8]

EL SIGLO XX ha sido llamado el siglo más sangriento. También se le ha llamado la ERA DE LA MENTIRA porque los JUDÍOS DE KHAZAR idearon un programa, respaldado por inmensos recursos financieros, mediante el cual tomaron el control de la MASS-MEDIA de América (la *tecnología que hizo posible estos notables sistemas - imprenta, luz eléctrica, radio, televisión, fotografía, cine, grabación,*

---

[8] *The dispossessed majority, La mayoría desposeída* por Wilmot Robertson traducido y publicado por Omnia Veritas Ltd, www.omnia-veritas.com.

transistores, ordenadores, satélites, etc.).

La captura de los sistemas de comunicaciones de Estados Unidos por una nación extranjera es un robo cuyas implicaciones son tan cruciales que resultan alucinantes. El libre flujo de ideas e información previsto por nuestros Padres Fundadores, esencial para nuestra República, se filtra primero a través de las mentes de los MÓGULOS DE MEDIOS TALMUDANOS que promulgan sólo lo que quieren que usted y sus hijos sepan. La Primera Enmienda a la Constitución de los EE.UU. ha sido derogada. América está muriendo por falta de conocimiento de los HECHOS. En su lugar, la propaganda de los medios de comunicación, la desinformación y la suciedad son el veneno mortal con el que Occidente es alimentado diariamente: todo para nuestro "aplauso".

Así que cuando los charlatanes MARX, FREUD y BOAS (todos judíos) emergieron de los guetos de Europa, ¡era de esperar que fueran financiados por los ILLUMINATI y promovidos con entusiasmo por los medios de comunicación estadounidenses como los salvadores de la civilización occidental! Cuando, en realidad, eran sus destructores intencionados. Sus objetivos aparentes ocultaban sus metas subterráneas.

MARX atacó el orden natural de la humanidad: el gobierno de los mejores. FREUD pretendía envenenar el espíritu ario. BOAS atacó la herencia genética de los blancos. La investigación producida por estos charlatanes satánicos para apoyar sus hipótesis era totalmente subjetiva. Los hechos son irrelevantes: el fin justifica los medios. Es poco probable que realmente creyeran en sus propias teorías. [9]En una de sus cartas más conocidas a su co-conspirador Engels, Marx describe con precisión *Das Kapital* como "lleno de mierda" . Freud y Boas seguramente tenían una opinión similar de su propia basura taumatúrgica. Al fin y al cabo, no eran más que JAZARES enzarzados en una celosa batalla llena de envidia, odio y venganza contra el Occidente ario. William G. Simpson, en su libro *"Which Way Western Man"*, describe sus ideologías TALMÚDICAS como "espiroquetas de la sífilis judía".

---

[9] *Lleno de mierda* en el original. Ndt.

MARXISMO

KARL MARX, JUDÍO (1818-1883), nació en Alemania, nieto de un rabino; se convirtió al protestantismo, se casó con una gentilhombre de la nobleza menor; luego, aquejado de alienación cultural, abandonó a su mujer, a su familia y al cristianismo. Su compulsión era destruir la sociedad aria que le había rechazado. Su contribución al Movimiento Revolucionario Mundial fue inmensa.

La estrategia de Marx fue infundir ODIO entre las clases donde antes no existía. El tema subyacente de su ideología política es que *toda la historia, toda la vida, es una guerra de clases económicas*. Las dos clases en guerra son el proletariado (el trabajo), los buenos, y los capitalistas (la burguesía), los explotadores del proletariado. El capitalismo es el mal. En consecuencia, todo vestigio de capitalismo debe ser eliminado: "La expropiación del expropiador" (lo que es tuyo es mío); y "todos los animales infectados" serán destruidos (es decir, ¡Tob Shebbe Goyim Harog!). La "Dictadura del Proletariado" se establecerá, promete Marx, dando paso finalmente a una sociedad sin estado, sin clases, sin Dios, en la que todos son iguales (¡aunque los cristianos no están permitidos y el "antisemitismo" (ODIO) es un crimen!) Marx se anticipó a Franz Boas, un JUDÍO, *en* su creencia de que *los logros del hombre son simplemente un reflejo de su entorno*. Así, las cualidades de la inteligencia humana, la personalidad, el comportamiento, la vida emocional y espiritual están determinadas por la posición económica del hombre. *El hombre, asegura, es un animal moldeado por la sed de dinero: la idea de Estado y nación (raza) es ridícula*. Sólo hay individuos, clases y grupos interesados que se odian entre sí.

MARX formuló su ideología antinatura tomando prestadas, fuera de contexto, ideas de dos filósofos arios: el gran Georg W. Friedrich Hegel (1770-1831) y Ludwig A. Feuerbach (1804-1872), recordado sobre todo por su influencia en Marx y Sartre.

HEGEL creía que la salvación del hombre vendría de la razón. Creía que la razón funcionaba según el método dialéctico, en el que una idea (Tesis) se confronta con su opuesta (Antítesis), y ambas se metamorfosean en un todo fusionado (Síntesis). Hegel veía este método en la lógica, en la historia del mundo, en la gestión del Estado y en el establecimiento del zeitgeist. Hegel, un idealista que habría ridiculizado a Marx, creía que la dialéctica *producía una evolución armoniosa y continua dentro del Estado-nación y entre sus componentes*. FEUERBACH, materialista, decía que el hombre es lo que come: materia en movimiento, nada más. Este concepto aparece también en las fantasías de Freud y Boas.

Marx afirma que no existe Dios y que, por tanto, el hombre no es responsable de sus actos ante un juez divino. El hombre no tiene alma ni libre albedrío y, por tanto, ningún valor individual significativo. Es un animal en evolución cuya salvación depende de su mente (razón). *Marx creía que el destino del hombre estaba determinado únicamente por su entorno* (*al parecer, Marx nunca oyó hablar de su enemigo jurado*, Gregor Johann Mendel (18221884), que dio su nombre *al mendelismo*, el estudio de todas las cosas genéticas). En la naturaleza, todo evoluciona porque todo está determinado por su opuesto: la tesis se sintetiza con la antítesis, convirtiéndose así en una tesis nueva y diferente; este proceso se repite *ad infinitum*. En la sociedad, por tanto, el conflicto (materialismo dialéctico) es inevitable, esencial y continuo hasta que toda la estructura (el Estado) se derrumba. Puesto que este destino es inevitable y el cambio es progreso, ¿por qué esperar? Rebelarse. Ahora. ¡Destruid! ¡Matad! Burguesía vs Proletariado = Revolución = diktat = GOBIERNO MUNDIAL JUDÍO. El ILLUMINATI patrocina a los marxistas/anarquistas.

> Hay ocasiones en las que la creación sólo puede lograrse mediante la destrucción. El deseo de destruir es, por tanto, un deseo de crear.
> MICHAEL BAKUNIN, marxista.

"Burguesía" es una palabra en clave judía para designar a los goyim con éxito, concretamente a los blancos de clase media con éxito. La burguesía, según Marx, lo posee todo pero no tiene derecho a nada. El proletariado, en cambio, no posee nada pero tiene derecho a todo. Este es también un concepto cristiano: "Los últimos serán los primeros". Sin embargo, Marx olvidó mencionar que la dialéctica insiste en que ¡el proletariado también debe ser sustituido! Las masas son demasiado ignorantes para cuestionar al flautista de Hamelin, pero les encanta la idea de la IGUALDAD inmediata (véase de Tocqueville).

La victoria del proletariado abolirá todas las clases excepto una: "El dictado del proletariado". ¿Y qué o quién es esto? El Dictado son los judíos privilegiados que presidirán el Estado proletario. ¡El Estado será dueño de las granjas, empresas, industrias, palacios, mansiones y dachas expropiadas a la sucia burguesía! El Dictado también será dueño del Gulag, que se llenará de proletarios. Como señaló perspicazmente George Orwell en su libro *Rebelión en la granja: Todos somos iguales, pero unos son más iguales que otros.*

El marxismo es tanto una victoria del hombre externo, activo, sobre el hombre interno, pasivo, como una victoria de la razón sobre la creencia... Estados Unidos está experimentando una revolución... (que) desenmascara su obsolescencia... para el año 2000, se aceptará que Robespierre y Lenin fueron reformadores gentiles.
Z. BRZEZINSKI, "Entre dos mundos"; CFR/TRILATERAL, Profesor de la Universidad de Georgetown, asesor del presidente estadounidense Jimmy Carter.

Nosotros los judíos, los destructores, seguiremos siendo los destructores para siempre. Nada de lo que hagáis satisfará nuestras necesidades y demandas. Siempre destruiremos porque necesitamos un mundo propio...
MAURICE SAMUELS, "Gentiles" (1924).

F. P. Yockey, en su libro *Imperium*, señala que el MARXISMO está seriamente viciado porque MARX, al ser judío, no pudo comprender las diferencias reales entre CAPITALISMO y SOCIALISMO, que emanaban de la CULTURA-ORGANISMO OCCIDENTAL. *Capitalismo y socialismo son la forma de sentir, pensar y vivir de una nación (familia, pueblo, raza)*, y en segundo lugar son CONCEPTOS ECONÓMICOS. Uno pertenece al pasado, el otro, el SOCIALISMO OCCIDENTAL, representa el futuro de Occidente y el fin del JUDAÍSMO en suelo occidental.

La edad de la razón engendró el CAPITALISMO en Occidente, la IDEA del individualismo puro: "Sálvese quien pueda". Libertad frente a la autoridad: "¡No me pises!". Al mismo tiempo, paradójicamente, se entendía que estos individuos aguerridos debían actuar en beneficio del Estado-nación. Para Occidente, CAPITALISMO ECONÓMICO significaba libre comercio, ausencia de impuestos sobre la renta, ninguna interferencia del Estado en asuntos monetarios, propiedad privada, etc. La USURA, en cambio, quedaba relegada a la esfera exterior y proscrita.

Los capitalistas no veían ningún problema en derrotar

económicamente a los grupos económicos contrarios dentro de la legalidad. Se consideraba "competencia sana". Los Estados europeos, alentados por los banqueros, también competían entre sí. A menudo con resultados desastrosos. Durante la Primera Guerra Mundial, se hizo dolorosamente obvio que la idea del "individualismo exacerbado" iba en contra de la NACIÓN ARIA y sus Estados.

El SOCIALISMO OCCIDENTAL, a diferencia del marxismo/comunismo y del capitalismo, no emana sólo de la razón, sino del ETHOS DEL MUNDO OCCIDENTAL. Expresa los sentimientos instintivos e intuitivos de la nación aria. Su idea es el grito de los mosqueteros: "¡Uno para todos y todos para uno! La unión de los estados-nación blancos en UNA ORGANIZACIÓN CULTURAL -su propio territorio y su propio estado en el que albergar, proteger y alimentar a la nación- descarta la guerra de clases y las luchas de odio de inspiración marxista entre sus partes componentes. La ECONOMÍA fluye de la CULTURA. El DINERO se convierte en una simple herramienta, un medio de intercambio, un depósito de valor - no un arma ILLUMINATI.

> Para el socialismo, la posesión de dinero no es el factor determinante del rango en la sociedad, como tampoco lo es en el ejército. En el socialismo, el rango social no depende del dinero, sino de la autoridad (capacidad).
>
> FRANCIS PARKER YOCKEY, *Imperium*

Pensadores de renombre mundial en todas las disciplinas coinciden en que el MARXISMO y la era de la razón han conducido a un ignominioso callejón sin salida. Ninguna persona inteligente tomó en serio a MARX. Su idea veterotestamentaria de que el trabajo es malo - y la idea neotestamentaria de que los hombres y las razas están igualmente dotados- se opone a la naturaleza misma y al alma de Occidente. La zanahoria ofrecida a los "trabajadores del mundo" era la IGUALDAD inmediata a cambio de su muda obediencia. Después de la "expropiación", "perderían sus cadenas" y se retirarían a "La-La Land", ¡para ser servidos y mantenidos para siempre por los supervivientes de la odiada clase media! (como en EEUU, Europa y Sudáfrica hoy en día).

Como propagandista - seductor de inocentes, sofistas, liberales y perdedores natos - MARX fue soberbio. Su lugar en la historia está asegurado.

Tres millones de rusos desarmados de clase media (sacerdotes, terratenientes, artistas, científicos, agricultores, directivos, etc.) fueron masacrados en el empuje inicial de la REVOLUCIÓN BOLCHEVIANA, y 31 millones murieron como resultado de su TERROR JUVENIL.

Los marxistas, bolcheviques y comunistas denuncian a los "cerdos capitalistas". Mientras que detrás de las escenas - en la batalla en curso para implementar los PROTOCOLOS DE SION - todas las guerras y revoluciones son financiadas por BANQUEROS JUDÍOS.

Hoy, el nieto de Jacob, John Schiff (Kuhn-Loeb Co.), miembro eminente de la New York Society, estima que el anciano hundió unos 20 millones de dólares en el triunfo final del bolchevismo en Rusia.
CHOLLY KNICKERBOCKER,
"N.Y. Journal-American", 2 3-49.

FREUD

Hoy en día, Sigmund Freud, un JUDÍO (1856-1939), sólo es conocido por su importancia anticultural. Y por el grave daño que infligió a la psique occidental antes de que se revelara su engaño. Freud, al igual que Marx, intentó poner a todos los hombres en pie de igualdad, despojados de cualquier significado noble o espiritual. Los *dos judíos utilizaron simplemente métodos diferentes para alcanzar un único objetivo, el objetivo de los ILLUMINATI: la destrucción de Occidente.*

Cuando Freud era un joven médico, un psicólogo vienés le contó la historia de una paciente que, bajo hipnosis, había relatado un suceso traumático de su vida que seguía provocándole ansiedad. Cuando salió de la hipnosis, su ansiedad se había curado por completo. Freud, como Saulo de Tarso, un judío en el camino de Damasco, vio de repente "posibilidades" y montó un negocio "golpeando cabezas". Abandonó la hipnosis e inventó el psicoanálisis. Un método de consulta en el que los pacientes, reacios a revelar sus problemas personales íntimos (resistencia), transfieren sus vínculos afectivos al analista.

La PSICOANÁLISIS es el estudio de las neurosis, las psicosis, las perversiones y la mente normal. El PSICOANÁLISIS es un tratamiento. ¿Pero de qué? Los síntomas pueden diagnosticarse, pero la causa subyacente, como el viento, no puede verse. Las enfermedades del cerebro son fisiológicas y tangibles. Pero las enfermedades de la mente se originan en los genes y el alma del hombre, dos áreas sobre las que Freud no sabía nada y se preocupaba aún menos. Las "sesiones de diván" psiquiátricas, como las sesiones de rap y las lecturas de té, están envueltas en una atmósfera de misterio y nomenclatura oculta. En realidad, el análisis no es más que el poder de la sugestión. Todo el mundo sabe que "la confesión es buena para el alma". Y que un placebo puede hacer milagros. Pero la "cura" freudiana se basa en el principio de que todo el mundo es neurótico: pervertido o invertido. Así que los arios también están enfermos. Igual que nosotros, los judíos.

> El problema fundamental es que el psicoanálisis es el producto de la animadversión judía hacia la civilización occidental. El deseo inconsciente de los judíos es desenmascarar la respetabilidad de la sociedad europea... que ha excluido a los judíos... desenterrando aberraciones sexuales sórdidas e infantiles.
> HOWARD SACHER, JUDÍO. Uno de los primeros freudianos.

De este modo, ¡las revelaciones de pacientes crédulos y engañados alivian los complejos de inferioridad de los analistas! Los JUDÍOS (psicoanalistas) se convierten fácilmente al sistema JUDÍO.

> Como son incapaces de comprender o participar en la sociedad occidental, no les queda más remedio que oponerse a ella.
> SIGMUND FREUD, JUDÍO, "Resistencia al psicoanálisis".

Otro problema es que a los psicoanalistas judíos, que en su mayoría son anormales mentales, se les permite determinar quién es "normal". Esto recuerda a la historia de *los ciegos y el elefante*. Luego está el "problema del diván". Las demandas de paternidad y acoso contra analistas, cuya práctica consiste en aliviar a pacientes vulnerables de sus ansiedades sexuales, son tan comunes como los atracos en Los Ángeles. Es como contratar a los pedófilos Woody Allen, JUDÍO, y Roman Polanski, JUDÍO, para hacer de canguro.

La locura continúa cuando Freud centra su atención en el alma occidental. La encuentra estrictamente mecánica y totalmente predecible: *los impulsos espirituales son simplemente impulsos sexuales*. En consecuencia, en el cerebro TALMÚDICO de Freud, todos los hombres son iguales porque todos son sexualmente neuróticos. ¡Y él decide lo que es neurótico! Para Karl Marx, la 9ª Sinfonía de Beethoven era la duplicidad de la burguesía. Para Freud, expresaba el deseo latente de Beethoven por Schiller. Evidentemente, ¡hay que eliminar *al Hombre Cultural,* enemigo de los JUDÍOS, transformándolo en robot económico y genital animado!

> Hace una generación, la principal teoría sobre la esquizofrenia era... (que estaba) causada por una maternidad fría y distante, en sí misma el deseo inconsciente de la madre de que su hijo nunca hubiera nacido... 20 años después, este artefacto de la época freudiana (JUDÍO) está totalmente desacreditado.
> U.S. NEWS & WORLD REPORT, 4-21-97.

El truco de Freud, que el alma aria es mecánica, le permitió inventar enfermedades del alma que sólo él y sus discípulos judíos podían diagnosticar y curar: neurosis, complejos (especialmente de culpa e inferioridad), represión, perversión, fijación, envidia del pene, etcétera. Parte de la "cura" era el ANÁLISIS DE LOS SUEÑOS, que contiene patrones recurrentes comunes. Estos patrones tienen interpretaciones enrevesadas y esotéricas. Pero sólo los miembros de la *cábala* los entienden y son los únicos que pueden realizar "curas" taumatúrgicas. El MUNDO DE LOS SUEÑOS refleja la "ansiedad" del alma. Por ejemplo, soñar con la muerte de un familiar significaba que odiabas a uno de tus padres o a ambos. A los freudianos se les ocurrió otro "pecado original": *todos los niños son sexualmente perversos,* así que, como el Niño es el padre del Hombre, todo el mundo es sexualmente perverso. ¡TODO EL MUNDO ESTÁ ENFERMO!

El freudismo es cabalístico y abarca el ocultismo, el satanismo, el falismo, la nigromancia, la numerología, etc., todo ello derivado de supersticiones hebreas, enseñanzas talmúdicas y el cerebro de Freud adicto a la cocaína.

Hollywood encuentra material para comedias costumbristas

Desde que Sigmund Freud declaró que todos los chicos jóvenes querían matar a sus padres y copular con sus madres, los judíos han emprendido una guerra contra la familia aria tradicional... El último veneno... proviene de la Dra. Louise B. Silverstein y Carl P. Auerbach (judíos) en su artículo "Deconstrucción del padre esencial". Escriben:

> "Contrariamente a la perspectiva neoconservadora, nuestros datos sobre parejas paternas del mismo sexo nos han convencido de que ni la madre ni

el padre son esenciales"... reconocen que los niños necesitan un adulto "responsable", pero que "uno, ninguno o ambos... pueden ser padre o madre" con igual eficacia. Además, niegan que "el matrimonio heterosexual sea el contexto social en el que es más probable que se produzca una paternidad responsable". Silverstein y Auerbach deducen que el AMOR que comparten los padres naturales y sus hijos no es mayor que el que comparten con los padres adoptivos, ya sean homosexuales, heterosexuales o de la misma raza. En su mundo MARXISTA/LIBERAL/TALMUDIANO, todos los "cuidadores" son iguales. Por lo tanto, las familias naturales no tienen la misma importancia.

REVISIÓN: THE AMERICAN PSYCHOLOGIST (1-6-99), revista oficial de la Asociación Americana de Psicología.

Cuando cayó el Muro de Berlín (1990), el marxismo se derrumbó... También el freudismo, a pesar de su persistente influencia... se derrumbó. Hoy en día, la posición oficial es que el psicoanálisis no es realmente una ciencia, sino más bien una forma de arte... ¿comparable al arreglo floral o al macramé?

JOSEPH EPSTEIN, judío, editor de *The American Scholar*.

BOASISMO

FRANZ BOAS, JUDÍO (1858-1942) nació en Alemania. Al igual que Marx y Freud, era un JAZAR, que se distinguía por su repulsiva fealdad física. No era antropólogo, y el lugar donde obtuvo su doctorado sigue siendo incierto (¿Kiel, Alemania?). Sin embargo, en 1899 fue nombrado profesor de antropología en la Universidad de Columbia, donde permaneció 40 años. Sus patrocinadores fueron sin duda los ILUMINADORES.

El objetivo de Boas era atacar el corazón de la raza aria, su herencia genética. Para ello, creó la Escuela Boas de ANTROPOLOGÍA CULTURAL, que presenta la doctrina de que no existen razas distintas; *al contrario,* profesa que TODOS los hombres tienen el mismo potencial: *las diferencias raciales son en gran medida el resultado de factores ambientales y no de la herencia.* Esta ideología, o pseudociencia, es respaldada con entusiasmo por liberales, marxistas y judíos, mientras que es totalmente refutada por la ciencia natural de la antropología física, aceptada por las principales autoridades mundiales en la materia. Boas afirma que la raza es un mito porque las razas se han mezclado a lo largo de los siglos; que las mezclas mestizas son mejores que los padres. Afirma que toda la sangre humana es la misma, que todos los pueblos tienen un origen común y que, por tanto, las razas están emparentadas. Ninguna raza sobresale porque esté más dotada o sea mejor, sino porque se ha beneficiado de un entorno más favorable y de mejor suerte. Como las razas son iguales, el mestizaje no sólo está permitido, sino que es deseable (para eliminar la maldita raza blanca). Pertenecemos a la gran familia del hombre, por lo que todos los hombres somos iguales.

Las Naciones Unidas han dado su aprobación incondicional a la doctrina Boas:

> Las pruebas científicas indican que la gama de capacidades mentales de todos los grupos étnicos es más o menos la misma... En cuanto a la personalidad y el carácter, puede considerarse que no tienen raza... si a los miembros de cada grupo étnico se les dan oportunidades culturales similares para desarrollar su potencial, el rendimiento medio es más o menos el mismo.
> Documentos de la UNESCO, (Extracto) 1950.

Como hemos aprendido, ESPIROQUETAS DE SÍFILIS JUDÍOS (Boasismo es uno de ellos) se inyectan en cada sociedad que los ILLUMINATI están empeñados en destruir. Pero permítanme decir aquí y ahora que la Doctrina Boas - en su totalidad - ¡ha sido expuesta como un fraude! Volveremos a esto con más detalle en el Capítulo V, Mendelismo.

Los fundadores de la escuela de antropología de Boas son Ashley Montague (Israel Ehrenberg), Raymond Pearl, Melville Herskovitz, Herbert Seligman, Otto Klineberg, Gene Weltfish, Amran Sheinfeld, Isadore Chein, Ruth Benedict, Margaret Meade y Kenneth Clark. *Todos menos tres (Meade, Benedict y el negro Clark) son judíos*. Boas fue citado por el Congreso por 46 afiliaciones al Frente Comunista. Las actividades subversivas de Montague, Weltfish, Benedict y Herskovitz son bien conocidas por la CIA, el FBI y los comités de investigación del Congreso. Todos estos MARXISTAS/LIBERALES/JUDÍOS, que propagan la sífilis judía, han creado cátedras de antropología cultural en las más prestigiosas universidades estadounidenses.

> En el curso de sus falsas carreras académicas, los boasistas mintieron repetidamente, falsificaron investigaciones, levantaron falsos testimonios, calumniaron y utilizaron cualquier medio necesario para lograr su objetivo final. Conocí personalmente a Franz Boas. Observé su influencia como

fundador de la ciencia antropológica en América. También he observado el creciente grado de control ejercido por la secta de Boas sobre estudiantes y jóvenes profesores, hasta que el miedo a perder el puesto de trabajo o el estatus se convierte en algo habitual... a menos que se mantenga la conformidad con el dogma de la igualdad racial...
DR. H. E. GARRETTT, Chr. Departamento de Psicología, Columbia Univ.

El profesor JOHN R. BAKER, Oxford, ("Science and the Planned State") cita al boasista y erudito comunista Triofim Lysenko, U.S.S.R., quien declaró que había que hacer que la ciencia apoyara la teoría comunista; que los hechos sobre los cromosomas y la herencia debían suprimirse porque "*desde su concepción [la genética] conduce a ideas reaccionarias sobre la raza... y la base falsa del mendelismo sólo puede defenderse con mentiras*". En la Unión Soviética, los defensores de la genética fueron ejecutados o encarcelados en el Gulag (el antisemitismo se tipificó como delito). La distinción entre mendelismo (naturaleza) y marxismo (ideología) se expresa mejor en las siguientes líneas:

"La belleza es verdad y la verdad es belleza: eso es todo lo que sabes en esta tierra y todo lo que necesitas saber".
JOHN KEATS, "Oda sobre una urna griega".

Durante la Segunda Guerra Mundial, el MARXISMO, el LIBERALISMO y el JUDAÍSMO equipararon el mendelismo con el nazismo, el "racismo" y el llamado "Holocausto". Como resultado, en todo Occidente, la Liga Antidifamación de B'nai B'rith (Hijos de la Alianza) *prohibió cualquier* debate sobre genética en foros públicos. Sin embargo, en la década de 1980, los enormes beneficios que el mendelismo ofrecía a la humanidad se describían en las revistas científicas más prestigiosas, en conferencias, etcétera. *Este hecho irrefutable golpea el corazón del MARXISMO, el LIBERALISMO y el JUDAÍSMO y sus esfuerzos por mestizar las razas y crear un gobierno mundial ILLUMINATI*. Como era de esperar, los medios de comunicación, la Iglesia cristiana, la JUIVERIE y las universidades siguen promulgando las falsas doctrinas del BOASISMO e ignorando o denostando el mendelismo.

Los marxistas son partidistas declarados; su "ciencia" está subordinada a su compromiso (ideológico). Esto sólo puede dañar sus análisis y datos, obstaculizar el libre examen y distorsionar sus conclusiones.
PROFESOR A. JAMES GREGOR,
The Mankind Quarterly (Primavera 62).

La proposición de BOAS de que la humanidad está formada por razas intercambiables dotadas por igual de valor, inteligencia, carácter, capacidad, disciplina, ambición, moralidad, etc. habría llevado a los firmantes de la Constitución de EE.UU. a coger sus pistolas. Es más, los fundadores creían en la meritocracia, que NO es un sistema invertido: *los soldados dirigen el ejército y los magnates de los medios de comunicación dirigen el Congreso estadounidense.* Los fundadores esperaban que Estados Unidos fuera siempre un bastión de Occidente. No un vertedero racial. FRANZ BOAS, judío, más que ningún otro individuo, destruyó la visión de los Fundadores.

El BOASISMO busca la igualdad comunista -no la igualdad de oportunidades ni la igualdad de méritos, sino la igualdad de resultados-, que requiere la transferencia de dinero de los que tienen éxito, que se lo han ganado, a los incapaces, indigentes y "desfavorecidos". Como estos últimos se resisten al despojo, el gobierno recibe más poderes reguladores y policiales. A los desfavorecidos -que constituyen un importante bloque de votantes- les gusta mucho la idea de recibir el dinero de sus impuestos de políticos dispuestos a dar cualquier cosa (la suya) para conseguir un voto. ¿Cómo si no pueden mantenerse en el cargo degenerados como el senador estadounidense Ted Kennedy? Hoy en día, en Estados Unidos, el 60% del presupuesto nacional se gasta en protección social. Los distribuidores de esta inmensa riqueza son negros de bajo coeficiente intelectual (la "clase media ascendente") empleados por las autoridades locales, estatales y federales con salarios normalmente reservados para coeficientes intelectuales elevados.

> Mi casa es una casa destartalada, y el judío ocupa el alféizar de la ventana, el casero, nacido en un estaminet de Amberes, hinchado en Bruselas, remendado y pelado en Londres...
> T.S. ELIOT, extracto de "Gerontion".

La declaración de la UNESCO de 1950, que negaba la raza como factor (véase más arriba), fue denunciada por los científicos más eminentes del mundo y por hombres de la calle que reconocían la raza cuando la veían. En 1952, la UNESCO dio marcha atrás en su declaración, reconociendo finalmente que "las razas son 'reales' y no meros 'artefactos de clasificación'". Pero, fiel a su orientación marxista, la UNESCO olvidó convenientemente su disculpa. Su posición original (1950), tal y como se expuso, aparece ahora en casi todas las obras de referencia.

Una desinformación (mentira) similar ocurrió en el crucial y trágico caso del Tribunal Supremo de EE.UU., *Brown contra el Consejo de Educación*, 1954, que falló en contra de la segregación de los negros. El caso fue llevado por Thurgood Marshall, un negro, cónsul de la NAACP, apoyado por el equipo legal judío de la NAACP. El profesor BOASIST Kenneth B. Clark, negro, fue el testigo principal. Clark presentó los resultados de sus experimentos con muñecos negros y blancos, y la reacción de los niños negros a estas pruebas, "demostrando que la segregación inflige heridas a los negros". Casi hizo llorar a los jueces. El problema era que la investigación se había hecho de forma incorrecta y que las conclusiones habían sido "de cajón".

Me veo obligado a concluir que el profesor Clark engañó al tribunal... En resumen, si las pruebas del profesor Clark muestran daños a los niños negros, muestran que el daño es menor con la segregación y mayor con la congregación (integración)... ¿Sabía el profesor Clark que sus pruebas anteriores indican que, según sus propios criterios, los niños negros sufren menos daños con la segregación que con la congregación? De los experimentos del profesor Clark, de su testimonio y finalmente de su ensayo... la mejor conclusión que se puede sacar es que no sabía lo que hacía; y la peor, que sí lo sabía.
DR. ERNEST VAN DEN HAAG, Profesor de Filosofía Social, NYU,
Villanova Law Review (VI, 1960).

El problema al que nos enfrentábamos no era que el historiador descubriera la verdad... no era que estuviéramos formulando mentiras... estábamos utilizando los hechos... estábamos pasando por alto los hechos... estábamos ignorando tranquilamente los hechos y, sobre todo, estábamos interpretando los hechos de una manera... que nos permitía no ver a estos tipos.
DR. A. H. KELLY, experto empleado por la NAACP, en una confesión a la American Historical Assoc. en 1961, relativa al famoso asunto de la desegregación.

Marshall llegó a ser miembro del Tribunal Supremo de EE.UU., donde sus colegas consideraban que sus opiniones eran las peores de la historia del Tribunal. Clarke siguió utilizando la herramienta judía hasta el final.

Los desastres sufridos por la América blanca a causa de los negros, y los que se avecinan como consecuencia de la decisión del Tribunal Supremo de mezclar las razas, son casi incalculables.

CAPÍTULO 6

EL ENGAÑO DEL HOLOCAUSTO

Espiroquetas de la sífilis JUIVE (continuación)

El Holocausto fue la ocasión del asesinato de 6 millones de judíos, entre ellos 2 millones de niños. Negar el Holocausto es un segundo asesinato de esos mismos 6 millones. Primero se acabó con sus vidas, luego con sus muertes. Quien niega el Holocausto participa en el crimen del propio Holocausto.
DAVID MATAS, JUDÍO, Consejero Senior,
"Liga por los Derechos Humanos, B'nai B'rith".

La política seguida por el Tercer Reich provocó la muerte de 6 millones de judíos, 4 millones de los cuales fueron asesinados en instituciones de exterminio.
TRIBUNAL MILITAR INTERNACIONAL,
Nuremberg, Alemania.

Mi objeción al Juicio de Nuremberg fue que, aunque revestido de la forma de justicia, era en realidad un instrumento de la política gubernamental previamente determinada en Teherán y Yalta... una mancha en la historia estadounidense que lamentaremos durante mucho tiempo... que viola el principio fundamental del derecho estadounidense de que un hombre no puede ser juzgado bajo una ley ex post facto.
U.S. SEN. ROBERT TAFT, "Profiles in Courage", de J. F. Kennedy.

En cuanto al juicio de Nuremberg... no me gusta nada cuando se reviste de una falsa fachada de legalidad.
HARLAN FISKE STONE, Presidente del Tribunal Supremo
del Tribunal Supremo de los Estados Unidos.

Las declaraciones admitidas como prueba se obtuvieron de hombres a los que primero se había mantenido aislados (hasta) cinco meses... Los investigadores ponían un bonete negro sobre la cabeza del acusado, luego le golpeaban en la cara con nudillos de latón, le daban patadas y le golpeaban con mangueras de goma... A 137 alemanes de 139 se les rompieron los testículos sin posibilidad de reparación... (Otros métodos utilizados fueron: hacerse pasar por sacerdotes para confesar y absolver; torturar con cerillas clavadas bajo las uñas; arrancar dientes y romper huesos; dar raciones de hambre; amenazar con deportar a las familias de los acusados al bando soviético...). Los investigadores "americanos" responsables (que más tarde desempeñaron el papel de fiscales en los juicios de Nuremberg) fueron el teniente coronel Burton Ellis (jefe del comité de crímenes de guerra) y sus ayudantes: el capitán Raphael Shumacher, JUDÍO; el teniente Robert E. Byrne; el teniente Wm. R. Perl, judío; Sr. Morris Ellpowitz, judío; Sr. Harry Thon; Sr. D. Kirschbaum, judío; Cnel. A.H. Rosenfield, JUIF, asesor jurídico del tribunal.

E. L. VAN RHODEN,
Comisión del Ejército Simpson, Dachau, 1948.

El ambiente aquí es malsano... Se empleó a abogados, oficinistas, intérpretes e investigadores (judíos) -que hace poco se convirtieron en estadounidenses- cuyos orígenes estaban impregnados de odio y prejuicios europeos.

JUSTICIA WENNERSTRUM,
Tribunal Militar de Nuremberg.

Al judío frente al goy se le permite violar, engañar y perjurar.

Babba Kama.

TOB SHEBBE GOYIM HAROG! (¡Hay que matar al mejor de los gentiles!)

TALMUD: Sanedrín.

Hay que situar el "HOLOCAUSTO" en su contexto: el de la historia mundial, el de la Torá, el del TALMUD y el del Movimiento Revolucionario Mundial (MRM) de Rothschild. Es necesario comprender el odio congénito de los JUDÍOS CAZARES hacia los gentiles, reservándose su odio más rabioso para la nación aria.

Los ILLUMINATI prepararon el escenario para la Primera Guerra Mundial, con sus beneficios asegurados, cuando un corrupto Congreso estadounidense promulgó la Ley de la Reserva Federal (1913). Los asesinatos del archiduque Francisco Fernando y su esposa por Gavrilo Princip, un masón serbio, precipitaron la guerra. La traición de los bolcheviques destruyó la capacidad de Rusia para continuar la guerra. Las tropas alemanas se trasladaron entonces de Rusia al frente occidental. La guerra estaba siendo ganada por Alemania cuando Chaïm Weizmann, un JUDÍO (más tarde primer presidente de Israel) hizo un trato con Gran Bretaña: *Los JUDÍOS meterían a EEUU en la guerra si Gran Bretaña garantizaba a los JUDÍOS (JAZARES) una "patria en Palestina"* (Gran Bretaña traicionó a los árabes con la

Declaración Balfour, 1917). Las mentiras JUDÍAS sobre las "atrocidades" alemanas arrastraron a Estados Unidos a la guerra. Después del "armisticio", la traición y la derrota de Alemania, los términos del infame Tratado de Versalles (el "Tratado Kosher") casi destruyeron al pueblo alemán. Los BOLSHEVIKS entraron en liza, intentando establecer una dictadura soviética en Alemania, como habían hecho en Rusia. Pero el pueblo alemán los expulsó. Entonces, para asombro del mundo, el canciller Adolfo Hitler, con su énfasis en la genética y la homogeneidad de la raza aria, condujo a Alemania a una asombrosa recuperación espiritual y económica. Sin embargo, los judíos veían el nacionalismo, el orgullo racial y la familia como amenazas a su condición de "elegidos", es decir, a su "derecho" a congraciarse con su ganado y succionar sus riquezas sin ser detectados. El CONGRESO JUDÍO MUNDIAL (organizado en Ginebra, Suiza, por el rabino "americano" Stephen Wise) declaró la guerra a Alemania (1933): manipulación del dinero, calumnia, difamación, asesinato, boicot a los productos alemanes, sabotaje, etc. Las fechorías de los judíos pueden verse en el caso del secuestro y asesinato de Lindbergh (ver: Isador Fisch, JUDÍO); la tragedia del zepelín Hindenburg y otros crímenes contra arios de origen alemán aquí y en el extranjero, mientras los ILLUMINATI se preparaban para la Segunda Guerra Mundial. Posteriormente, los alemanes consideraron a los judíos no sólo como intrusos extranjeros, sino también como enemigos del Estado. El cisma cultural entre los arios y los judíos benefició a los SIONISTAS en sus esfuerzos por incitar a los judíos jázaros a "regresar" a Palestina. *Así, los sionistas colaboraron con el Tercer Reich y otros gobiernos europeos para eliminar a los judíos de Europa, que pronto sería incinerada.*

El "pecado imperdonable" de Hitler no fue su política de colonización de los judíos - éstos habían sido expulsados de todos los estados europeos en un momento u otro. La Segunda Guerra Mundial comenzó porque la POLÍTICA MONETARIA *Juden Frei* de Hitler eludió por completo el sistema bancario central de los Rothschild. El nuevo Banco del Reich abandonó las reservas internacionales de oro y emitió su propia moneda sin intereses (como había hecho Lincoln), respaldada únicamente por la capacidad productiva del pueblo alemán. En represalia, los BANQUEROS INTERNACIONALES se negaron a aceptar el marco alemán en el mercado de divisas. *Alemania se limitó a intercambiar sus productos sin pasar por los intermediarios.* A la vista de todo el mundo, Alemania había desafiado a los ILLUMINATI, había salido de un abismo de deuda y desesperación, se había liberado de sus ataduras y se había convertido en el Estado más próspero de Europa. Los judíos sabían que su imperio bancario mundial estaba amenazado. El general George Catlett Marshall, Secretario de Estado de EEUU, cuenta en sus memorias que en 1938 -tres años antes de Pearl Harbor- el "americano" Bernard Baruch, judío y confidente de Wilson, Roosevelt, Eisenhower, Churchill y muchos otros poderosos, dijo: *"¡Vamos a atrapar a ese Hitler! No vamos a dejar que se salga con la suya... ¡vamos a destruir el sistema de trueque de Alemania!* Pero otros líderes mundiales rindieron a Hitler un merecido homenaje:

> Un cambio en el sistema monetario alemán permitió a Alemania pasar de una depresión abismal a una economía gloriosa... lo que llevó al líder británico de la Primera Guerra Mundial, Lloyd George, a llamar a Hitler "el mayor estadista vivo y al pueblo alemán el más feliz del mundo".
> HUGOR FLACK, "La Gran Traición".

> Mientras todas estas tremendas transformaciones tenían lugar en Europa, el cabo Hitler libraba su larga batalla para ganarse los corazones del pueblo alemán. La historia de esta lucha no puede leerse sin admiración... Si nuestro país fuera derrotado, espero que encontráramos un campeón tan indomable que nos infundiera valor y nos devolviera nuestro lugar entre las naciones.
> WINSTON CHURCHILL, "Hablando claro".
> por Francis Neilson.

> Mariner Eccles, de la Reserva Federal estadounidense, y Montague Norman, judío, del Banco de Inglaterra, decidieron, a más tardar en 1935, una política conjunta destinada a acabar con el experimento financiero de Hitler por todos los métodos, incluida la guerra si era necesario. El trabajo de Norman consistía en plantear a Hitler el dilema de tener que dar marcha atrás en su política financiera o cometer un acto de agresión.
> LA PALABRA, mensual inglés, C. C. Vieth.

> La lucha contra Alemania ha sido librada durante meses... por todos los judíos del mundo... Vamos a desencadenar una guerra espiritual y material del mundo entero contra Alemania. La ambición de Alemania es volver a ser una gran nación... nuestros intereses judíos, en cambio, exigen la completa destrucción de Alemania. La nación alemana es colectiva e individualmente un peligro para nosotros los JUDÍOS.
> V. JABLONSKY, JUDÍO, Representante del Congreso Sionista Francés, extracto de su artículo en "Natcha Retch", 1932.

> Permítanme retrotraerles a 1913... Si yo hubiera estado aquí y les hubiera dicho que el Archiduque sería asesinado y que de todo lo que

vendría después surgiría la oportunidad, la ocasión, la oportunidad de establecer un hogar nacional para los judíos en Palestina... me habrían mirado como a un soñador inútil. ¿Se te ha ocurrido alguna vez lo extraordinario que es que, en este baño de sangre mundial, haya surgido esta oportunidad? ¿De verdad crees que fue un accidente?

LORD MELCHETTE, JUDÍO,
Presidente de la Federación Sionista Inglesa, 1928.

Como recordarán, Rothschild plantó el ESTADO BOLSHEVIQUE/COMUNISTA en Rusia (1917), totalmente dependiente de su sistema bancario central. La URSS era una daga bolchevique en el corazón de Europa. La estrategia de Hitler era derrotar a la URSS, liberar al gran pueblo ruso de la dominación jázara/judía y crear un nuevo socio comercial euroeslavo. Luego, deportando a las razas extranjeras, Hitler pretendía crear una Europa unida con una base de población aria.

Los alemanes despreciaban y temían el comunismo. Habían sido testigos de los horrores de la revolución bolchevique, durante la cual el sustrato cultural de Rusia y Europa del Este había sido prácticamente aniquilado. Los alemanes también estaban furiosos por la masacre (1918) de la familia real rusa: el zar, la zarina (una princesa católica alemana), sus cuatro hijas pequeñas y su hijo de 12 años. Todos habían sido asesinados a tiros por judíos, sus cuerpos desmembrados, arrojados a un pozo y luego cubiertos de cal (los restos óseos se encontraron hacia 1990).

Antes de la Segunda Guerra Mundial, Hitler se había erigido en enemigo jurado del liberalismo, el marxismo y los judíos, precisamente las tres fuerzas motrices que habían llegado al poder con el New Deal de Franklin Roosevelt (demócrata).
[10]WILMOT ROBERTSON, *La mayoría desposeída*, 1976.

El primer triunfo espectacular de los demócratas no cristianos de Europa del Este fue el reconocimiento por Roosevelt, menos de 9 meses después de su investidura, del gobierno soviético en Rusia... El 16 de noviembre de 1933 -¡a medianoche! ... una fecha que nuestros hijos recordarán durante mucho tiempo con tragedia. Fue en esta fecha cuando el Comisario soviético de Asuntos Exteriores, Maxim Litvinoff (Finkelstein), judío, saqueador de Estonia y primer agente soviético en

---

[10] *La mayoría desposeída*, traducido y publicado por Omnia Veritas Ltd, www.omnia-veritas.com.

socializar Inglaterra, se sentó con el Presidente Roosevelt - después de que Dean Acheson (el "Decano Rojo") y Henry Morgenthau, judío, hubieran hecho el trabajo de propaganda y cerrado el acuerdo que llevó al pueblo americano y a sus otrora inmensos recursos a la calamidad social y económica....

PROF. JOHN O. BEATY, The Iron Curtain Over America, citado por V. La Varre, American Legion Magazine, agosto de 1951. V. La Varre, American Legion Magazine, agosto de 1951.

Algunos de mis mejores amigos son comunistas.

FRANKLIN DELANO ROOSEVELT.

Lo he dicho antes, pero lo diré una y otra vez. Vuestros chicos no serán enviados a guerras extranjeras! (América eligió a FDR tres semanas después.)

FRANKLIN D. ROOSEVELT, 1940.

La historia completa del llamamiento de Alemania a negociar y nuestra categórica negativa y ruptura de relaciones diplomáticas no se publicó en 1937 y 1938, cuando Alemania hizo su llamamiento, sino que se ocultó al público hasta que el Comité de Actividades Antiamericanas de la Cámara de Representantes la descubrió después de la Segunda Guerra Mundial... y la hizo pública más de diez años después de que los hechos hubieran sido tan criminalmente suprimidos.

DR. JOHN O. BEATY, Coronel de los servicios de inteligencia.

La victoria del comunismo en el mundo sería mucho más peligrosa para Estados Unidos que la victoria del fascismo. Nunca ha existido el menor peligro de que el pueblo de este país abrace algún día el bundismo o el nazismo... Pero el comunismo se disfraza, a menudo con éxito, bajo el disfraz de la democracia.

SEN. HOWARD TAFT, Human Events, 28 de marzo de 1951.

Aparece por primera vez el llamado "problema judío". No se trata de raza, religión, ética, nacionalidad o filiación política, sino de algo que las engloba a todas y separa al JUDÍO de Occidente: la cultura.

FRANCIS PARKER YOCKEY, Imperium.[11]

Hay pruebas abrumadoras de que Hitler no quería una guerra europea. Intentó repetidamente persuadir a Gran Bretaña para que se

---

[11] *Imperium, la filosofía de la historia y de la política* por Francis Parker Yockey, Omnia Veritas Ltd, www.omnia-veritas.com.

uniera a Alemania en la destrucción del comunismo, la Unión Soviética y la reunificación de la Europa aria. Pero son los ILLUMINATI -no el pueblo británico- quienes controlan Gran Bretaña. En Estados Unidos, el embajador polaco, el conde Jerzy Potacki, se quejó de que la radio, el cine y la prensa estadounidenses estaban "controlados casi al 100% por judíos" y que "llamaban a la guerra contra Alemania". Querían exacerbar la disputa sobre el corredor polaco que Hitler estaba negociando con ellos. Potacki identificó a los "estadounidenses" que estaban detrás de la campaña: Herbert Lehman, judío y gobernador de Nueva York; Bernard Baruch, judío y asesor del Presidente; Henry Morgenthau, judío y Secretario del Tesoro; Felix Frankfurter, judío y juez del Tribunal Supremo de EE.UU.; y el rabino Steven Wise. Actuaban, según Potacki, como defensores de la democracia, pero estaban "unidos por lazos inquebrantables a la judería internacional".

Tras la declaración de guerra a Alemania (Segunda Guerra Mundial), se inicia una ominosa pausa. Ambos bandos, perseguidos por los fantasmas de la Primera Guerra Mundial, esperan que alguien, algo, evite un mayor derramamiento de sangre. En el frente, los "enemigos" confraternizan. David Irving (*La guerra de Churchill*) documenta la frustración del Primer Ministro ante la "Guerra Falsa". Quería sangre y gloria, y tenía promesas que cumplir. Su asesor, el profesor Frederick Lindemann, un judío "alemán", propuso que los británicos lanzaran bombardeos terroristas contra civiles. Esta propuesta fue considerada "prioritaria por el gobierno británico". Hitler, que había protestado contra las campañas aéreas dirigidas contra objetivos civiles, se vio obligado a tomar represalias.

> El Primer Ministro Neville Chamberlain declaró que "Estados Unidos y los judíos del mundo habían obligado a Inglaterra a entrar en guerra".
> JAMES FORRESTAL, Secretario de Marina de EEUU,
> *Los diarios de Forrestal.*

Al principio, la "guerra de Churchill" fue mal para Gran Bretaña. Fue entonces cuando Chaïm Weizmann, judío, sionista, el mandamás del ILLUMINATI, volvió a entrar en escena.

> Conseguimos arrastrar a los Estados Unidos a la Primera Guerra Mundial y si nos siguen en la cuestión de Palestina y la fuerza de combate judía, podemos persuadir a los judíos de los Estados Unidos para arrastrarlos de nuevo esta vez.
> Carta de WEIZMANN a Churchill, Archivos Weizmann, Tel-Aviv.

El éxito de los judíos puede medirse por el número de cruces que marcan a los muertos arios en los cementerios de los campos de batalla de todo el mundo.

Con este atisbo, que nos niegan los medios de comunicación, del orden de batalla ILLUMINATI, es decir, el PODER DEL DINERO, las ESPIROQUETAS del SIFILISMO JUDÍO y el entrelazamiento del MARXISMO/LIBERALISMO/JUDAÍSMO, ahora podemos entender mejor el engaño del HOLOCAUSTO en su contexto. ¡INFAMIA!

HOLOCAUSTO" se define de la siguiente manera: El exterminio de aproximadamente 6 millones o más de judíos como resultado de la política nazi.

Desde la Segunda Guerra Mundial, investigadores de renombre mundial han estudiado toneladas de pruebas relacionadas con el "HOLOCAUSTO". NO existen pruebas que apoyen el "HOLOCAUSTO" tal y como se ha definido:

NO HUBO UNA POLÍTICA DE ASESINATO MASIVO DE JUDÍOS. NO SE DIO ORDEN DE ASESINATO MASIVO DE JUDÍOS. NO HABÍA PRESUPUESTO PARA IMPLEMENTAR TAL POLÍTICA. NO HABÍA MEDIOS (calderas de gas, etc.) PARA REALIZAR ASESINATOS MASIVOS.

Los historiadores revisionistas han llegado a la conclusión de que un total de unos 300.000 judíos murieron por todas las causas durante la Segunda Guerra Mundial. *No* hubo "holocausto" judío. Pero sí hubo un Holocausto alemán.

"Las mentiras sobre el Holocausto se inventaron por las siguientes razones:

1) Fase inicial (alrededor de 1930): Inventar atrocidades alemanas para preparar a Estados Unidos para la guerra. Crear solidaridad judía detrás del sionismo. Ocultar las atrocidades cometidas por los judíos bolcheviques en la Rusia de Lenin.
2) Fase de la Segunda Guerra Mundial (hacia 1940): Inventar el "holocausto" para convertir a Alemania en la PARIA de las naciones; justificar la incineración de Alemania; justificar a posteriori los juicios de Nuremberg. Ahorcar, y por tanto silenciar, a los dirigentes alemanes.

3) Fase de posguerra (en curso): Encubrir las actividades de los ILLUMINATI... Encubrir las atrocidades y razones de los JUDÍOS/ALIADOS de la Primera y Segunda Guerras Mundiales. Para dar razón de ser a los judíos europeos "desaparecidos" (ahora en EEUU). Extorsionar a Alemania con más de 100.000 millones de dólares en "reparaciones". Desacreditar a la CIVILIZACIÓN OCCIDENTAL ante el mundo entero. Para paralizar la VOLUNTAD de Occidente de actuar en su propio interés. Crear las Naciones Unidas. Permitir que los JUDÍOS dominen los Estados Unidos. Inculcar la culpabilidad en los niños de Occidente, reduciendo así la resistencia a las drogas, la inmoralidad, el mestizaje, el marxismo y otras formas de SIFILIS JUDÍA. Asimilar el amor a la raza, a la familia, a la nación, a los nazis, por tanto: "odioso". Establecer el Estado de Israel: genocidio de los palestinos. Crear una industria artesanal de la religión del "HOLOCAUSTO". Sentar las bases de la Tercera Guerra Mundial.

Inicialmente, la humanidad fue infectada por la SÍFILIS del "HOLOCAUSTO" durante los DÍAS SANTOS JUDÍOS en octubre de 1942. El rabino Steven Wise, presidente del Congreso Judío Mundial (CJM) y hombre de confianza de los presidentes americanos Wilson y Franklin D. Roosevelt, anunció públicamente: Alemania se ha embarcado en un programa para exterminar a los judíos europeos... ¡pero, por razones económicas, ha abandonado los gaseamientos masivos en favor de la inyección de veneno con jeringuilla! Millones de judíos muertos fueron convertidos en pastillas de jabón.

Los Aliados (EE.UU., URSS, Gran Bretaña y Francia), sin presentar NINGUNA prueba de buena fe, emitieron una declaración conjunta en diciembre de 1943, apoyando las escandalosas mentiras contadas por el rabino Wise. En privado, altos funcionarios británicos y estadounidenses, como ahora sabemos, intentaron sin éxito rescindir la declaración que apestaba a propaganda de las atrocidades de la Primera Guerra Mundial (incluida la mentira del jabón) por las que los Aliados habían pedido perdón a Alemania.

Debemos recordar SIEMPRE que fue el RABBI STEPHEN WISE, líder jázaro de la comunidad judía norteamericana y del CONGRESO JUDÍO MUNDIAL, quien creó el mito del Holocausto, con la ayuda de los líderes aliados (Churchill, Roosevelt y Eisenhower) con los que Bernard Baruch, judío, negoció, preparó y elevó al rango de protagonista de la guerra ILLUMINATI destinada a destruir Occidente.

Desde tiempos inmemoriales... los judíos han sabido mejor que nadie cómo explotar la mentira y la calumnia... que la GRAN MENTIRA siempre tiene cierta fuerza de credibilidad... acaso su propia existencia no se basa en una gran mentira... que son una comunidad religiosa y no una raza... Schopenhauer llamó a los judíos "los grandes maestros de la mentira".
ADOLPH HITLER, Canciller de Alemania, *Mein Kampf*.

Unos dos meses después de la Declaración Conjunta, el Ministerio de Información británico envió (29-2-44) una carta de alto secreto a la British Broadcasting Corp (BBC) y a altos ministros de la Iglesia de Inglaterra sobre la necesidad de desviar la atención pública de las atrocidades cometidas por el Ejército Rojo simulando crímenes de guerra del Eje.

Conocemos los métodos empleados por el dictador bolchevique en la propia Rusia (U.R.S.S.)... por los escritos y discursos del propio Primer Ministro en los últimos 20 años. Sabemos cómo se comportó el Ejército Rojo en Polonia en 1920 y en Finlandia, Estonia, Letonia, Galacia y Besarabia más recientemente. Por lo tanto, debemos tener en cuenta cómo se comportará el Ejército Rojo cuando invada Europa Central. Si no se toman precauciones, los inevitables horrores que se producirán pondrán a prueba a la opinión pública de ese país. No podemos reformar a los bolcheviques, pero podemos hacer todo lo posible para salvarlos -y salvarnos a nosotros mismos ("¡Pérfida Albión!")- de las consecuencias de sus actos. Las revelaciones del último cuarto de siglo harán que la negación resulte poco convincente. La única alternativa a la negación es desviar la atención del público de todo el asunto. La experiencia ha demostrado que la mejor distracción es la propaganda atroz dirigida contra el enemigo... Por lo tanto, se solicita encarecidamente su cooperación para desviar la atención pública de las acciones del Ejército Rojo, apoyando sin reservas las diversas acusaciones contra los alemanes y los japoneses que han sido y serán puestas en circulación por el Ministerio.
ZUNDEL "JUICIO DEL HOLOCAUSTO",
Defense Exhibit, Toronto (1-785).

Se ha observado con precisión que el corazón del engaño del "HOLOCAUSTO" es el complejo de "campos de exterminio" AUSCHWITZ-BIRKENAU-MAJDANEK. Aquí es donde fue asesinado el mayor número de judíos (4 millones): aquí es donde el aparato asesino NAZI fue más eficaz. Aquí es donde Alemania reveló su diabólica alma racial. "El testimonio de los numerosos supervivientes de Auschwitz proporcionó al Tribunal de Nuremberg la justificación "moral" que necesitaba para declarar a la Alemania nazi culpable de "crímenes contra la humanidad". En Auschwitz, el mito del

"Holocausto" se hizo realidad y Alemania, la joya cultural de Occidente, se convirtió en un paria entre las naciones del mundo.

En su *sentencia de Nuremberg*, el Tribunal Militar Internacional citó extensamente la declaración jurada de Rudolf Hoess en apoyo del engaño del exterminio. Sin embargo, el sargento Bernard Clarke, del servicio secreto británico, describió cómo él y otros cinco soldados torturaron brutalmente a Hoess (4-5-46), antiguo comandante de Auschwitz, para obtener su "confesión", en la que Hoess afirmaba: "Los judíos fueron exterminados ya en 1941 en tres campos: Treblinka, Belsec y Wolzek; y de 2 a 3 millones de JUDÍOS perecieron en Auschwitz.

> "Es cierto que firmé una declaración diciendo que había matado a dos millones y medio de judíos. También podría haber dicho cinco millones de judíos. Hay ciertos métodos para obtener confesiones, sean verdaderas o falsas".
> RUDOLF HOESS, NAZI, antes de su ahorcamiento.

Bajo tortura y amenazado con deportar a su mujer e hijos a Siberia, Hoess inventó el nombre de "Wolzek" para informar a la posteridad (A USTED) de que sus "confesiones" eran falsas: ¡el campo de exterminio de "Wolzek" nunca existió!

El Tribunal de Nuremberg también consideró esencial el testimonio de Rudolf Vrba, un judío que estuvo prisionero durante dos años en Majdanek y Auschwitz antes de escapar. Su informe dictado al Consejo de Judíos de Eslovaquia, que corroboraba la hipótesis del "HOLOCAUSTO", constituyó la base del informe de la Comisión de Refugiados de Guerra (1944). El profesor Vrba, que escribió una autobiografía titulada "No puedo perdonar", enseña ahora en la Columbia Británica (murió en 2000). Los críticos del libro elogiaron a Vrba por su "meticuloso y casi fanático respeto por la exactitud". Pero durante el juicio de ZUNDEL, Vrba admitió que había fabricado su tesis sobre las "cámaras de gas". Nunca había visto una cámara de gas. "Me tomé la licentia poetarium", se lamenta. Este típico "testigo ocular" judío fue creído en Nuremberg cuando calculó que en 24 meses (abril de 1942-abril de 1944), 1.765.000 judíos fueron "gaseados" sólo en Birkenau, ¡incluyendo 150.000 judíos de Francia! Hoy en día, todos los historiadores (incluido el especialista en el Holocausto Serge Klarsfeld, un JUDÍO, en su "Mémorial de la déportation des Juifs de France") coinciden en que menos de 75.000 judíos "franceses" fueron deportados a TODOS los campos alemanes. Si Vrba no vio ninguna cámara de gas, es porque NO había cámaras de gas - en ninguna parte - como pronto aprenderá. No obstante, los Spielberg siguen mintiendo a nuestros hijos.

En Nuremberg, el fiscal general de EE.UU. Robert Jackson (casado con una judía) anunció al mundo que los alemanes habían utilizado un "dispositivo recién inventado" para "gasear" instantáneamente a 20.000 judíos cerca de Auschwitz "... de modo que no quedara rastro de ellos". The Washington Daily News. D.C. (2-2-45) cita "informes de testigos presenciales" según los cuales los alemanes utilizaron en Auschwitz una "cinta transportadora eléctrica en la que cientos de personas eran electrocutadas simultáneamente... antes de ser transportadas a los hornos. Eran quemados casi instantáneamente, produciendo abono para los campos de coles cercanos". Mentiras verdaderas. El judío Arnold Friedman, superviviente de Auschwitz, que testificó para la Corona (acusación) en los recientes juicios canadienses contra Zundel, declaró bajo juramento que de las chimeneas de los crematorios salían "llamas de cuatro metros" y nubes de humo; que el humo grasiento y el hedor de la carne humana quemada se cernían sobre el campo durante semanas; que se podía saber si los gaseados eran judíos polacos delgados o judíos húngaros gordos ¡por el color del humo! Cuando la defensa presentó las descripciones de las patentes de Topf & Sons en Erfurt relativas a los crematorios de Auschwitz, demostró -como en el caso de TODOS los crematorios modernos- la imposibilidad de emitir humo, llamas y un olor nauseabundo. Por lo tanto, esto echa por tierra las descripciones de los "testigos oculares" que aparecen en prácticamente todas las historias de horror del "HOLOCAUSTO".

Auschwitz fue objeto de una intensa VIGILANCIA AÉREA durante toda la guerra debido a la fabricación de goma Buna, una patente alemana, y otros materiales de guerra. FOTOGRAFÍAS AÉREAS detalladas del complejo de Auschwitz no revelan filas de prisioneros esperando ser ejecutados, ni pilas de cadáveres, ni enormes pilas de carbón, ni chimeneas eructando llamas y humo, ni ningún otro signo de la masacre descrita por "testigos oculares" judíos y mentirosos congénitos como los TAMUDISTAS Elie Wiesel, Simon Wiesenthal, Steven Spielberg de Hollywood, etcétera.

IVAN LAGACE, director de un gran crematorio en Calgary (Canadá), declaró bajo juramento (juicio Zundel) que la historia de la cremación en Auschwitz era técnicamente imposible. "Es absurdo" y "fuera de toda posibilidad" que 10.000 o 20.000 cadáveres pudieran haber sido quemados diariamente en fosas abiertas y crematorios en Auschwitz. El profesor Raul Hillberg, judío, dijo que en Birkenau, 46 crematorios podían incinerar 4.000 cadáveres al día, lo que es "ridículo". Lagace declaró que en Birkenau se podían incinerar un máximo de 184 cadáveres al día. Se tarda unas 2½ horas en incinerar un solo cuerpo. Los crematorios no pueden funcionar 24 horas seguidas.

En 1988, FRED A. LEUCHTER realizó exámenes forenses in situ de supuestas CÁMARAS DE GAS en los "campos de exterminio" de Auschwitz-Birkenau Majdanek, en Polonia. Leuchter, Reg. Ingeniero del Estado de Massachusetts, está considerado el principal experto estadounidense en cámaras de gas. Es asesor de los sistemas penitenciarios de Missouri y Carolina del Sur. En el juicio de ZUNDEL, en un testimonio jurado, apoyado por vídeos filmados in situ, y en un informe técnico, Leuchter echó por tierra el Holocausto demostrando que los lugares no se habían utilizado ni podían haberse utilizado como cámaras de gas para ejecuciones: su construcción era totalmente inadecuada: no estaban debidamente selladas ni ventiladas, con una fontanería primitiva y sin medios para introducir eficazmente el gas. Si se hubieran utilizado las llamadas "cámaras de gas", los humos que se habrían escapado habrían matado a los pacientes alemanes del hospital cercano, a los prisioneros que estaban trabajando y al personal alemán del campo. Los análisis de laboratorio independientes de las muestras forenses tomadas por Leuchter de las paredes y suelos de las "cámaras de gas" demostraron que el pesticida ZYKLON-B (ácido cianhídrico) no se utilizó -como informaron testigos presenciales- para gasear a millones de JUDÍOS en el complejo de Auschwitz. Leuchter señaló que los restos de cianuro (ácido prúsico), introducidos en rocas, hormigón y metal, perdurarían durante eones.

DR. W.B. LINDSEY, químico investigador durante 33 años en DuPont Corp. testificó que, sobre la base de un examen en profundidad in situ del complejo de Auschwitz:

> "He llegado a la conclusión de que nadie fue asesinado deliberada o intencionadamente con Zyklon-B de esta manera. Lo considero absolutamente imposible desde un punto de vista técnico".

Un examen forense confidencial y un informe encargado por el Museo Estatal de Auschwitz (JUIFS) y llevado a cabo por el Instituto de Investigación Forense de Cracovia confirmaron las conclusiones de Leuchter de que en los lugares que se presumía que habían sido cámaras de gas sólo podían encontrarse restos mínimos, si es que había alguno, de cianuro.

WALTER LUFTL, ingeniero austriaco y ex presidente de la Asociación Profesional Austriaca de Ingenieros, investigó el emplazamiento del complejo de Auschwitz. En un informe de 1992, afirmó que el supuesto exterminio masivo de judíos en las "cámaras" de Auschwitz era "técnicamente imposible".

> En Auschwitz, pero probablemente en general, murieron más judíos por "causas naturales" que por causas "no naturales".
> DR. A. MAYER, JUDÍO, Princeton U.
> "¿Por qué no se oscureció el cielo?"

> El Gran Rabino británico quiere que se revise la cifra de "6 millones": Es importante saber cuántas personas presuntamente muertas siguen vivas. Es mucho más importante unir a las familias que vivir con una cifra a la que se ha llegado arbitrariamente.
> DR. JONATHAN H. SACKS, JUDÍO,
> *The Crescent Magazine*, 515-96

Durante 45 años después de la Segunda Guerra Mundial, en el monumento de Auschwitz se podía leer:

"CUATRO MILLONES DE PERSONAS SUFRIERON Y MURIERON AQUÍ A MANOS DE LOS ASESINOS NAZIS ENTRE 1940 Y 1945".

En 1982, el Papa Juan Pablo II hizo una genuflexión ante el monumento y bendijo a los "4 millones de muertos". Avergonzado, no recibió ninguna indicación de Yahvé que, ocho años más tarde, el Centro del Holocausto Yad Vashem de Israel y el Museo Estatal de Auschwitz concederían: "La cifra de 4 millones ha sido muy exagerada". El número de muertos inscrito en el monumento fue retirado apresuradamente. Los judíos sugirieron que la cifra de 1,1 millones de muertos era más probable.

A pesar de una reducción de casi 3 millones en el número de judíos "asesinados", la cifra cabalística de 6 millones permanece inviolable para mantener intactos los pagos de reparaciones de Alemania a Israel.

Extrañamente, los judíos parecen exasperarse al saber que sus familiares NO fueron gaseados, sino que están vivos y bien, y que muchos de ellos trabajan en los medios de comunicación y en el Departamento de Estado de EEUU.

Posteriormente (1995), Rusia publicó los registros oficiales de defunciones de Auschwitz (faltaba un mes), que muestran un gran total de 74.000 muertos por todas las causas (incluido el personal alemán que murió allí).

Los medios de comunicación marxistas/liberales/judíos no han informado de nada de esto (véase el capítulo 10, Parasitismo, EE.UU.).

Tal vez recuerde el testimonio de Joseph G. Burg, testigo judío de la defensa en el juicio Zundel. Burg, un testigo judío de la defensa en el juicio de Zundel. Burg declaró que los supervivientes judíos del "HOLOCAUSTO" habían inventado las historias de las cámaras de gas:

> Si estos judíos hubieran prestado juramento ante un rabino con casquete, estas declaraciones falsas, estas declaraciones malsanas, habrían disminuido en un 99,5%, porque el juramento superficial no era moralmente vinculante para los judíos.
>
> J. G. BURG

> ... mis promesas (a un pagano) no serán vinculantes ... mis votos no serán considerados como votos ... ni mis juramentos como juramentos ... todos los votos que haga en el futuro serán nulos desde este día de la Expiación hasta el siguiente.
>
> Juramento del Kol Nidre.

Elie Wiesel, judío galardonado con el Premio Nobel de la Paz y confidente del Presidente Clinton, declaró que durante meses, después de que las tropas alemanas en Ucrania fusilaran a partisanos judíos, "géiseres de sangre brotaban de sus tumbas y la tierra temblaba" ("Spielbergism").

Un tribunal alemán, que falló a favor de la defensa en un caso relativo a la autenticidad del Diario de Ana Frank, concluyó que el diario había sido escrito por una sola persona, presumiblemente Ana Frank. Varios años después, la Oficina Federal de Lucha contra la Delincuencia (BKA) certificó que gran parte del diario había sido escrito con una birome, un bolígrafo que no se comercializó hasta 1950.

Este engaño, junto con las discrepancias e imposibilidades del propio diario, revelan la mentira. Ana fue simplemente explotada, como todos los niños que están obligados a leer el Diario en su escuela. David Irving, historiador británico, califica el diario de "material de investigación sin valor". Cabe señalar que Ana y su padre fueron encarcelados en Auschwitz. Al acercarse las tropas soviéticas, la enviaron a Bergen-Belsen por su propia seguridad. Desgraciadamente, murió allí de tifus. Su padre, Otto Frank, judío, sobrevivió. Sin ninguna fuente visible de ingresos, murió muchos años después en Suiza, un hombre rico.

La Autoridad para la Memoria del Holocausto Yad Vashem admite que el jabón NO se fabricó con cadáveres judíos. "¿Por qué darles algo que utilizar contra la verdad?", se pregunta el VIP Schmuel Krakpowski, un JUDÍO.

La Comisión de Guerra Aliada estableció muy pronto que NO había cámaras de gas de ejecución en ninguno de los 13 campos de concentración de Alemania y Austria. La Comisión firmó un documento oficial a tal efecto, fechado el 1 de octubre de 1948 (hay copias oficiales disponibles). Los llamados "CAMPO DE LA MUERTE" estaban convenientemente situados detrás del Telón de Acero. La investigación de estos campos no se autorizó oficialmente hasta después del colapso de la URSS en 1990. En aquella época, el "Holocausto" era considerado una verdad por las ovejas goyim.

¿Qué pasa con todas esas fotos de cadáveres con las que la televisión te amenaza cada día?

En los últimos meses de la guerra, los Aliados tomaron el control de los cielos. Autopistas, puentes, ferrocarriles, centrales eléctricas, ganado, granjeros en sus campos fueron el objetivo. "Matar todo lo que se mueva" (el general de la USAF Chuck Yaeger denunció la orden como una atrocidad). El transporte alemán es severamente restringido. Suministros vitales no llegaron a los campos. A medida que el Frente Oriental se retiraba, los prisioneros de estas regiones, especialmente las mujeres, optaron por ser trasladados a campos alemanes antes que caer en manos soviéticas. Bergen-Belsen, por ejemplo, diseñado para albergar a 3.000 personas, se vio desbordado por *más de 50.000 prisioneros*. Los sistemas de TODOS los campos se estropearon. Cuando los Aliados tomaron el control, fueron recibidos por escenas de horror (reproducidas innumerables veces en la pantalla, el escenario y la televisión): cadáveres enfermos, moribundos y demacrados cubrían el suelo. Trágico. Pero no fueron asesinados, como nos han hecho creer. Morían lentamente de hambre, falta de medicinas y enfermedades: el TYPHUS hacía estragos en casi todos los campos. Para completar esta macabra escena, la 45ª División del ejército estadounidense, que liberó Dachau, acorraló a 560 guardias, *enfermeras* y *médicos* alemanes de uniforme y los asesinó con ametralladoras.

El COMITÉ INTERNACIONAL DE LA CRUZ ROJA (CICR) y la Iglesia Católica, cuyos miembros frecuentaban todos los campos, NO informaron de ejecuciones masivas y NO mencionaron las cámaras de gas. Adolfo Hitler, católico, ¡no fue excomulgado! Churchill, Truman, Eisenhower, Marshall, De Gaulle y otros líderes aliados NO mencionan el "HOLOCAUSTO" en sus memorias.

La negativa del Departamento de Estado estadounidense en 1939 a permitir que los judíos a bordo del transatlántico *St. Louis* desembarcaran en aguas territoriales estadounidenses fue, como ahora sabemos, una cortina de humo diseñada para desviar la atención de Estados Unidos de la inmigración masiva, *sub rosa*, de judíos a nuestras costas. La gran mayoría de los estadounidenses, como la gente de todo el mundo, no quería a los judíos de Europa. Pero los judíos de Europa querían a Estados Unidos. A Franklin D. Roosevelt, el demacrado traidor de la Ivy League, le gustaba decir: "Algunos de mis mejores amigos son comunistas". Tenía muchos. Antes, durante y después de la Segunda Guerra Mundial, los barcos Liberty y los cargueros estadounidenses, tras descargar tropas y suministros en puertos europeos, regresaban a Estados Unidos llenos de JAZARES "gaseados". Simplemente desembarcaban, mezclándose en los callejones, sin someterse a ningún proceso de naturalización. Y no se trataba de gente pobre. Como se ha descrito anteriormente, Harry Dexter White, un subsecretario judío del Tesoro, robó planchas de grabado del Tesoro de EEUU, y luego se las dio a la Unión Soviética, que imprimió millones (¿millones?) de dólares en papel moneda estadounidense. Este dinero acabó en los bolsillos de los nuevos judíos "americanos". Después de la guerra, White, desenmascarado como agente soviético, debía comparecer ante un Comité Selecto del Senado, ¡cuando convenientemente murió! La mano derecha de FDR, Henry Morgenthau Jr, un judío Secretario del Tesoro de EE.UU., patrocinó el *Plan Morgenthau*, que consistía en trasplantar la industria alemana a la

Unión Soviética. Cuando se le dijo que esto provocaría una hambruna masiva entre los alemanes, respondió: "¿A quién demonios le importan los alemanes? "¿A quién demonios le importa el pueblo alemán?".

A Frederick Lindemann (Lord Cherwell), un JUDÍO, el perro guardián sionista de Churchill, ¡le importaba mucho! Justo tres meses antes de que Alemania se rindiera (5-5-45), por orden de Lindemann, aviones británicos y americanos atacaron DRESDE, Alemania (2-13-45), una ciudad indefensa llena de refugiados, que celebraba el Miércoles de Ceniza cristiano. Más de 200.000 hombres, mujeres y niños fueron incinerados en las tormentas de fuego generadas por las bombas de concusión y fósforo. Más tarde, las fotos de las víctimas, apiladas como leña, se superpusieron a las del "campo de exterminio" de Auschwitz (más Spielbergismos). La mayoría de los aviadores ignoraban que Sajonia era el lugar de nacimiento de sus antepasados anglosajones.

El "perro rabioso" Ilya Ehrenburg, judío y ministro de propaganda soviético bajo el mandato de Stalin, alentó la violación de mujeres alemanas prometiendo a las tropas que "esa rubia bruja alemana haría su agosto". Su objetivo era exterminar al pueblo alemán en su conjunto. "Los alemanes no son seres humanos... ¡Nada nos da tanto placer como los cadáveres alemanes!" (*Pravda* 4-14-45).

¡Soldados del Ejército Rojo! ¡Maten a los alemanes! ¡Maten a TODOS los alemanes! ¡Matadlos! ¡Hasta la muerte! ¡Matadlos!
ILYA EHRENBURG, galardonada con la Orden de Lenin y el Premio Stalin. Legó sus documentos al Museo del Holocausto Yad Vashem de Israel.

Los intereses de la revolución exigen la aniquilación física de la clase burguesa... Sin piedad, sin misericordia, mataremos a nuestros enemigos por decenas de miles... dejemos que se ahoguen en su propia sangre. Por la sangre de Lenin, Uritzky, Ziniviev y Volodarsky, que haya torrentes de sangre burguesa... ¡más sangre! ¡Tanta como sea posible!
GRIGORY APFELBAUM (Zinoviev), JUDÍO, policía secreto soviético.

Cuanto más viva la podrida sociedad burguesa, más bárbaro será el antisemitismo (antijudío) en todas partes.
LEON TROTSKY, JUDIO, Comandante Supremo del Ejército Rojo Soviético.

El general DWIGHT EISENHOWER (apodado "el judío sueco" por sus camaradas de West Point) fue ascendido por encima de muchos oficiales mejor cualificados por una razón. Al parecer, aceptó cambiar el honor de Estados Unidos por 5 estrellas y gloria. Después de la guerra, en la inauguración de un parque en Nueva York en honor de la familia Bernard Baruch, el general Dwight D. Eisenhower (EE.UU.-Ret.) admitió que el honor de EE:

> Como joven comandante desconocido, di el paso más sabio de mi vida. Consulté al Sr. Baruch.
> (General Dwight D. Eisenhower, Ejército de EE.UU.), citado por A.K. CHESTERTON, op. cit, *The New Unhappy Lords*.

[12]Bernard Baruch, miembro de la KEHILLA , hizo fortuna vendiendo material bélico ("Se lo dijo un pajarito"). Las guerras eran su especialidad. Durante la Segunda Guerra Mundial, fue descrito como "la persona más poderosa de Estados Unidos" (Congressional Record). Winston Churchill también tomó esta "sabia decisión". La hipoteca de la finca Chartwell de Winnie fue inexplicablemente pagada por el comerciante de oro sudafricano judío Sir Henry Strakosch (confidente de Baruch) después de que Winnie hubiera pasado un fin de semana en la mansión neoyorquina de Bernie. Luego vino la Segunda Guerra Mundial (véase: *Churchill's War*, de David Irving).

EISENHOWER asombró y enfureció a los generales aliados cuando ordenó a las victoriosas tropas americanas que se detuvieran en el Elba, de conformidad con su acuerdo con Bernie Baruch y sus amos de KEHILLA, permitiendo así a los judíos y asiáticos, por primera vez en la historia, saquear y violar el corazón mismo de Europa. Esta acción dividió a Alemania (el baluarte de la Cristiandad), precipitó la Guerra Fría y condujo al asesinato de más de 10 millones de alemanes étnicos tras la rendición incondicional de Alemania. Estados Unidos entregó a los marxistas no sólo la antigua ciudad de Berlín y sus archivos de valor incalculable, sino también la principal planta de producción de cohetes de Nordhausen, las grandes fábricas de óptica e instrumentos de precisión Zeiss de Jena y la primera fábrica de aviones a reacción de Kahla. Por todas partes, Estados Unidos cedió a los marxistas miles de aviones, tanques y cazas a reacción, fábricas de submarinos en

---

[12] Órgano de mando de la comunidad judía organizada.

Schnorchel, así como centros de investigación, personal científico, patentes y otros tesoros (*Congressional Record*, 3-19-1951). Los científicos alemanes capturados, NO los soviéticos, ¡ganaron a Estados Unidos en el espacio! Los judíos (Beria, Andropov) habían asesinado a todos los buenos científicos. NO había tecnología avanzada. Los soviéticos eran incapaces de fabricar motores para sus propios tanques, por no hablar de cohetes y sofisticados motores a reacción (Estados Unidos diseñó y construyó casi todos los motores de los tanques soviéticos, lo que permitió a la URSS ganar la batalla clave de Kursk). Armar a la URSS con tecnología punta, según las instrucciones de Baruch/Roosevelt/Truman, condujo a la Guerra Fría -una bendición para los banqueros- que enfrentó a la cartera estadounidense con la amenaza soviética.

Eisenhower, consciente de sus obligaciones, ordenó a traición a las tropas estadounidenses y británicas que llevaran a cabo la OPERACIÓN KEELHAUL, expulsando a millones de anticomunistas rusos de EEUU y Europa a la tortura y la muerte en la Unión Soviética. Los estadísticos oficiales soviéticos (10-11945) afirman que un total de 5.236.130 anticomunistas fueron entregados por Ike y admiten que tres millones de ellos fueron asesinados inmediatamente DESPUÉS DE LA GUERRA. Las víctimas fueron anticomunistas: soldados, prisioneros de guerra y hombres que habían sido reclutados al servicio americano, luchando valientemente bajo nuestra bandera; y civiles: ancianos, mujeres y niños que habían intentado escapar de los BOLSHEVIKS. Todos se habían rendido voluntariamente a las fuerzas americanas después de que se les prometiera la protección de los artículos de la Convención de Ginebra.

> Pocos crímenes en la historia han sido más brutales y más extensos que esta repatriación forzosa de anticomunistas, por la que Dwight Eisenhower comprometió el honor de los Estados Unidos. Arrastrar el honor y la reputación de nuestro país a charcos de sangrienta traición...
> ROBERT WELCH, *el político*,
> Presidente de la Sociedad John Birch.

Los medios de comunicación anunciaron que 40.000 oficiales del ejército polaco y la élite civil habían sido asesinados en el BOSQUE DE KATYN. Los alemanes, acusados de este crimen, fueron condenados en Nuremberg y encarcelados o ahorcados. Más tarde se demostró que la masacre de Katyn fue un crimen bolchevique. El número de personas asesinadas se redujo a 14.300. Las pruebas (como en el caso de la familia del zar) apuntan a asesinatos rituales judíos.

Las víctimas de los juicios de Nuremberg fueron juzgadas durante las fiestas judías y ahorcadas el HAHANNA RABA (16 de octubre de 1946), el día en que YAWEH pronuncia el juicio final.

Mientras el Tribunal de Nuremberg se preparaba para condenar a Alemania por "crímenes contra la humanidad", aviones estadounidenses lanzaron bombas atómicas sobre las indefensas ciudades japonesas de Hiroshima y Nagasaki, matando a más de 110.000 no combatientes. El mismo número murió posteriormente envenenado por la radiación.

> Al judío frente al goy se le permite violar, engañar y perjurar.
> Babha Kama.

> Los israelíes y los judíos estadounidenses están completamente de acuerdo en que la memoria del Holocausto es un arma indispensable... un arma que debe utilizarse sin descanso contra nuestro enemigo común... Por ello, las organizaciones e individuos judíos se esfuerzan continuamente por recordárselo al mundo. En Estados Unidos, perpetuar la memoria del Holocausto es ahora un negocio de 110 millones de dólares al año, parte del cual está financiado por el gobierno estadounidense.
> MOSHE LEDHEM, JUDÍO, *La maldición de Balaam*.

> Los británicos (Banco de Inglaterra) ofrecieron detener la guerra (1939-40) si Alemania aceptaba el patrón oro y la usura internacional. Alemania ofreció detener la guerra si los británicos le permitían desarrollar su sistema de trueque y devolver parte de sus colonias y territorio.
> C. C. VIETH, diputado británico.

El repentino colapso de la URSS (hacia 1990) permitió al público acceder a archivos secretos, a los llamados "campos de la muerte" y a antiguos agentes soviéticos. La continuación de las investigaciones ha permitido actualizar las estadísticas sobre las muertes de judíos durante la Segunda Guerra Mundial:

El Centro Mundial de Documentación Judía de París, incapaz de decir toda la verdad, ha revisado sin embargo las cifras a la baja: 1.485.292 JUDÍOS murieron por todas las causas durante la Segunda Guerra Mundial. El Congreso Judío Mundial y Yad Vashem insisten en que los alemanes asesinaron a 6 millones de judíos, ¡aunque admiten que en Auschwitz murieron casi 3 millones de judíos menos de los que afirmaban anteriormente! Más de 4 millones de judíos exigen reparaciones. Sin embargo, nunca hubo más de 3 millones de judíos bajo control alemán.

Die Tat, Zurich (1-19-95), basándose en las estadísticas facilitadas por el Comité Internacional de la Cruz Roja, estima que entre 300.000 y 350.000 civiles (no todos judíos) murieron como consecuencia de la persecución política, religiosa y racial de la Alemania nazi.

Los historiadores revisionistas concluyen que el número TOTAL de judíos muertos por todas las causas durante la Segunda Guerra Mundial fue de entre 250.000 y 300.000. La mayoría murieron de tifus. La mayoría de ellos murieron de tifus (véase *The Patton Papers* (pp 353-4) sobre el tema de la mancha judía).

Para poner estas cifras en perspectiva, unos 700.000 civiles murieron durante el sitio de Leningrado y más de 200.000 en Dresde ("¡ametrallen todo lo que se mueva!"). Se calcula que entre 10 y 15 millones de alemanes murieron durante la Segunda Guerra Mundial.

POBLACIÓN JUDÍA MUNDIAL Cifras publicadas

> 1938 - 16.599.250 (*Almanaque mundial*)[13]
> 1948 - de 15.600.000 a 18.700.000 (*New York Times*)

El profesor Arthur R. Butz, de la Northwestern University de Evanston, Illinois, fue el primero en investigar y documentar profesionalmente el desplazamiento de la población judía europea durante la Segunda Guerra Mundial y en demostrar la imposibilidad del llamado "HOLOCAUSTO". En su aclamado libro *The Hoax of the Twentieth Century* (1975), Butz concluye que alrededor de un millón de JUDÍOS murieron por todas las causas durante la Segunda Guerra Mundial. Escribió su libro diez años antes de los juicios de Zundel, que, entre otras revelaciones, derribaron el mito de las cámaras de ejecución.

[14]Los monumentos al "HOLOCAUSTO" erigidos por los

---

[13] Véase también el Libro Guinness de los Récords.

[14] Hitler anticipó la "gran mentira" de los judíos, capítulo X, *Mein Kampf*.

ILLUMINATI en todo el mundo para arrojar un oprobio permanente sobre la raza aria son, por el contrario, MONUMENTOS a los mayores MENTIROSOS DE LA HUMANIDAD: LA RAZA JUDÍA.

A lo largo de la historia, los judíos han sido diagnosticados como mentirosos congénitos. No en vano, su libro sagrado da falso testimonio, acusando a los romanos de cometer HOLOCAUSTO:

> El TALMUD... (afirma) que el número de judíos asesinados por los romanos tras la caída de la fortaleza (Bethar) (135 d.C.) fue de 4.000 millones, "o como dicen algunos" 40 millones, mientras que el MIDRASH RABBAH menciona 800 millones de judíos martirizados. Para tranquilizarnos en cuanto a la seriedad de estas cifras, presentamos los acontecimientos que necesariamente las acompañan: La sangre de los JUDÍOS asesinados llegaba hasta las fosas nasales de los caballos de los romanos, y luego, como un maremoto, se sumergía en el mar a una distancia de una milla o cuatro millas, arrastrando consigo grandes bloques de piedra y manchando el mar a una distancia de cuatro millas. Los niños judíos de Bethar, según la literatura TALMUDIQUE, por supuesto no fueron perdonados por los romanos, que se dice que envolvieron a cada uno de ellos en un pergamino y los quemaron a todos, siendo el número de estos escolares o bien 64 millones o al menos 150.000...
> ARTHUR R. BUTZ, Profesor Adjunto de Ingeniería, Northwestern U.,
> *El engaño del siglo XX.*

> 93 PERSONAS ELIGEN
> SUICIDIO ANTE LA VERGÜENZA NAZI
> 93 niñas y jóvenes judías, alumnas del profesor de la escuela Beth Jacob de Varsovia (Polonia), optaron por el suicidio colectivo para escapar de la prostitución forzada por los soldados alemanes, según una carta del profesor hecha pública ayer por el rabino Seth Jung, del Centro Judío de Nueva York.
> ASSOCIATED PRESS, 8 de enero de 1943.

> Mentí. Miento todo el tiempo. Me enseñaron a mentir. Me dijeron que era la forma de pasar por la vida.
> MONICA LEWINSKI, JUDÍA,
> compañera de oficina de Bill Clinton, 1998.

La historia nos muestra que los judíos son mentirosos compulsivos. Es una característica genética que comparten todos los judíos. Todos los judíos saben que el "Holocausto" es una mentira, porque se entienden. Por lo tanto, todos los judíos deben rendir cuentas. Considere detenidamente el siguiente artículo de periódico contemporáneo:

UN DOCUMENTAL DEL CANAL PBS AFIRMA QUE UNA UNIDAD NEGRA DEL EJÉRCITO ESTADOUNIDENSE LIBERÓ A PRISIONEROS JUDÍOS DE LOS CAMPOS DE CONCENTRACIÓN ALEMANES. BONITA HISTORIA, PERO NO ES VERDAD, DICEN LOS SOLDADOS.

Fue un momento excepcional: Jessie Jackson rodeada de supervivientes del Holocausto de pelo blanco. Era una celebración judeo-negra de "Los libertadores", el documental de la PBS sobre las unidades negras del ejército estadounidense que, según la película, ayudaron a capturar Buchenwald y Dachau. Los patrocinadores de la proyección, TIME-WARNER y un gran número de neoyorquinos ricos e influyentes, presentaron la película como una herramienta importante para reconstruir una alianza entre judíos y negros... E. G. McConnell, uno de los primeros miembros del 761º Batallón de Tanques (que aparece en la película) dice... "Eso es mentira - no estábamos cerca de esos campos cuando fueron liberados". Nina Rosenbloom, coproductora de la película, dice que no se puede confiar en McConnell. "No se puede hablar con él porque está chiflado. Le alcanzó la metralla en la cabeza y sufrió graves daños cerebrales". McConnell, mecánico jubilado de Trans World Airlines, se ríe cuando se le pregunta por su declaración. "Si estaba tan perturbado, ¿por qué me utilizaron en la película? Es totalmente inexacto", dice Charles Gates, el antiguo capitán que mandaba la compañía C. "Los hombres no podían estar tan bien consigo mismos. "Los hombres no podían haber estado allí porque el campo estaba a 60 millas de donde estábamos el día de la liberación. Según él, los tanques de la 761ª estaban asignados a la 71ª División de Infantería, cuya ruta de combate estaba a 100-160 kilómetros de los campos. Varios supervivientes del Holocausto son citados en la película diciendo que fueron liberados por los negros de estas unidades. La Sra. Rosenbloom denuncia airadamente a los críticos de la película como revisionistas del Holocausto y racistas. "Esta gente tiene la misma mentalidad que los que dicen que el Holocausto no ocurrió"... La campaña de los "liberadores", alimentada por el éxito de las relaciones públicas, está ganando impulso. Se distribuirán copias del documental a todos los centros de enseñanza secundaria de Nueva York. El coste del proyecto escolar está siendo sufragado por el banquero de inversiones Felix Rohatyn... aunque varios filántropos se disputan el honor de comprar las cintas para las escuelas. La película servirá para "examinar los efectos del racismo en los soldados afroamericanos y en los judíos que estuvieron en campos de concentración... para explicar el papel de los soldados afroamericanos en la liberación de los judíos de los campos de concentración nazis y para revelar la participación de los judíos como 'soldados' en el movimiento por los derechos civiles". Peggy Tishman, ex Presidenta del Consejo de

Relaciones con la Comunidad Judía, apoya el documental. Dice: "El documental es bueno para el Holocausto. ¿Por qué querría alguien explotar la idea de que la película es un fraude? Lo que intentamos es hacer de Nueva York un lugar mejor para ti y para mí". Dice que la exactitud de la película no es el problema. "Lo importante es cómo podemos hacer que judíos y negros dialoguen. Hay muchas verdades que son muy necesarias. Ésta", dice, "no es una verdad necesaria".

JEFFREY GOLDBERG, JUDÍO, *The New Republic*.

El mayor engaño es el autoengaño. Exploraremos esta vulnerabilidad judía examinando la GENÉTICA. Pues es la NATURALEZA la que inevitablemente destruirá al "pueblo elegido" de YAHVÉ.

CAPÍTULO 7

MENDELISMO

Todo es raza, no hay otra verdad. Esta es la clave de la historia. Y cualquier raza que imprudentemente permita que su sangre se mezcle debe desaparecer.
BENJAMIN DISRAELI, JUDÍO, Primer Ministro de Inglaterra.

El liberalismo es una enfermedad cuyo primer síntoma es la incapacidad de creer en conspiraciones.
FRIEDRICH WILHELM IV (1795-1861).

Conocí personalmente a Franz Boas. Observé su influencia como fundador de la ciencia de la antropología en América. También he observado el creciente grado de control ejercido por la secta de Boas sobre estudiantes y jóvenes profesores, hasta que el miedo a perder el trabajo o el estatus se convierte en algo habitual... a menos que se mantenga la conformidad con el dogma de la igualdad racial....
DR. H. E. GARRETTT, Chr. Departamento de Psicología, Columbia Univ.

Para estudiar las diferencias raciales en los seres humanos vivos, los antropólogos físicos recurren cada vez más a la investigación de los grupos sanguíneos, la hemoglobina y otras características bioquímicas... Se han descubierto diferencias raciales en los seres humanos vivos que son tan importantes como las diferencias anatómicas más conocidas... no sólo las variaciones óseas y dentales que son evidentes en el hombre fósil, y las variaciones superficiales en el hombre vivo... que nos permiten distinguir las razas casi a simple vista, sino también diferencias más sutiles que sólo son visibles en la mesa de disección o a través del ocular de un microscopio.
DR. C.S. COON, Presidente de la Asociación Americana de Físicos-Antropólogos. Asoc. de Fís. Antropólogos.

Cualquiera que sea el valor sociológico de la ficción jurídica de que "todos los hombres nacen libres e iguales", no cabe duda de que... en su aplicación biológica... esta afirmación es una de las falsedades más asombrosas jamás pronunciadas...
DR. EARNEST A. WOOTEN, Profesor de Antropología, Universidad de Harvard.

La composición genética del hombre determina su entorno. El huevo es anterior a la gallina. ¿Alguien cree que una zona de la ciudad habitada por chinos se convertiría en un barrio de chabolas donde reinan la pobreza, la delincuencia y la inmoralidad?

PROFESOR HENRY E. GARRETT.

Todo el campo igualitario de los antropólogos... es en gran parte judío y está casi totalmente vinculado a la conspiración comunista para... destruir todo nuestro orden social. La alta proporción de judíos en el campo igualitario es altamente sospechosa porque, en toda la historia de la humanidad, ninguna otra raza ha creído en su superioridad tan fanáticamente como los judíos.

W. G. SIMPSON, *What a Way for Western Man* (1970).

GREGOR MENDEL (1822-1884) fue un monje agustino nacido en Brunn (Austria). Su descubrimiento de las primeras leyes de la herencia (1865) sentó las bases de la ciencia genética. Demostró que el material hereditario transmitido de padres a hijos es particulado (en relación con las diminutas partículas de la naturaleza) y consiste en una organización de *unidades vivas*. Estas unidades, ahora llamadas genes, se encuentran en todas las formas de vida, desde los virus hasta los seres humanos. Los genes, dispuestos en el núcleo de cada célula, incluidas las sexuales, transmiten un surtido de genes de padres a hijos. *Al interactuar entre sí, los genes determinan el desarrollo y el carácter específico de cada individuo.* El entorno desempeña un papel en el desarrollo de cada individuo, pero este papel es mínimo. El viejo adagio dice así *No se puede hacer un monedero de seda con una oreja de cerdo.*

Todo el GENOMA, el "manual de instrucciones biológico" del organismo, está formado por entre 50.000 y 130.000 genes dispuestos a lo largo de 46 cromosomas (incluidos dos cromosomas, x e y, que determinan el sexo) que están formados por 3.000 millones de pares de nucleótidos, los componentes básicos del ADN (ácido desoxirribonucleico) que, en cada célula, transmite los patrones hereditarios. A medida que los científicos moleculares dividen los nucleótidos, nos acercamos al reino de la física nuclear y la mecánica cuántica, en el que las moléculas se descomponen en quarks infinitesimales (millonésimas de millonésima de pulgada) -y partículas de materia aún más pequeñas- que se metamorfosean en diferentes longitudes de onda de energía eléctrica. En este punto, la ciencia entra en el terreno de la metafísica, donde (supongo) la materia de la que están hechos los genes intercambia energía con la Fuerza Universal (probablemente en proporción directa al rango de cada uno en la escala evolutiva). Si esto es cierto, ¿no es este intercambio de energía el ALMA del hombre?

GEMELOS IDÉNTICOS. La explosión tecnológica ha hecho posibles muchos hechos nuevos. Las técnicas masivas, por ejemplo, que permiten realizar estudios de grupo a nivel genético, revelan los efectos de los genes en la interacción racial. Hoy en día, *los científicos atribuyen hasta el noventa por ciento (90%) de las diferencias en nuestra HABILIDAD a la herencia*. Los estudios de un gran número de "gemelos idénticos" demuestran *lo que nuestros antepasados arios sabían intuitivamente*: la naturaleza triunfa sobre la educación. Los gemelos idénticos comienzan la vida con idénticas disposiciones de genes en su plasma germinal. Cuando se crían por separado -alimentados, alojados y educados *en entornos completamente* distintos-, estudios exhaustivos demuestran que *los gemelos idénticos desarrollan invariablemente las mismas enfermedades, comparten los mismos intereses y tienen, entre otras similitudes, el mismo nivel de propiedades emocionales y mentales* que determinan su comportamiento social, su carácter y su desarrollo. Estas cualidades prácticamente no se ven afectadas por el entorno. Estos estudios por sí solos han asestado un golpe fatal a las ESPIROQUETAS DE LA SÍFILIS JUDÍA. Los genes nos hacen lo que somos. Y nos hacen desiguales: individual y racialmente.

MUTACIONES

Numerosas investigaciones demuestran que las mutaciones genéticas, la mayoría mortales (más del 90%), se dan en cierta medida en todos los seres humanos. Sin embargo, ciertos grupos étnicos no sólo tienen una mayor frecuencia de defectos genéticos, sino que *también pueden sufrir mutaciones genéticas específicas de su raza*. Por ejemplo, la enfermedad de Tay-Sachs y la anemia falciforme son enfermedades genéticas de judíos y negros, respectivamente. Aunque a los liberales nos gusta creer que todas las personas han sido creadas iguales, parece que algunas razas, al menos genéticamente, son "más iguales que otras".

4-F. Durante la Primera Guerra Mundial, el 30% de los hombres estadounidenses aptos fueron declarados no aptos para el servicio militar por no cumplir los criterios físicos y mentales. Durante la

Segunda Guerra Mundial, esta cifra aumentó al 40%, incluyendo a más de un millón de psiconeuróticos; por razones similares, 300.000 soldados fueron eliminados en las líneas de batalla. Durante la guerra de Corea, la cifra ascendió al 52%, ¡aunque *hubo que rebajar los criterios! Quizá por eso la estrella de David aparece tan raramente en las cruces blancas que marcan a los héroes estadounidenses caídos.*

NACIMIENTOS

En Estados Unidos, 25 de cada 100 niños nacen deformes hasta el punto de ser calificados de monstruos, a menudo como consecuencia de una *regresión*. De los setenta y cinco que sobreviven, veintiocho son fracasados sociales en un plazo de quince años, en gran parte debido a enfermedades genéticas degenerativas. *Esto se traduce en una tasa de fracaso reproductivo del 53%. Los casos de enfermedades degenerativas aumentan exponencialmente a medida que la tez de Estados Unidos se oscurece.*

SALUD MENTAL

En 1960, el cuarenta y siete por ciento (47%) de todas las camas de los hospitales estadounidenses estaban ocupadas por enfermos mentales. Michael Gorman, director ejecutivo del Comité Nacional para la Salud Mental, estimó que no menos del 10% de la población total pasaría un tiempo en hospitales psiquiátricos. Describió esta situación como "una epidemia que arrasa el país". Igualmente preocupante es el problema del retraso mental (una mente que no logra desarrollarse): El adulto idiota tiene la inteligencia de un niño de entre 2 y 4 años; el imbécil, de entre 3 y 7; el tarado, de entre 7 y 12 años. Un nivel de inteligencia por encima de estos grupos se encuentran los "normales aburridos", a los que se permite ocupar cargos públicos y votar. La heredabilidad de la debilidad mental está ampliamente reconocida. Peor aún, estos *degenerados se reproducen dentro del grupo, produciendo tres veces más parejas inteligentes que parejas inteligentes.* Resulta revelador que la proporción de débiles mentales en EE.UU. en 1960 fuera treinta (30) veces mayor per cápita que en Alemania (al parecer, las tropas de élite de las Waffen-SS de Hitler, antes de ser ahorcadas, procrearon hijos alfa). Es de suponer que las estadísticas estadounidenses muestran que el problema ha empeorado. Es bien sabido que nuestros manicomios están desbordados. Los liberales lo consideran un problema de "discriminación".

Los imbéciles de aspecto y comportamiento grotescos son devueltos a su entorno original, donde deambulan por el vecindario como duendes en Halloween.

Los ILLUMINATI han intentado suprimir toda información sobre genética, pero el "telón de acero" se ha abierto en casi todos los niveles de comunicación. Los medios de comunicación judíos ya no pueden ocultar los HECHOS devastadores. La igualdad es una mentira marxista, liberal y judía. Los genes, y no los programas sociales ambientales, determinan la calidad de la vida humana: fisiológica, psicológica, conductual, intelectual y culturalmente. Y lo que es más importante, los genes están vinculados a la esencia espiritual del hombre de una forma que podemos percibir pero no ver, sentir pero no tocar. Las contribuciones del medio ambiente son incidentales e insignificantes en comparación.

Su república será tan saqueada y devastada por los bárbaros en el siglo XX como lo fue el Imperio Romano en el siglo V, salvo que los hunos y los vándalos habrán sido engendrados en su propio país por sus propias instituciones.
LORD MACAULAY, dirigiéndose a los Estados Unidos hace 150 años.

La verdad de su convicción (Brandeis, Juez del Tribunal Supremo, JUDÍO) de que la filosofía individualista (de Estados Unidos) ya no podía proporcionar una base adecuada para abordar los problemas de la vida económica moderna es ahora generalmente reconocida... prevé un orden cooperativo... Brandeis cree que la Constitución estadounidense debe interpretarse liberalmente.
ENCICLOPEDIA JUDÍA UNIVERSAL (Vol. II).

Los científicos deben enfrentarse periódicamente a estas diferencias raciales o étnicas y tratarlas con honestidad para descubrir sus orígenes e implicaciones. Negar que algunos grupos son genéticamente diferentes de otros es ingenuo... ¿Cuántos judíos asquenazíes hay en la Liga Nacional de Baloncesto?
R. D. BURKE, JUDÍO, Profesor de Epidemiología, Einstein College, NY. Citado por Robin M. Henig, *Washington Post.*

Garland Allen (profesor de biología) está preocupado por la posibilidad de un nuevo movimiento eugenésico que se haga eco de la ola de restricción

de la inmigración y esterilización forzosa que recorrió Europa y América en las décadas de 1920 y 1930, y que culminó en los horrores del Tercer Reich.
CANDICE O'CONNOR Universidad de Washington, St. Louis, Mo.

HITLER acertó al valorar la importancia última de la genética. Mediante la eugenesia aplicada (mejorar el acervo genético ario), pretendía crear una superraza aria. La religión del "HOLOCAUSTO" fue urdida por los ILLUMINATI por muchas razones, una de las cuales era disuadir a la nación blanca de perseguir el darwinismo social de Hitler y la antropología física aplicada, la genética y la eugenesia.

¡Venid a nosotros, hijos del Oeste! No aspiréis más a sueños de valor, conquista y gloria. Vuestros antiguos héroes y heroínas no eran más que genitales en movimiento. No hay alma. ¿Y la vida? La vida es todo dinero, lujuria y hermandad. ¡Venid a nosotros, hijos dorados de Occidente!
MARXISMO/LIBERALISMO/JUDAÍSMO.

La humanidad no sólo debe continuar, ¡sino elevarse! El superhombre que tengo en el corazón... no es el hombre: Ni el prójimo, ni el más pobre, ni el más desgraciado, ni el mejor... Lo que amo del hombre es que está a la vez sobre y en el abismo, que busca crear más allá de sí mismo y que para ello está dispuesto a sucumbir él mismo... Las razas purificadas siempre se hacen más fuertes y más bellas... Los débiles y los fracasados perecerán: éste es el primer principio de la humanidad.
FRIEDRICH NIETZSCHE.

Cada célula, cada organismo, cada raza debe excretar sus residuos o morir.
WILLIAM GAYLEY SIMPSON, *¿Qué camino para el hombre occidental?*

E.A. HOOTEN, profesor de antropología de Harvard, que relaciona la delincuencia con factores genéticos, declara: *Hay que eliminar* la *"reserva de delincuentes"* del país. *La* única forma de detener la proliferación de la delincuencia es *"crear una raza mejor".*

Mientras ASHLEY MONTAGU (alias Israel Ehrenberg), boasita judía, declara: *"No existe la menor prueba para creer que alguien herede una tendencia a cometer actos delictivos".* Y ello a pesar de las montañas de pruebas que relacionan los defectos genéticos con la delincuencia. Lo cierto es que la delincuencia ha aumentado en Estados Unidos precisamente porque la Escuela Boas de Antropología marcó las pautas de la criminología en Estados Unidos.

Si lo que temo es cierto... nuestros programas de bienestar social, noblemente intencionados, podrían fomentar... la evolución hacia atrás mediante la reproducción desproporcionada de los genéticamente desfavorecidos.
WILLIAM SHOCKLEY, premio Nobel, Stanford Univ. en *Scientific American* (enero de 1971).

Un perro que sabe contar hasta diez es un perro extraordinario, no un gran matemático.
ABUELO, de "Down on the Farm".

La naturaleza enseña que todo progreso pasa por la mejora física de la raza. Los hombres no son inteligencias incorpóreas, desnacionalizadas, que actúan sin relación con sus antepasados o su posteridad. Toda la evolución natural se ha producido a través de determinadas razas: mientras mantuvieron intacta su virilidad, los logros humanos siguieron siendo acumulativos. Pero en cuanto la pureza de la sangre y la sana capacidad reproductora de un pueblo se han visto mermadas, ya sea por condiciones insalubres o por mestizaje, la raza se ha deteriorado y la calidad del individuo ha decaído con ella.
PROF. ARTHUR BRYANT, "Victoria Inconclusa".

Los judíos son perfectamente felices, si beneficia a su tribu, enviando a jóvenes arios a morir en guerras sin esperanza por todo el mundo. Pero los judíos enloquecen en cuanto se sugiere que la esterilización de personas genéticamente incapaces beneficiará a la humanidad. De repente, toda vida humana -incluso la de los imbéciles que aún no han sido concebidos- se convierte en sacrosanta. *Lo último que quieren los judíos es una nación aria fuerte y sana.* La posición católica sobre la eugenesia forzada está sumida en la misma arrogancia que su enfrentamiento con Galileo. Después de todo, fue el SOL de Dios el que ganó esa batalla, ¡no los cardenales!

En el famoso caso *Buck contra Bell, Tribunal Supremo de Estados Unidos, 1927,* el Tribunal confirmó la ley del Estado de Virginia que autorizaba la esterilización obligatoria de los "débiles mentales". Oliver Wendell Holmes Jr. declaró que las leyes de esterilización formaban parte de los poderes de policía del Estado y que "tres generaciones de tontos son suficientes".
W.G. SIMPSON, *¿Qué camino para el hombre occidental?*

Los países escandinavos les siguieron en 1929, 1934 y 1935. Desde el cambio de siglo hasta principios de la década de 1960, los Estados Unidos de América tuvieron su propio movimiento eugenésico, auspiciado por numerosos educadores, científicos y altos magistrados del Tribunal Supremo que abogaban por la esterilización de hispanos y negros con defectos genéticos.

Los nazis promulgaron leyes para prevenir la transmisión de enfermedades hereditarias (julio de 1933) que preveían la esterilización de las personas que padecían debilidad mental congénita, ciertas enfermedades mentales como la esquizofrenia y la depresión maníaca, epilepsia hereditaria, ceguera, sordera-mutismo y malformaciones graves. El sacrificio de animales no aptos ha sido practicado por naciones vigorosas a lo largo de la historia. Todos los agricultores y ganaderos comprenden la importancia de una buena cría. Para conseguir un jardín vigoroso y productivo, hay que empezar con semillas sanas, luego preparar la tierra, eliminar las plantas defectuosas y todas las malas hierbas. "Las malas hierbas *están en el ojo del que mira"*, protestan los igualitaristas. Esto es cierto. Cada raza tiene sentimientos instintivos sobre lo que es bello, productivo, importante. Nuestra rosa puede ser tu mala hierba. *El té de uno es el veneno de otro.* Es obvio que diferentes razas no pueden existir armoniosa y productivamente bajo el mismo gobierno. *La civilización occidental -la civilización blanca-, si quiere sobrevivir, debe eliminar las malas hierbas de su jardín. Del mismo modo que debe eliminar de su mente los ESPIROQUETES DE LA SÍFILIS JUDÍA.* Un primer paso necesario es la esterilización de los no aptos, colocando un chip anticonceptivo bajo la piel del receptor. Esto debe ser seguido inmediatamente por la emigración de la población no blanca de los Estados Unidos.

GENÉTICA Y RAZA

Como antropólogo social, naturalmente acepto e incluso insisto en que existen grandes diferencias, tanto mentales como psicológicas, que separan a las distintas razas de la humanidad. De hecho, me inclinaría a sugerir que, cualesquiera que sean las diferencias físicas entre razas como la europea y la negra, las diferencias mentales y psicológicas son aún mayores.
L.S.B. LEAKY, *Progreso y evolución humanos en África.*

Desde principios de la década de 1930, casi nadie fuera de Alemania y sus aliados se ha atrevido a sugerir que una raza pueda ser superior a otra

en algún sentido, por miedo a dar la impresión de que el autor apoyaba o aprobaba la causa nazi. Quienes creían en la igualdad de todas las razas eran libres de escribir lo que quisieran sin temor a ser contradichos. En las décadas siguientes aprovecharon al máximo esta oportunidad.
DR. JOHN R. BAKER, biólogo, Oxford,
miembro de la Royal Society.

Si todas las razas tienen un origen común, ¿cómo es posible que ciertos pueblos, como los tasmanos y muchos aborígenes australianos, siguieran viviendo en el siglo XIX de forma comparable a la de los europeos hace más de 100.000 años?
CARLTON S. COON, Profesor de Antropología, Harvard.

A pesar de los brillantes relatos de los logros africanos de los últimos 5.000 años, la historia del África negra es culturalmente virgen. Al sur del desierto del Sahara, hasta la llegada de otras razas, NO hubo civilización alfabetizada. (Ni lengua escrita, ni números, ni calendario, ni sistema de medidas). Los negros africanos no habían inventado el arado ni la rueda, ni habían domesticado ningún animal ni cultura).
PROFESOR HENRY GARRETT,
Jefe del Departamento de Psicología, Columbia U.

Las razas humanas se diferencian del mismo modo que las especies animales claramente definidas.
SIR ARTHUR KEITH, M.D., Rector,
Universidad de Edimburgo.

W. G. Simpson ("Which Way Western Man") señala que el propósito primordial de cualquier nación NO es producir un rebaño servil de ovejas lobotomizadas, *sino producir el mayor número de hombres superiores.* Hombres de gran instinto e intuición, de poderoso intelecto capaz de análisis y creatividad, de gran coraje y noble propósito, hombres de abundante salud y energía, de imponente personalidad y espíritu magnánimo, que se miran a sí mismos con el *"amor y desprecio"* de Nietzsche. Son los hombres que prefieren "morir en la silla de montar que junto al fuego". Son Titanes, mitad Dios mitad Hombre - son el puente entre el animal y el Superhombre que vendrá. Sólo comprendiendo y aplicando las leyes de la naturaleza puede una gran nación seguir produciendo hombres y mujeres superiores y salvarse de la extinción.

GREGOR MENDEL, estudiando la reproducción de los guisantes en el jardín de su monasterio, *descubrió los componentes básicos de todos los seres vivos,* justificando (en gran medida) *la teoría de la evolución de* Darwin. Posteriormente, el suicida decreto de Jehová de que el hombre debía *"dominar"* la naturaleza quedó relegado al terreno de la fantasía. La humanidad está sujeta a las leyes de la naturaleza. La tarea del hombre es aprender las leyes de la naturaleza y obedecerlas; al hacerlo, el hombre será cada vez más perfecto. *El regalo de Mendel a la humanidad es la ciencia que permite crear seres vivos cada vez más perfectos. ¡EL REGALO DE DIOS A LA HUMANIDAD ES MENDEL!*

Como hemos aprendido, los APARATOS DEL ODIO JUDÍO cayeron sobre el MENDELISMO, enterrando la verdad durante 100 años. Al final, la naturaleza triunfó sobre la ideología, como siempre lo hará, destruyendo a Marx, Freud y Boas en el proceso. Ahora es un HECHO INCONTESTABLE: el entorno NO crea ninguna capacidad innata, sino que sólo puede decidir si una capacidad innata debe desarrollarse o no. ¡¡¡LA CAPACIDAD SE HEREDA!!! ¡*DESPIERTA A LA ERA MENDELIANA!*

> Si examinamos todos los experimentos genéticos en los que la herencia fue constante y el entorno variable, no es exagerado decir que los resultados son insignificantes.
> DR. EDWARD M. EAST, Profesor de Genética, Harvard U.

> Nunca intentes enseñar a cantar a un cerdo; te estropea el día y enfada al cerdo.
> GRANDAD, de "Down on the Farm".

La EUGENÉTICA es la ciencia que aplica las leyes de la genética a la mejora de las razas. El hombre es capaz de transmitir rasgos genéticos favorables a las generaciones siguientes, al tiempo que elimina muchas cualidades desfavorables. El hombre puede lograr resultados aún más extraordinarios que los obtenidos en la mejora genética de cereales, frutas, hortalizas, flores, ganado, caballos y animales de compañía. Que esto no le escandalice. El hombre ES en parte un animal. Echemos un vistazo a algunas de las prácticas de cría de la humanidad.

La endogamia se practica desde el principio de la historia de la humanidad. Consiste en el apareamiento de parientes cercanos: padres y hermanos, hermanos y primos hermanos. Contrariamente a lo que afirman los tergiversadores, el único perjuicio de la endogamia procede de la herencia defectuosa recibida: defectos que han persistido en la cepa durante muchas generaciones, pero que han quedado ocultos por rasgos más dominantes. Para que la endogamia tenga éxito, hay que evitar que los rasgos defectuosos se reproduzcan.

En lugar de ser condenada, la endogamia debería ser alabada. Tras una endogamia continuada y la eliminación de los indeseables, un linaje se ha purificado y se ha librado de anomalías, monstruosidades y debilidades graves...

EDWARD M. EAST, Doctor en Derecho,
Profesor de Genética en Harvard.

La endogamia sólo es desastrosa si los ingredientes del desastre ya están presentes en la población... la endogamia estrecha de una población sana, si se combina con la eliminación inteligente de los débiles y anormales, puede practicarse durante muchas generaciones sin consecuencias indeseables.

A. A. F. CREW, M.D., D.Sc,
Ph.D., F.R.S.E., U. Edimburgo.

La antigua India prosperaba gracias a la endogamia. Cuando se abandonó el sistema de castas, la India entró en un precipitado declive. Los espartanos, considerados la mejor raza en términos físicos, practicaban la endogamia, al igual que sus notables primos áticos, los atenienses, que, de una población de 45.000 hombres nacidos libres (c. 530-430 a.C.), produjeron catorce de los hombres más ilustres de la historia. En Persia, las esposas elegidas eran primas por parte de padre. Los egipcios y los incas casaban a padres e hijas, hijos y madres, hermanos y hermanas, considerándose esta última la mejor de las uniones matrimoniales. Durante la mayor dinastía de Egipto (la XVIII), hubo siete matrimonios entre hermanos y hermanas. Los hebreos no sólo eran endogámicos, sino que a menudo se casaban dentro de la *familia inmediata*. Por ejemplo, Abraham se casó con Sara, su hermanastra; Jacob se casó con Raquel y Lea, ambas primas hermanas. Lot se casó con sus dos hijas (¿o fue al revés?). El Diccionario Bíblico de Hasting afirma que los JUDÍOS tienen tres veces más probabilidades que otras razas de casarse con primos. Los JUDÍOS también producen una alta tasa de defectos porque la LEY TALMUDÍ alienta a las personas genéticamente no aptas a reproducirse; esta política fatal ha contaminado gravemente la reserva genética judía.

La consanguinidad es la forma más rápida de hacer aflorar los defectos latentes para poder identificarlos y eliminarlos. También es el mejor método para lograr la uniformidad y las cualidades deseadas.

> La endogamia canaliza y aísla la salud y otras cualidades deseables, del mismo modo que canaliza y aísla la mala salud y otras cualidades indeseables. Estabiliza el germoplasma, haciendo calculables los factores hereditarios. Hace así de la apariencia una guía del equipo hereditario del individuo... actúa como purificador de una cepa o familia.
> A. M. LUDOVICI, "La búsqueda de la calidad humana".

La EXOGAMIA es el apareamiento de individuos no emparentados o emparentados lejanamente pero que pertenecen al mismo acervo genético racial. La endogamia es un medio de ampliar y enriquecer las combinaciones de rasgos hereditarios que la posterior endogamia puede estar llamada a aislar, estabilizar y poner de manifiesto en la descendencia. El resultado es lo que se conoce como heterosis o VIGOR HÍBRIDO, debido a la combinación de las cualidades de los padres. Las deficiencias de un progenitor pueden ser anuladas por las excelencias del otro. O las cualidades de uno de los padres pueden verse reforzadas por las cualidades del otro. Los tres factores más importantes relativos a los HÍBRIDOS, como se ha mencionado anteriormente, son los siguientes:

1) Para obtener vigor híbrido, ambos progenitores deben ser no emparentados y de raza pura. Las cualidades de los padres deben ser compensatorias y complementarias.

2) El vigor híbrido, cuando se produce, es específico del primer cruce. Los cruces posteriores de híbridos provocan una pérdida aguda de vigor. En resumen, los híbridos utilizados para la cría no sirven para nada: ni siquiera pueden transmitir su propio tamaño y vigor.

3) Se puede obtener un vigor híbrido tan bueno, si no mejor, que los que acabamos de describir cruzando cepas familiares diferentes pero distintas dentro de una misma raza o reserva genética. De hecho, se trata de un tipo de endogamia muy extendida en América, donde las antiguas tribus arias (alemanes, celtas, eslavos, etc.) se casaron entre sí, creando un patrimonio genético no europeo. Esta gran herencia genética blanca (de la que procedían los fundadores y constructores de América) está en proceso de ser destruida por nuestros antiguos ENEMIGOS.

Recuerde (salvo en caso de autofecundación o clonación) que la endogamia resulta del estrechamiento de las líneas de cualidades hereditarias y la exogamia resulta del ensanchamiento de la red hereditaria.

El mestizaje, el ejemplo más extremo de sobreproducción, se produce cuando parejas de grupos genéticos completamente distintos se aparean, como japoneses y negros, o arios y judíos.

Los trastornos genéticos que con frecuencia resultan de la sobreproducción y el cruce extremos están bien documentados e incluyen trastornos fisiológicos, instintivos y psicológicos. Los trastornos más evidentes son las aberraciones físicas. Los factores hereditarios se transmiten a la descendencia de forma independiente. Por ejemplo, un niño puede recibir la piel pálida de uno de sus progenitores y conservar el pelo lanoso y los rasgos negros del otro; o la descendencia puede recibir órganos internos demasiado pequeños o demasiado grandes para el resto del cuerpo; o recibir brazos y piernas discordantes con el torso, lo que dificulta el funcionamiento del cuerpo como una unidad sintetizada. Como mínimo, la salud y la eficacia se ven mermadas y se pierde la simetría. Mezclar personajes intelectualmente superiores con otros mentalmente inferiores degrada el acervo genético superior. Pero el problema es aún más grave:

La reversión dentro de la especie es a veces el resultado de cruces extremos. Los descendientes son retornos a un estadio muy anterior en la escala evolutiva. Estos degenerados, a menudo monstruos, representan la evolución a la inversa y nunca se ven en los programas de televisión MARXISTAS/LIBERALES/JUDÍOS.

Las distintas razas han tardado millones de años en evolucionar: algunas evolucionaron más lentamente o empezaron más tarde que otras. *El cruce con razas menos avanzadas hace que la raza superior pierda cientos de miles de años de evolución e impone anomalías fisiológicas y psicológicas que, a estas alturas de la investigación clínica, parecen catastróficas.*

El hecho de que existan diferencias hereditarias en el tamaño de órganos y partes adquiere un significado profundo si recordamos que implica la consecuencia inevitable de que los cruces raciales y de otro tipo pueden dar lugar a graves desajustes... entre dientes y mandíbulas, entre el tamaño corporal y el tamaño de uno o más órganos importantes, desarmonía entre los diversos componentes de la cadena endocrina... la desarmonía se manifiesta comúnmente por partos difíciles causados por una desproporción en los... tamaños del tracto materno.

A.A.E. CREW, Universidad de Edimburgo.

Las familias verdaderamente sanas y eficientes son demasiado valiosas para mezclarlas con las enfermas y mórbidas; por lo tanto, deben, en la medida de lo posible, casarse entre sí, al igual que las menos deseables.
Dr. FRITZ LENZ, citado por A.M. Ludovici.

La endogamia es la forma más segura de establecer familias que, en su conjunto, sean de gran valor para la comunidad.
Dr. E.M. EAST y Dr. D. F. JONES, "La endogamia y la superpoblación".

A lo largo de la historia se han producido cruces. También se han producido enfermedades a lo largo de la historia. La frecuencia del mestizaje y de las enfermedades no establece su deseabilidad. *La historia demuestra que los envidiosos y los menos dotados o bien quieren destruir a los que nunca podrán imitar, o bien pierden su identidad al cruzarse con una raza superior, lo que en ambos casos constituye una forma de genocidio. Para los menos dotados, el mestizaje es el anhelo de atrapar y sostener una mariposa dorada de tentadora belleza. Pero al agarrarla, descubren que los bellos colores se les pegan a los dedos. El hijo bastardo de una sueca de cabellos dorados y largos miembros nunca es tan bello ni tan apto como su madre. La gloria se desvanece... para siempre.*

Los niños son individuos... desde el momento en que nacen. De hecho, muchas de sus características individuales se definen mucho antes de nacer... Cada niño nace con una naturaleza que colorea y estructura sus experiencias... Tiene rasgos y tendencias constitucionales en gran medida innatos que determinan cómo, qué y, hasta cierto punto, cuándo aprenderá. Estos rasgos son tanto raciales como familiares... Las diferencias raciales son reconocibles ya en el cuarto mes de vida del feto... Existen auténticas diferencias individuales que ya anuncian la diversidad que caracteriza a la familia humana.
PROF. ARNOLD GESELL, Universidad de Yale, Pediatría.

... se había llegado a reconocer firmemente que el factor racial en las transfusiones de sangre era de tal importancia práctica que el Dr. John Scudder, que había tenido una carrera muy distinguida como cirujano, especialista en sangre, profesor de medicina y director de bancos de sangre en varias partes del mundo, y como asesor en asuntos de bancos de sangre de nuestro gobierno y de varios gobiernos extranjeros, al establecer las normas para la selección de donantes de sangre... especificó que debían ser "de la misma raza que el paciente" y preferiblemente "del mismo grupo étnico que el paciente".
WILLIAM G. SIMPSON, "Qué camino para el hombre occidental".

En lo que respecta a los grupos sanguíneos, las hemoglobinas y otras características bioquímicas, se ha descubierto que las diferencias raciales son tan importantes como las variaciones anatómicas más conocidas y visibles. Al ser invisibles a simple vista, son mucho menos controvertidas que estas últimas en un mundo cada vez más consciente de la existencia de la raza. Al menos para mí, es alentador saber que la bioquímica sigue dividiéndonos en subespecies que hace tiempo que reconocemos en función de otros criterios.

DR. CARLTON S. COON, Profesor de Antropología, Harvard Univ.

En su aclamado libro "El origen de las razas", el Dr. Carlton Coon cita los cuatro factores más importantes en la formación de las razas: Recombinación Mutación Selección - Aislamiento. La recombinación es un intercambio inexplicable de genes de cromosomas homólogos, que forma una combinación independiente de genes en la descendencia que no es evidente en los padres.

Una MUTACIÓN es un cambio inexplicable en la composición química de un gen que hace que produzca un efecto diferente al producido por el gen del que deriva. En otras palabras, es un cambio químico en los genes que produce un gen completamente nuevo, no heredado, que entra en el acervo genético racial. El 90% de las mutaciones son innecesarias o perjudiciales para el organismo; se eliminan por *SELECCIÓN NATURAL* (la Madre Naturaleza es considerada, nunca bondadosa). Sin embargo, otras mutaciones nocivas pueden perpetuarse y producir trastornos orgánicos, como la enfermedad de Tay-Sachs, la anemia falciforme, el bocio, el paladar hendido, las desfiguraciones y muchas otras afecciones fisiológicas y psicológicas que, por cierto, pueden eliminarse prácticamente mediante la aplicación de la eugenesia. Además, y esto es lo importante, *¡la MUTACIÓN es "el elemento principal de la evolución" de las especies! "Sin mutación, la evolución nunca habría podido tener lugar.* Tuvo que aparecer un gen mutado ricamente dotado para que una población pudiera desarrollarse en una raza. Este gen especial se introduce en el acervo genético racial y se crea un ORGANISMO CULTURAL ESPIRITUAL que confiere a esta raza el dominio sobre las poblaciones competidoras.

El AISLAMIENTO *del acervo genético protege al ORGANISMO CULTURAL de la contaminación por fuerzas extra-raciales.* El AISLAMIENTO, ya sea geográfico o sociocultural, es el medio por el que una determinada unidad de población o reserva genética se somete a las fuerzas selectivas diferenciales de su propio entorno climático y cultural.

Las variaciones y diferencias genéticas que pueden darse dentro de un grupo de población se conservan y se convierten en características del grupo (es decir, en elementos de un "tipo de raza") al limitarse el apareamiento a los miembros del grupo. La continuación del aislamiento y la endogamia... perpetúa y estabiliza así las diferencias entre grupos.
DONALD A. SWAN, "The Mankind Quarterly" (Vol. IV, No. 4).

El aislamiento ha sido el principal factor, o al menos un factor esencial, en la diferenciación de las razas.
DR. R. R. GATES, Profesor Emérito de Botánica, Universidad de Londres.

A menos que una población reproductora esté confinada (aislada), la selección natural puede ser incapaz de eliminar los genes antiguos y desfavorables de su reserva.
DR. CARLTON S. COON, Profesor de Antropología, Harvard Univ.

Como puede ver, las pruebas son irrefutables. Todos los antropólogos, genetistas e historiadores creíbles están de acuerdo: *las razas son genéticamente únicas: fisiológica, psicológica, intelectual, conductual e intuitivamente. Los genes determinan la raza. La raza determina la capacidad. La capacidad determina la cultura. La cultura determina el entorno.* En consecuencia, las culturas son desiguales. *Los genes son intrínsecos a la FUERZA VITAL, ¡son entidades vivas, evolutivas y raciales dadas por Dios!*

ADOLPH HITLER fue el primer gran líder político que comprendió y suscribió los principios del MENDELISMO: los genes únicos que produjeron la cultura occidental.

La cultura occidental fue producida por genes arios. Por lo tanto, los genes arios son genes únicos. (A:B)::(B:C) = (C:A).

Adhiriéndose a este silogismo, basado en las leyes de la naturaleza, Adolfo Hitler llegó a la conclusión de que la *función primordial del Estado ario (Reich) era proteger y nutrir a la nación aria (la reserva genética blanca). Hitler pretendía lanzar su programa político/eugenésico en Alemania, reuniendo gradualmente a la familia aria bajo un único estado;* un concepto que los JUDÍOS consideraban "antisemita" (una amenaza para el parasitismo) y nacionalista (una amenaza para el Nuevo Orden Mundial PLUTOCRÁTICO). *MARXISTAS, LIBERALES y JUDÍOS (apoyados por la Iglesia católica) se niegan a promulgar el mendelismo y demonizan a quienes lo hacen (la fe y la religión siempre se oponen al instinto y al conocimiento).*

50 años después de que América incinerara al Tercer Reich, la comunidad científica blanca, ayudada por INTERNET, desató el GENIO de la botella (habiendo perdido el control del gen a través de los MEDIOS, los JUDÍOS están ahora buscando frenéticamente controlar su uso). Hoy, el MENDELISMO mejora la vida de todos en el planeta. Como resultado, las compañías farmacéuticas, los laboratorios de investigación universitarios, los patólogos, los eugenistas, los jefes de estado (que buscan mejorar sus poblaciones), etc. están comprando activamente genes blancos en el mercado. En el sector privado, las estudiantes arias, por ejemplo, son asediadas con ofertas por sus ovarios a cambio de becas y otros beneficios (ya saben lo de la mancha hollywoodiense del vientre ario). Los islandeses, cuya herencia vikinga destaca por su reserva genética impoluta, comercializan sus genes y óvulos en todo el mundo. Vender genes y óvulos arios pronto será el mayor negocio de Islandia (¿cuántos padres infértiles se pelean por comprar óvulos judíos o puertorriqueños?).

El aspecto satánico de la comercialización de la vida (TEST TUBING) es el cruce *in vitro* de genes blancos: priva al niño blanco que nunca nacerá de su herencia natural, mientras que aflige a la descendencia bastarda con una pérdida de identidad racial, una personalidad dividida y un alma torturada.

La SELECCIÓN NATURAL (la ley de Dios) comienza con el proceso de apareamiento, en el que una pareja compatible se casa y produce hijos a los que aprecian *y crían, y que glorifican a su familia. Este* proceso de *reserva intragenética* elimina las cualidades genéticas indeseables mientras perpetúa las cualidades deseables, que se producen por recombinación o mutación de genes.

> La fe debe ser socavada, los principios mismos de Dios y del alma deben ser extirpados de las mentes de los gentiles, y sustituidos por cálculos matemáticos y deseos materiales.
> PROTOCOLO número cuatro.

En la era moderna, la cultura occidental (cultura aria), que ha hecho las contribuciones más significativas a la humanidad, está ahora amenazada por una patología cultural en forma de crecimiento parasitario alienígena dentro del propio Estado-nación. Si no se eliminan los parásitos, Occidente morirá. No se trata de una observación melodramática, sino de la lección de la historia.

En la última década, la tasa global de fecundidad (TGF) europea ha descendido un 21%, desde unos niveles ya increíblemente bajos, hasta 1,45 hijos por mujer (se necesitan 2,1 hijos por mujer para que una población se mantenga estable a lo largo del tiempo). En Estados Unidos, la tasa de fecundidad ha descendido en cada uno de los últimos seis años hasta un 1,98 estimado.

La población mundial actual es de 5.800 millones de habitantes. Según las proyecciones mínimas de Naciones Unidas, la población mundial alcanzará los 9.400 millones en 2050, un aumento del 62%. Y predice que alcanzará los 10.700 millones justo después del año 2200, un aumento del 84%.
NACIONES UNIDAS "Perspectivas de la Población Mundial Revisiones de 1996".

Un comité de la UNESCO elabora unas directrices para la investigación genética.... en las que se declara que el material genético de cada ser humano es "patrimonio común de la humanidad".

... La declaración afirma que la investigación genética humana tiene un gran potencial, pero que debe regularse para proteger la salud pública y prevenir cualquier práctica "contraria a la dignidad humana y a los derechos humanos".
AGENCIA DE PRENSA REUTERS, París, *Washington Times*.

Todo el proceso de naturalización se ha diluido tanto en los últimos años que convierte la ciudadanía en una farsa... En un afán por asegurarse más votantes demócratas... los funcionarios de la Casa Blanca han ejercido una presión sin precedentes sobre el Servicio de Inmigración y Naturalización para que tramite las solicitudes de ciudadanía. Como resultado, en 1996, más de un millón de nuevos ciudadanos prestaron juramento, una cifra récord, pero unos 180.000 de ellos nunca se sometieron a una verificación de antecedentes del FBI, como exige la ley... no hay normas uniformes para examinar (calificar) a los solicitantes.
LINDA CHAVEZ, *Washington Times*, 3-16-97.

¿Qué tiene el negro americano? Su pasado es un estigma, su color es un estigma, y su visión del futuro es la esperanza de borrar ese estigma haciendo que el color sea irrelevante, haciéndolo desaparecer como un

hecho de la conciencia... Yo comparto esa esperanza, pero no veo cómo podrá hacerse realidad a menos que el color desaparezca realmente: y eso no significa integración, sino asimilación, es decir, dejar salir la brutal palabra *mestizaje*. *Creo que la fusión total de las dos razas es la solución más deseable para todos los interesados*... en mi opinión, el problema de los negros en este país no puede resolverse de otra manera.
NORMAN PODHORETZ, judío, redactor jefe de la revista Commentary. También está asociado a la conservadora *Heritage Foundation*, y su esposa, Midge Dichter, judía, es miembro del consejo de esta organización.

El desarrollo de la sociedad no está sujeto a leyes biológicas, sino a leyes sociales superiores. Los intentos de difundir las leyes del reino animal a la humanidad son un intento de rebajar a los seres humanos al nivel de las bestias.
INSTITUTO DE GENÉTICA DE LA ACADEMIA DE CIENCIAS DE LOS EE.UU.

Love Across Color Lines a Biography: ... Maria Diedrich sostiene que Frederick Douglass, lejos de haberse liberado de la conciencia del color, estaba "desgarrado entre dos razas, torturado por su doble conciencia de ser a la vez una y otra". Ve en él un "deseo último de identificarse con la blancura de su padre". El amor de Douglass por las mujeres blancas le permitió "reclamar como suyo el territorio del que su padre lo había exiliado... (territorio) que sólo podía percibir como blanco". Señalando que Otillie Assing (la amante de Douglass) era medio judía... (ella) se acercó a Douglass... "como una mujer blanca con todos los privilegios de la blancura, pero con la sabiduría de una mestiza". (Assing se suicidó).
MARIA DIEDRICH, "Love Across Color Lines" (de la revista de prensa *del Washington Post*, 6-25-99).

El Papa Juan Pablo II ha sucumbido a la tiranía de los científicos evolucionistas que afirman que estamos emparentados con los simios... En un comunicado, el Papa afirma que "los nuevos conocimientos nos permiten reconocer que la teoría de la evolución es algo más que una hipótesis".
CAL THOMAS, columnista, *Washington Times*.

La evolución es un HECHO. Por otro lado... Si el hombre procede de los simios, ¿por qué los simios siguen viviendo en los árboles y no llevan pantalones?
GRANDAD, "Down on the Farm".

Para reducir las agonías disgenésicas tanto de los genéticamente desfavorecidos como de los sobrecargados contribuyentes (recomiendo)...

esterilización voluntaria... mediante bonificaciones... quizá 1000 dólares por cada punto por debajo de 100 de CI.
PROF. WILLIAM SHOCKLEY, Premio Nobel,
Universidad de Stanford.

CAPÍTULO 8

EL NEGRO

No hay absolutamente ninguna diferencia genética: el potencial de inteligencia se distribuye entre los niños negros en las mismas proporciones y según el mismo patrón que entre los islandeses, los chinos o cualquier otro grupo.
SENADOR ESTADOUNIDENSE DANIEL P. MOYNIHAN,
Demócrata/Católico.

La inteligencia abstracta es la *condición sine qua non* para la existencia de una sociedad civilizada. Cincuenta años de investigación en Estados Unidos han revelado diferencias medias regulares, persistentes y estadísticamente significativas entre negros y blancos.
DR. HENRY GARRETT, Jefe del Departamento de Psicología,
Columbia U.

Hoy en día, las pruebas psicológicas y genéticas ponen fuera de toda duda la desigualdad mental entre las razas blanca y negra... el nivel de inteligencia de los negros es muy inferior al de los blancos.
EDWARD M. EAST, Profesor de Genética, Harvard U.

... el tamaño del cerebro en relación con el tamaño o peso del cuerpo es de crucial importancia para situar a cada especie o subespecie en el lugar que le corresponde en las tablas de genes avanzados o menos avanzados... el cerebro medio del negro difiere en peso, siendo unos 100 gramos menor que la media del caucasoide... es del todo imposible sostener que los cerebros son iguales cuando encontramos una clara diferencia de este tipo.
ROBERT GAYRE, M.A., D.Phil., D.Sc,
Ed. *"The Mankind Quarterly"*.

1.El cociente intelectual de los estadounidenses de raza negra es, de media, entre 15 y 20 puntos inferior al de los estadounidenses de raza blanca.

2.El solapamiento del CI medio entre blancos y negros oscila entre el 10 y el 25% (la igualdad exigiría un solapamiento del 50%).

3.Alrededor de seis veces más negros que blancos tienen un coeficiente intelectual inferior a 70 (grupo de débiles mentales).

4.Los blancos tienen unas seis veces más probabilidades de pertenecer a la categoría de "niños superdotados".

5. Los negros van más retrasados en las pruebas de carácter abstracto: razonamiento, deducción, comprensión, etc.
6. Las diferencias entre negros y blancos aumentan con la edad, siendo mayores en secundaria y universidad.
7. Se encontraron diferencias significativas a favor de los blancos, incluso cuando se incluyeron los factores económicos en la ecuación.

Las estadísticas anteriores están tomadas de *"The Testing of Negro Intelligence"*, (Social Science Press), por la profesora Audrey M. Shuey, Chr. Dept. de Psicología, Randolph-Macon College. La prueba comprende 382 comparaciones, para las que se utilizaron 81 pruebas diferentes, que abarcan una amplia muestra de cientos de miles de personas. Las pruebas se diseñaron para medir el tipo de capacidad mental necesaria para tener éxito en una civilización moderna, urbana y altamente alfabetizada.

Las pruebas fueron elogiadas por Garrett, Gayre, Josey, Baker, Woodsworth y otros destacados científicos. Sin embargo, *seis editoriales universitarias se negaron a publicarlas, arriesgándose a perder sus subvenciones gubernamentales.*

El informe COLEMAN (1966) fue financiado por el gobierno federal con un millón de dólares. Estudió a 600.000 niños desde preescolar hasta 12º curso en 4.000 escuelas demográficamente representativas de todas las regiones del país. *Alrededor del 15% de los niños negros se situaban en la media de los blancos o por encima de ella; el 85% estaban por debajo de la media de los blancos. Por orden de raza, los blancos eran los primeros, los orientales los segundos, los nativos americanos (los más pobres de todos) los terceros, los mexicanos los segundos, los puertorriqueños los terceros y los negros los cuartos.* El informe Coleman fue enterrado por liberales, marxistas y judíos.

Durante la Guerra Civil estadounidense, varios miles de negros huyeron a Canadá a través del "ferrocarril subterráneo". Desde entonces, sus descendientes han vivido en Canadá "sin discriminación". Sin embargo, los resultados de sus pruebas mentales son los mismos que los de los negros estadounidenses "oprimidos".

El tamaño del cerebro humano está relacionado con la capacidad de pensar, planificar, comunicarse y comportarse en grupo, como líder, seguidor o ambos... En los individuos y poblaciones vivos, existen diferencias en el tamaño regular de los lóbulos y en la superficie de la

corteza; el tamaño de la superficie varía según la complejidad y profundidad de los pliegues de las superficies interna y externa de los hemisferios. Cuanto mayor es el cerebro, mayor es la superficie cortical, tanto en proporción como en valor absoluto.
>DR. CARLTON COON, Profesor de Antropología en Harvard.

La corteza cerebral humana es el órgano específico de la civilización... La previsión, los objetivos y los ideales por los que luchamos como individuos y como naciones son funciones de esta materia gris cortical.
>PROF. C. JUDSON HERRICK, Universidad de Texas.

F. W. Vint, del Laboratorio de Investigación Médica de Kenia (África), publicó informes (1934) sobre "el examen de la corteza cerebral de 100 cerebros adultos indígenas representativos (excluidas muestras procedentes de prisiones o manicomios) que fueron comparados con cerebros europeos". Descubrió que "la capa supragranular de la corteza de los negros era aproximadamente un 14% más delgada que la de los blancos".

La totalidad del área frontal anterior de uno o ambos lados puede extirparse sin pérdida de conciencia. Durante la amputación, el individuo puede seguir hablando, sin darse cuenta de que ha sido privado de la zona que más distingue su cerebro del de un chimpancé. Después de la amputación, habrá un defecto, pero *puede que él mismo no se dé cuenta*. Este defecto afectará a su capacidad para planificar y tomar iniciativas... aunque podrá responder a las preguntas de otras personas con la misma precisión que antes.
>DR. WILDER PENFIELD, catedrático de Neurología y Neurocirugía de la Universidad McGill, "el mejor neurocirujano del mundo".

Albert Schweitzer abandonó su carrera de teólogo, escritor, organista y autoridad mundial en Bach en Alemania para doctorarse en Medicina. A continuación fundó un hospital en Lamberne (África). Allí, gracias a su cristianismo y humanismo, dedicó 40 años de su vida a tratar a la población negra. El Dr. Schweitzer, idolatrado por los "liberales", recibió el Premio Nobel. En su discurso de aceptación, declaró: *"El negro es nuestro hermano, pero es nuestro hermano pequeño... y con los niños no se puede hacer nada sin recurrir a la autoridad". La combinación de amabilidad y autoridad es el gran secreto del éxito en la relación con los negros".* Tras esta declaración, el Dr. Schweitzer cayó en desgracia liberal, al igual que Solzhenitsyn cuando llamó animales a los bolcheviques.

Ningún médico negro formado en Occidente se ofreció voluntario para ayudar al Dr. Schweitzer, y su experiencia le convenció tanto de la ausencia de normas mentales y de carácter en el negro puro... que nunca consideró oportuno formar a negros para responsabilidades más altas en su hospital africano.
>H. B. ISHERWOOOD, "Al borde de la selva virgen".

Si clasificamos a la humanidad por colores, veremos que la única raza primaria que no ha hecho ninguna aportación creativa a ninguna de nuestras civilizaciones es la raza negra.
>DR. ARNOLD TOYNBEE, "El estudio de la Historia".

Hay que encontrar una solución a estos problemas, pero nunca se logrará falsificando los hechos de la historia hereditaria y racial.
>ROBERT GAYRE, editor. "Mankind Quarterly".

Las razas humanas se diferencian del mismo modo que las especies animales claramente definidas.
>SIR ARTHUR KEITH.

El estudiante negro medio (CI 80,7) no puede ir más allá de un programa de séptimo curso que cumpla los estándares nacionales; para la mitad del grupo negro, quinto curso es un máximo... sólo el uno (1%) por ciento (CI 110 y superior) de los negros están intelectualmente equipados para realizar un trabajo universitario aceptable. Treinta (30%) de los blancos están así equipados.
>DR. HENRY E. GARRETT Jefe del Departamento de Psicología, Columbia U.

La diferencia de grosor de las capas supragranulares del córtex de los cerebros blancos y negros es la diferencia entre la civilización y el salvajismo.
>DR. WESLEY CRITZ GEORGE, Jefe del Departamento de Anatomía, U. N. Carolina.

Las capas supragranulares de los perros son la mitad de gruesas que las de los monos, y las de éstos son tres veces más finas que las de los hombres blancos. Las capas supragranulares de los negros son un 14% más finas que las de los hombres blancos.
>CARLTON PUTNAM, LLD, Princeton, "Raza y realidad".

Los negros son más inteligentes en proporción directa a la cantidad de genes blancos que portan (las pruebas sugieren que el CI medio de las poblaciones negras aumenta aproximadamente un (1) punto de CI por cada

uno por ciento de genes caucásicos.
        DR. WILLIAM SHOCKLEY, Premio Nobel, Stanford U.

Curt Stern, profesor de genética de la Universidad de California, informa de que *"el estadounidense negro medio extrae 3/4 de sus genes de su herencia africana y 1/4 de sus genes blancos"*. Los genes blancos aumentan el cociente intelectual de los negros; a la inversa, los genes negros atontan a las razas intelectualmente superiores. *La expresión "casi blanco" es un oxímoron, porque no existe una raza casi blanca. O se es blanco o no se es.*

Como antropólogo social, naturalmente acepto e incluso insisto en que existen grandes diferencias, tanto mentales como psicológicas, que separan a las distintas razas de la humanidad. De hecho, me inclinaría a sugerir que, cualesquiera que sean las diferencias físicas entre razas como la europea y la negra, las diferencias mentales y psicológicas son aún mayores.
        L. S. B. LEAKY, "Progreso y evolución del hombre en África".

Me conmovió el mensaje de humanidad inscrito en sus paredes. La garganta de Olduvai nos enseña que, cualesquiera que sean las diferencias aparentes entre los seres humanos, en última instancia procedemos del mismo lugar. Compartimos un hogar ancestral común. Y al fin y al cabo, sea cual sea nuestro sexo, el color de nuestra piel o el Dios en el que creemos, sean cuales sean los vastos océanos o las extensiones de tierra que nos separan, todos formamos parte de la misma familia humana.
        HILLARY RODHAM CLINTON, Washington Times (4-3-97).

No es en nuestras estrellas, querido Brutus, que somos súbditos, sino en nosotros mismos.
        WILLIAM SHAKESPEARE, "Julio César".

Cada vez son más los sudafricanos blancos que huyen del país, sobre todo a causa de la delincuencia violenta, según ha declarado el gobierno esta semana... Según un reciente estudio sobre delincuencia realizado por un grupo bancario sudafricano, en un día normal mueren 52 personas, 470 resultan gravemente heridas en agresiones, más de 100 mujeres son violadas, 270 coches son secuestrados... y 590 hogares son asaltados.
        WASHINGTON TIMES (10-17-96), Johannesburg Wire Services.

No se me ocurre mayor calamidad que la asimilación del negro en nuestra vida social y política como un igual.
        ABRAHAM LINCOLN.

No hay nada más terrible que una clase de bárbaros esclavos que han

aprendido a considerar su existencia como una injusticia y que ahora se disponen a vengarse, no sólo de sí mismos, sino de todas las generaciones futuras. Ante tales tormentas amenazadoras, ¿quién se atrevería a apelar confiadamente a nuestras pálidas y agotadas religiones?
FRIEDRICH NIETZSCHE, "El nacimiento de la tragedia".

Las Américas estaban pobladas únicamente por amerindios hasta que los conquistadores españoles y los exploradores portugueses introdujeron esclavos negros que mezclaron sus genes africanos con los de los indios. En 1619, una veintena de esclavos negros llegaron a Jamestown, Virginia, junto con colonos británicos y sirvientes contratados. Desde el principio, cada una de las trece colonias americanas reconoció la esclavitud. A efectos del censo, los negros se contaban como 3/5 partes de un hombre, mientras que los nativos americanos no. Jefferson, que poseía más de 200 esclavos, *declaró* en la *Declaración de Independencia* que *"todos los hombres son creados iguales"*. Lo que obviamente quería decir era *"iguales ante la ley":* ni los negros ni la democracia se mencionan en la Constitución. Con la llegada de la *Revolución Industrial*, las fábricas textiles británicas ofrecieron un mercado en auge a los cultivadores de algodón estadounidenses. Para satisfacer la creciente demanda, se necesitaban más trabajadores agrícolas. Los nórdicos rechazaron estos trabajos. No estaban física ni mentalmente capacitados para trabajar bajo el ardiente sol del sur, como era el caso de los negros. Además, eran fáciles de conseguir. Los jefes tribales africanos eran los proveedores. Su táctica consistía en incendiar las aldeas vecinas y luego acorralar a los negros fugitivos, como los rancheros acorralan al ganado asustado. Los cautivos -hombres, mujeres y niños- eran encadenados y vendidos a traficantes de esclavos árabes, judíos y blancos. La principal unidad de intercambio de los negros enviados a América era el ron barato. Los jefes tribales eran tan adictos a la "copa roja" que vendían regularmente a miembros de su familia y de su tribu para obtenerla. El mayor número de veleros (15) utilizados para transportar esclavos pertenecía a judíos.

La esclavitud, por supuesto, ha aparecido en casi todas las sociedades humanas desde el principio de la historia. El África negra no es una excepción. Hoy, de hecho, los negros practican un floreciente comercio de esclavos en Sudán, Somalilandia, etc.

> La esclavitud era una parte importante de la vida social y económica africana.
> JOHN HOPE FRANKLIN, NEGRO,

"De la esclavitud a la libertad.

En Estados Unidos, los dueños de las plantaciones del Sur pagaban mucho dinero por los negros. *Como mercancía valiosa, los esclavos eran cuidados por sus dueños desde el nacimiento hasta la muerte.* En la gran mayoría de los casos, los esclavos eran tratados con humanidad y a menudo con afecto. Sin embargo, los negros traían consigo sus genes salvajes de África. Por ello, había que inculcar y mantener la higiene, la disciplina y el orden; en este sentido, la vida de los negros estaba regulada. Tenían a su disposición escuelas de plantación y estudios bíblicos. Había que enseñarles a trabajar, a utilizar las herramientas, a cultivar el huerto y a realizar las tareas domésticas. A pesar de ello, *las condiciones de vida eran mucho mejores en las plantaciones que en el África negra, y la esperanza de vida individual era mayor.* La guerra, aparentemente librada para *"liberar a los esclavos", se libró en* realidad para expandir el imperio bancario de los Rothschild. Ahora libre, el hombre negro, que llevaba 200.000 años de retraso en la escala evolutiva, se encontró de repente a la deriva en el mundo blanco del siglo XIX. Todos los hombres inteligentes y conscientes, blancos y negros, sabían (y saben) que el hombre negro tenía que ser devuelto a África, su patria, y colonizado allí con el apoyo financiero del gobierno de Estados Unidos. Cuatro grandes fuerzas eludieron la colonización:

1) El asesinato de Lincoln.
2) La nación estaba agobiada por las deudas de guerra.
3) Los negros eran una fuente de mano de obra barata y no debían seguir siendo cuidados "de la cuna a la tumba".
4) Los ILLUMINATI planeaban utilizar a los negros como "quinta columna" para destruir la cultura occidental/cristiana.

Nada está más ciertamente escrito en el Libro del Destino que estos pueblos deben ser libres; no es menos cierto que dos razas igualmente libres no pueden vivir bajo el mismo gobierno.
(La frase inscrita en el monumento a Jefferson, Washington, D.C., se detiene fraudulentamente en el punto y coma).
THOMAS JEFFERSON.

Insistí en la colonización de los negros y seguiré haciéndolo. Mi Proclamación de Emancipación estaba vinculada a este plan. No hay lugar para dos razas distintas de hombres blancos en América (blancos y judíos), y mucho menos para dos razas distintas de blancos y negros... Dentro de

veinte años podremos colonizar pacíficamente al negro... en condiciones que le permitan alcanzar la plena virilidad. Nunca podrá hacerlo aquí. Nunca podremos lograr la unión ideal con la que soñaron nuestros padres, con millones de personas de una raza extranjera e inferior entre nosotros, cuya asimilación no es deseable ni posible.
ABRAHAM LINCOLN,
Obras completas de Lincoln.

Tenemos entre nosotros una diferencia mayor que la que existe entre casi cualquier otra raza... Si aceptamos esto, hay al menos una razón por la que deberíamos estar separados.
ABRAHAM LINCOLN, Sandburg,
"Abraham Lincoln, los años de guerra

Las relaciones sociales siempre implican sexo.
E. A. HOOTEN, Profesor de Antropología, Harvard U.

Lo hice (la violación) consciente, deliberada, voluntaria, metódicamente... Estaba encantado de desafiar y pisotear la ley del hombre blanco, su sistema de valores, para profanar a sus mujeres.
ELDRIDGE CLEAVER, *"Soul On Ice"*.

El resultado inevitable de la mezcla de razas... es una reducción masiva de la proporción de descendientes inteligentes.
NATHANIAL WEYL, judía, educadora y escritora.

Algunas razas son claramente superiores a otras. Una mejor adaptación a las condiciones de la existencia les ha dado espíritu, vitalidad, estatura y relativa estabilidad... Es, pues, de la mayor importancia no oscurecer esta superioridad mediante matrimonios mixtos con razas inferiores, y deshacer así los progresos realizados por una evolución penosa y una criba prolongada de las almas. La razón protesta tanto como el instinto contra toda fusión, por ejemplo, entre los pueblos blanco y negro... La grandeza (blanca) desaparece siempre que el contacto conduce a (tal) fusión.
GEO. SANTAYANA,
filósofo estadounidense, *"La vida de la razón"*.

Si no se elimina al negro de Estados Unidos, la América del futuro será mestiza, como los pueblos de Egipto (hoy), India y ciertos países latinoamericanos... cuando dos razas entran en contacto, una expulsa a la otra... o ajusta sus diferencias por un proceso de reproducción interracial... el carácter de la raza superior tenderá a borrarse en los mestizos.
ERNEST SEVIER COX, *"La América blanca"*.

El Dr. Carlton Coon... afirma que mientras las razas blanca y amarilla evolucionaban penosamente, el negro africano "ha permanecido inmóvil durante medio millón de años"... Para ser más precisos, el cerebro del negro es más pequeño y ligero, menos complicado, menos desarrollado... El primitivismo de su cerebro se revela en la gran rapidez con la que se desarrolla después del nacimiento, para luego cesar bruscamente su desarrollo, dejándole como un "europeo lobotomizado".
WILLIAM G. SIMPSON, *"Qué camino para el hombre occidental".*

Los australianos, primitivos según sus criterios morfológicos, no superaron la fase de recolección de alimentos por iniciativa propia, como tampoco lo hicieron los bosquimanos o los sánidos, prototipos clásicos de la paedomorfosis. Se llega a una conclusión paralela si se examinan los resultados de las pruebas de cognición y rendimiento realizadas a diversas razas que viven en condiciones de vida civilizada. Los mongoloides y los európidos obtuvieron los mejores resultados en ambos tipos de pruebas, seguidos (de lejos) por los indioides, y los négrides lo hicieron aún peor. De acuerdo con estos resultados, las razas en las que nació y progresó la civilización son los mongoloides y los európidos... La capacidad craneal está, por supuesto, directamente relacionada con el problema étnico, ya que establece un límite al tamaño del cerebro en los distintos taxones; pero todas las diferencias morfológicas son igualmente relevantes...
DR. JOHN R. BAKER, biólogo, Oxford, miembro de la Royal Society, extracto de su aclamado (pero suprimido) libro "RACE".

Sería absurdo afirmar la superioridad de todos los európidos sobre todos los negros basándose en los logros en el campo intelectual; sin embargo, hay que admitir que las contribuciones de los negros al mundo de la educación han sido, en general, decepcionantes, a pesar de todas las mejoras realizadas en los medios educativos. Los negros estadounidenses son más conocidos por su atractivo de masas en los asuntos públicos y el entretenimiento popular que por sus grandes logros en campos como la filosofía, las matemáticas, la ciencia o la tecnología.
DR. JOHN R. BAKER, biólogo, Oxford.

EL HISTORIADOR DE WELLESLEY CALIFICA EL AFROCENTRISMO DE MITO: Ni Cleopatra ni Sócrates eran negros. Los antiguos griegos no robaron su filosofía a los sacerdotes egipcios y Aristóteles no saqueó la biblioteca de Alejandría. Las raíces de la civilización occidental no se remontan a África. Sin embargo, éstas son algunas de las afirmaciones del movimiento afrocéntrico que prospera en muchos campus universitarios.
MARY LEFKOWITZ, JUDÍA,
Profesora de Griego Clásico, Wellesley,
Extracto del *Washington Times*, 1996.

... el ideal sólo se alcanza cuando una región determinada está habitada exclusivamente por un pueblo de una sola cepa étnica que compite únicamente en las escuelas y colegios, con el resultado de que surge una élite que asume el liderazgo del pueblo... los pueblos negros son víctimas de una filosofía política disfrazada de deseo de promover su bienestar, que distorsionará su desarrollo natural, les privará de su propio amor propio y de la satisfacción con sus propios logros y formas de vida, y les causará un daño incalculable...
ROBERT GAYRE, *"The Mankind Quarterly"* VI 4-1966.

Más del 70% (1996) de los niños negros nacen fuera del matrimonio. Su tasa de ilegitimidad per cápita es más de cinco (5) veces superior a la de los blancos. Los negros cometen 15 veces más asesinatos que los blancos, 19 veces más robos, 10 veces más violaciones y agresiones. *Hubo 629.000 agresiones raciales (1985), el 90% de las cuales fueron cometidas por negros contra blancos.* Según el FBI, estas cifras varían de un año a otro, pero representan una tendencia al alza en todo Estados Unidos. *El delito más preocupante es el creciente número de mujeres blancas violadas por hombres negros (en el África subsahariana, la violación se considera un comportamiento normal).*

Lo hice (la violación) consciente, deliberada, voluntaria, metódicamente... Estaba encantado de desafiar y pisotear la ley del hombre blanco, su sistema de valores, para profanar a sus mujeres.
ELDRIDGE CLEAVER, *"Soul On Ice"*.

Si, hipotéticamente, todos los NEGROS y los JUDÍOS desaparecieran mañana de los Estados Unidos, se produciría un inmediato y glorioso renacimiento de la América imaginada por nuestros Padres Fundadores. En cambio, si desapareciera la raza blanca, ¡*"la tierra de los libres y los valientes"* no podría sobrevivir ni un solo día!

El negro tiene mucho que ofrecer. Pero nunca podrá desarrollar su potencial, su virilidad ni alcanzar la felicidad viviendo en una sociedad blanca. No es un parásito por elección. Tiene una dignidad que un judío nunca podrá poseer. *El negro estadounidense debería haber sido alentado y ayudado a desarrollar un Estado-nación propio en África, su patria ancestral. En lugar de eso, fue manipulado por los judíos: utilizado en sus tiendas de ropa, utilizado para alquilar sus tugurios, utilizado como demandante en casos de derechos civiles para destruir los enclaves blancos que los judíos no tenían el valor de atacar, y utilizado para jugar a ser anarquista en las calles para ayudar a avanzar en las aspiraciones ILLUMINATI.* Sólo Louis Farrakhan parece entender lo que W. E. B. Du Bois imaginó y Martin Luther King destruyó.

Los resultados de los tests de inteligencia *no son en absoluto los únicos determinantes de la viabilidad y el valor de una raza, por muy importantes que sean para la cultura occidental.* El sentido común, la percepción extrasensorial, el valor, la lealtad, la perseverancia y el *alma* -esa esencia mística indefinible que confiere a cada raza su carácter distintivo-, todas estas cualidades y otras más, que el hombre negro posee en gran medida, pueden transformarse en su propio Estado-nación. *El alma racial sólo puede cumplir su destino en su propio territorio, entre su propio pueblo, donde establece su propia cultura y su propia relación con el universo.* No todas las razas tienen que volar a la Luna. Pocos hombres son titanes. Todos los hombres son menos que Dios. Sin embargo, para que la palmera elegante y la secuoya gigante cumplan su destino en el gran diseño de la naturaleza, *¡cada una debe crecer en su propio entorno!*

Los HECHOS son irrefutables: la integración con las razas oscuras no sólo destruirá a la raza blanca -una TRAGEDIA genocida- sino que privará a la humanidad de su mayor benefactor, la civilización occidental. Cuando la raza blanca sea lobotomizada, ¿quién cuidará de las poblaciones enfermas y hambrientas del mundo? Ciertamente no los judíos, cuya práctica es desplumar ovejas, no alimentarlas. El objetivo de los ILLUMINATI es cumplir los *Protocolos de los Sabios de Sion*, no el lastimoso sueño de IGUALDAD de Martin Luther King.

> Estamos exterminando a la burguesía (aria) como clase.
> VLADMIR LÉNINE, JUDÍO, comunista,
> dictador supremo, U.R.S.S.

Nathaniel Weyl, JEW, *("The Mankind Quarterly"*, XI,# 3, Jan. 1971), utilizando cálculos proporcionados por el eminente genetista británico Sir Julian Huxley, concluyó lo siguiente:

> Si, en Estados Unidos, los negros (con un CI medio de 80-85) se cruzan al azar con los blancos (con un CI medio de 100), la próxima generación de estadounidenses tendrá un CI medio de 98,46. ¡Qué pequeño precio hay que pagar por la IGUALDAD! Sin embargo, este descenso del 1,5% en la inteligencia media provocaría un descenso del 50% en el número de personas con un CI superior a 160. En resumen, reduciría a la mitad la producción de personas con las facultades intelectuales necesarias para el

liderazgo y el esfuerzo creativo en las sociedades avanzadas. A esto hay que añadir el enorme efecto negativo que tendría el paso de la reproducción asistida a la reproducción aleatoria en términos de inteligencia.

Queda por ver si el hombre negro que vive en América tiene o no la VOLUNTAD de exigir su propio y único Estado-nación en África o de seguir siendo para siempre esclavo del LIBERALISMO/MARXISMO/JUDAÍSMO.

La única condición para centralizar el poder en una comunidad democrática es profesar la igualdad.
ALEXIS de TOCQUEVILLE.

Me atraían mucho las chicas holandesas. Deseaba desesperadamente hacer el amor con ellas... para ejercer una forma de superioridad sobre la raza blanca. Ese es siempre el punto, ¿no? ¡Los hombres de piel morena tienen que dominar a los blancos!
PRESIDENTE SUKARNO, Indonesia.

... Queremos poemas como puñetazos a negros o puñaladas en las viscosas barrigas de los terratenientes judíos...
... prender fuego y matar culos blancos. Mira como el portavoz liberal de los judíos se agarra la garganta y vomita en la eternidad....
Escríbele un poema. ¡Desnúdalo para que todo el mundo lo vea! Otro mal poema que hace crujir los puños de acero en la boca de un joyero...
LEROI JONES, Negro, "Arte negro".

Del apestoso Oeste cuyo tiempo ha pasado,
Apestoso y tambaleante en su estiércol,
A África, China, las costas de la India,
Donde se elevan Kenia y el Himalaya
Donde fluyen el Nilo y el Yangtsé:
Gira todos los rostros lánguidos del hombre.
Ven con nosotros, América oscura:
La escoria de Europa ha engordado aquí y ahogado un sueño,
Hicieron de los fétidos pantanos un refugio:
Esclavizaron a los negros y mataron a los rojos Y armaron a los ricos para saquear a los muertos;
Adoraban a las putas de Hollywood, donde una vez estuvo la Virgen María, y lincharon a Cristo.
Despierta, despierta, oh mundo dormido. Honra al sol;
Adora las estrellas, los grandes soles que gobiernan la noche
Donde el negro brilla
Y todo trabajo desinteresado es correcto

Y la avaricia es pecado.
Y África continúa. ¡Panáfrica!
> W.E.B. Du BOIS, Mulâtre, *"Ghana Calls"*.

¿Sabes cuál es realmente el sueño americano? 10 millones de negros nadando a África con un judío bajo cada brazo.
> STANLEY KUBRICK, JUDÍO, "Vanity Fair" (7-1-99).

Los hombres blancos hacen cualquier cosa. Lo harían al amanecer si pudieran alcanzar esa altura.
> ABUELO, de *"Down on the Farm"*.

Las chicas negras son cada vez más ligeras. Las chicas negras llevan tacones altos.
> ANÓNIMO.

¡Si te casas, cásate con la luz!
> HARLEM CREDO.

CAPÍTULO 9

FUERZA ARYANA

Las lenguas indoeuropeas (arias) se asociaron en su día a un tipo racial único, aunque compuesto, y este tipo racial era un tipo ancestral nórdico.
CARLTON COON, profesor de antropología en Harvard, extraído de su monumental éxito *"El origen de las razas"*.

Lo único bueno para una nación es lo que procede de su propio tronco, sin inspirarse en otro. Porque lo que es beneficioso para un pueblo en una determinada etapa de la historia puede resultar venenoso para otro. Todos los intentos de introducir una novedad extranjera en un pueblo que no la necesita en el fondo de su corazón son insensatos, y todos los proyectos de intención revolucionaria son vanos, porque carecen de Dios, que se mantiene al margen de tales desatinos.
GOETHE, *"Conversaciones con Eckermann"*, 4 de enero de 1824.

La prosperidad material fomenta la conservación, el mimo y la reproducción de elementos inferiores que parasitan las civilizaciones ricas. Podemos podar nuestras propias ramas podridas o someternos al despiadado corte y adelgazamiento de genes conquistadores más vigorosos.
DR. ERNEST A. HOOTEN, Profesor de Antropología en Harvard.

Estoy de acuerdo con usted en que existe una aristocracia natural entre los hombres. Los fundamentos naturales de esta aristocracia son la virtud y el talento... Considero la aristocracia natural como el don más preciado de la naturaleza para la instrucción, la confianza y el gobierno de la sociedad....
¿No podemos decir que esta forma de gobierno es la mejor manera de elegir simplemente a estos aristócratas naturales para el cargo de gobierno?
THOMAS JEFFERSON, carta a Adams, 28 de octubre de 1813.

La aristocracia no tiene nada que ver con la plutocracia. Los mejores NO son los ricos... los mejores podrían encontrarse más bien entre los más pobres... el carácter y la capacidad es lo que debería contar.
W. GAYLEY SIMPSON, "¿Qué camino para el hombre occidental?"

OSWALD SPENGLER (1880-1936) saldrá del olvido al que fue relegado por los MARXISTAS/LIBERALISTAS/JUDÍOS, para convertirse en el filósofo del siglo XXI. Spengler demostró que la historia de la civilización mundial NO ha progresado de forma lineal, comenzando en Mesopotamia en un periodo lejano tras un diluvio bíblico, produciendo después una secuencia de acontecimientos históricamente relacionados (omitiendo la historia del Lejano Oriente), mientras *"mejoraba día a día y en todos los sentidos"* hasta que la humanidad llegó a la actual *civilización occidental "moderna"*, producto de todas las civilizaciones que la precedieron. Por el contrario, Spengler (*aunque no esté versado en mendelismo*) demuestra que *cada civilización que ha aparecido en el paisaje mundial ha surgido de una ALTA CULTURA:* la EXPRESIÓN ÚNICA DE UN PUEBLO INSPIRADO:

> Cada cultura tiene sus propias posibilidades de expresión... No hay una escultura, una pintura, unas matemáticas, una física, sino varias, cada una en su esencia más profunda diferente de las demás, cada una limitada en el tiempo y autónoma, igual que cada especie de planta tiene sus flores o frutos particulares, su tipo especial de crecimiento y decadencia (SPENGLER).

Puesto que las culturas son orgánicas, comparten el mismo GENUS; en consecuencia, cada Alta Cultura, por muy distante que esté de las demás en el calendario de la historia, experimenta *"fenómenos contemporáneos"* análogos que se producen en las mismas posiciones relativas durante los ciclos vitales de las Culturas y, *por tanto, "tienen un significado correspondiente"*. Spengler muestra, por ejemplo, que el *"Camino"* como símbolo principal del alma egipcia, la *"Llanura"* que representa la cosmovisión rusa, la cultura árabe *"mágica" y la* idea *"fáustica"* de Occidente *son inevitablemente análogas en su carácter, pero únicas en su expresión*. Otras características culturales análogas son: las actitudes raciales, la religiosidad, las técnicas, la morfología, la patología y los ciclos vitales: gestación, nacimiento, juventud, madurez, vejez y muerte. En consecuencia, aunque las ALTAS CULTURAS pertenecen al mismo género, CADA UNA es la EXPRESIÓN ÚNICA de un pueblo inspirado. *Cada miembro de este pueblo, hombre, mujer y niño, es una célula en la morfología del ORGANISMO DE ALTA CULTURA. El alma del organismo de la alta cultura es el alma colectiva del pueblo. En resumen, una alta cultura es un organismo espiritualmente dotado de una expresión propia y única: "Su autobiografía histórica es el ZIETGEIST"* (YOCKEY).

Las ALTAS CULTURAS crean Ideas, religiones, Espíritu, autoridad, imperativos, ejércitos, guerras, héroes, mitos, leyendas, música, arte, poemas, literatura, formas arquitectónicas, leyes, filosofías, ciencias, técnicas y estados. Aunque ciertas formas de conocimiento y técnicas pueden transferirse en el tiempo y el espacio de una cultura a otra, cada Alta Cultura persigue instintiva e implacablemente su propia IDEA ESPIRITUAL única: *esta compulsión interior del organismo es su DESTINO.*

¡LA CULTURA OCCIDENTAL expresa la IDEA del *progreso ilimitado!* Spengler define el alma de Occidente como *"el alma fáustica cuyo símbolo primario es el espacio puro e ilimitado".* La búsqueda del infinito. Aunque muchos científicos creen que el universo nunca podrá comprenderse plenamente de forma racional, el destino del hombre ario reside en este intento. Pero, ¿por qué? Sir Edmund Hillary, mirando al Monte Everest, respondió: *"Porque está ahí".* El antiguo símbolo que representa el *imperativo occidental* puede verse en las formas góticas de las grandes catedrales europeas, cuyas agujas se elevan hacia el cielo. (Sigmund Freud, judío, *creía que las agujas de las catedrales representaban el culto al pene tallado en piedra.* Norman Mailer, escritor judío, *calificó la exploración espacial occidental de insensata e inmoral).*

El desarrollo continuado y la custodia de la cultura occidental descansan en manos de un grupo relativamente pequeño de personas extraordinarias. Pueden proceder de las circunstancias más humildes o de las más prestigiosas, pero una combinación fortuita de genes paternos *les ha dotado del carácter, las capacidades y las intensas cualidades espirituales* que les distinguen de sus semejantes y de otras razas. *Son a la nación lo que la levadura a la cerveza.*

Dentro de este fino *estrato cultural* se encuentran los creadores, apreciadores y guardianes de las múltiples formas de expresión de la nación. También son los "precursores y descubridores" de Nietzsche, los mártires, los guerreros de la raza, los protectores de la IDEA occidental. Así, Yockey señala que el organismo de la alta cultura comprende cuatro estratos: 1) la idea (el alma); 2) el estrato portador de cultura que transmite la idea (el cerebro). 3) Los receptores de la idea que la comprenden, la aprecian y actúan en consecuencia (el CUERPO). 4) Los que no pueden alcanzar la cultura, *"la bestia de muchas cabezas"* (Shakespeare).

La vida del individuo sólo es importante para sí mismo: se trata de saber si quiere escapar de la historia o dar su vida por ella. La historia no tiene nada que ver con la vida humana.

OSWALD SPENGLER.

El ESTADO es un término político. Yockey lo denomina *"la nación en acción"*. Es una estructura creada por el organismo cultural para contener, nutrir y proteger al pueblo y su territorio. Cambia de forma a medida que se desarrolla la cultura. Una metáfora apropiada para el Estado es la del *"barco" o "buque del Estado"*. Cuando el Estado deja de funcionar o de proteger al pueblo que lo creó, ¡hay que cambiarlo o sustituirlo!

Los hombres están cansados hasta la repugnancia por la economía del dinero. Esperan la salvación de un lugar u otro, de algo real de honor y caballerosidad, de nobleza interior, desinterés y deber.

OSWALD SPENGLER.

Las CIVILIZACIONES, que sacrifican la calidad de vida a la indulgencia, se desarrollan a partir de las Altas Culturas y las engullen gradualmente, arrastrándolas en su decadencia. La posteridad tiene poca memoria. *A los conquistadores y creadores les sigue una descendencia sin rumbo. Pronto son desposeídos por los PARÁSITOS COSMOPOLITAS, que temen a las Altas Culturas (raza, familia, nación) y codician en su lugar las Democracias abiertas y políglotas, en las que son menos visibles.* El *DINERO* sustituye a la lealtad, el deber y el rango; *la USURA* produce esclavitud; la ley sustituye al éxito; los intermediarios sustituyen a los productores. El heroísmo deja paso a la adquisición de bienes; el oportunismo sustituye al honor; la traición prospera en las altas esferas. *Los distorsionadores de la cultura* controlan la educación y la prensa; el patriotismo pasa a llamarse "racismo"; los "Spielbergismos" se convierten en "historia"; el hedonismo, el bestialismo, la promiscuidad y el *judaísmo* sustituyen a la utilidad, la caballerosidad y la ética. La familia, el pueblo y el Estado son sustituidos por el *EGALITARISMO/UNIVERSALISMO/CATOLICISMO. Estallan las guerras raciales. El MECANISMO destruye el patrimonio genético. MUERE LA CULTURA/ORGANISMO.*

Es extraño que nuestras sangres, con sus diferentes colores, pesos y calor, al verterse juntas, se fundan hasta el punto de ser indistinguibles, y sin embargo se distingan por diferencias tan poderosas.

SHAKESPEARE, "Bien está lo que bien acaba".

LAS POBLACIONES *son racialmente diversas, mezcladas, fragmentadas, desarticuladas, orientadas a la fricción, contraproducentes, sin rumbo en el paisaje*. Las poblaciones son a menudo restos mezclados de grandes culturas que han decaído y muerto. Otras poblaciones, por ignorancia, quizá por motivos religiosos, han propagado durante siglos defectos genéticos que las incapacitan para la grandeza. Otras, descerebradas desde el principio, apenas han evolucionado en la escala evolutiva.

Las personas no aportan nada a la cultura mundial. *Los ILLUMINATI los ven como unidades de consumo.* (ver *Sin disculpa*, Barry Goldwater, JUDÍO).

Un PUEBLO *es una familia, una tribu, un clan, una nación, que procede del mismo POLO GENÉTICO* y, por lo tanto, está dotado de instintos similares, entre ellos: el amor a la familia, a la raza, a la nación, a la patria; la agresividad, la supervivencia, la necesidad de exclusividad territorial; el sentido de la discriminación y el *sentido de los altos fines*. Un pueblo también comparte: apreciación estética, apariencia física, *espíritu de cuerpo,* patrones intelectuales y de comportamiento, así como similitudes psicológicas, fisiológicas y ESPIRITUALES. *Sólo un pueblo puede crear una ALTA CULTURA.* La CULTURA OCCIDENTAL es CULTURA ARIA, por lo que *el POLO GENÉTICO BLANCO es nuestro bien más preciado.* Los genes blancos nos hacen lo que somos y determinan nuestro destino. *Aquellos que buscan destruir el pool genético blanco, por cualquier medio, están cometiendo genocidio y deben ser tratados como asesinos. Son nuestros ENEMIGOS más peligrosos.*

La raza *es una división principal de la especie humana cuyas características distintivas son más evidentes en el plano físico, pero también se manifiestan en el desarrollo intelectual y emocional, el comportamiento, el temperamento, el carácter y el ALMA.* Estas características raciales, como sabemos, se transmiten básicamente sin cambios, salvo mutaciones, a través de generaciones sucesivas que se reproducen desde hace eones de tiempo. A pesar de la negación de los proveedores de la SIFILIS JUDÍA, no hay absolutamente ninguna duda sobre la *existencia de razas distintas*. Son *"la materia prima que contribuye a la evolución humana"*.

Cuando las razas se entrecruzan, su descendencia tiende a sufrir defectos fisiológicos bien conocidos, así como minusvalías y conflictos psicológicos, como esquizofrenia, depresión maníaca, inestabilidad, desorientación y falta de un carácter firme y definido. *Tienen el alma dividida.* Cuando se observa un atlas mundial, las regiones en las que el mestizaje ha sido más extremo son precisamente aquellas en las que las poblaciones son notoriamente miserables, poco fiables, irresponsables y sumidas en la pobreza. Aportan poco o ningún valor a la humanidad, por ejemplo: la India y el Egipto modernos, Cuba, Hawai, México, La Española, Surinam, Brasil, África, etc. Mientras que los *países más duraderos y creativos son aquellos cuyas poblaciones muestran poca o ninguna mezcla racial, como Europa, China y Japón.* No existe la familia humana, ni la igualdad entre los hombres. *Sólo existen las leyes de la naturaleza, que desprecian las posturas teóricas marxistas/liberales/judías/cristianas.*

Repitámoslo: *una Alta Cultura (Organismo Espiritual) es única en su Visión del Mundo: totalmente distinta de las poblaciones que la rodean o de los extraterrestres que infestan temporalmente su territorio.* Por lo tanto, ¡el HOMBRE DE ALTA CULTURA representa la forma más elevada de Vida! *Mientras que el hombre sin cultura es un criptograma bípedo.*

La obra maestra de Oswald Spengler *"La decadencia de Occidente" ("Der Untergang Abendlandes")* examina ocho altas culturas que han dominado la historia de nuestro planeta. Una de ellas, la cultura occidental, sigue siendo dominante, *pero padece graves problemas patológicos y está en plena decadencia.* Otras siete altas culturas aparecieron en el paisaje de la historia mundial, florecieron brillantemente como *novas* en el sistema solar, luego declinaron y murieron. Se trata de las siguientes culturas: Babilónica, Egipcia, India, China, Árabe (Magyar), Clásica, Mexicana (Azteca, Inca, Maya). *Todas ellas, excepto la mexicana, murieron desde dentro, víctimas de la PATOLOGÍA CULTURAL: desgaste, parasitismo y mestizaje.*

Permítanme reiterar rápidamente que ya hemos hablado antes de los cruces: la idea de que el "vigor híbrido" resulta del apareamiento aleatorio de cepas raciales diferentes es *ridícula.* Para obtener vigor híbrido, los progenitores no deben estar emparentados, deben *ser de raza pura,* deben tener pedigríes que demuestren superioridad racial y las cualidades de los progenitores deben complementarse entre sí. Sin padres de raza pura, la descendencia cruzada tiene poco o ningún mérito. Por lo tanto, mientras que la primera generación (F1) de híbridos puede o no dar lugar a un aumento del vigor, el *cruce continuado de híbridos dará lugar a una disminución sustancial del vigor en las generaciones siguientes y borrará las cualidades excepcionales de las razas puras originales. El mestizaje de blancos con negros, por ejemplo, acabará con los rubios de ojos azules, los pelirrojos y los castaños de piel clara, así como con la inteligencia superior que representa su blancura. El mestizaje también destruye a la raza negra, privándola de su alma, su destino, su cultura y su territorio.*

Creo que la fusión total (mestizaje) de las dos razas es la alternativa más deseable para todos los implicados.

NORMAN PODHORETZ, JUDÍO,
redactor jefe de la revista "Commentary".

Lo más terrible del mundo es la ignorancia en acción.

GOETHE.

La importancia de limitar la mezcla se deriva del principio mendeliano de que un solo cruce puede deshacer el trabajo de cien generaciones de endogamia fiel.

C. D. DARLINGTON
Profesor de Botánica, Universidad de Oxford

Un pueblo que no se siente orgulloso de los nobles logros de sus lejanos antepasados nunca conseguirá nada que merezca ser recordado por sus nobles descendientes.

THOMAS B. MACAULEY.

Un pueblo rubio y maravilloso se alza en el norte. Al desbordarse, envían oleada tras oleada al mundo meridional. Cada migración se convierte en una conquista, cada conquista en una fuente de carácter y civilización.

WALTER RATHENAU, JUDÍO,
industrial alemán, hacia 1925.

Rathenau podría haber añadido, *entonces* los parásitos extranjeros engulleron a los Estados arios en un mar de lodo humano.

La historia de estos creativos guerreros rubios que hoy conocemos como suecos, daneses, nórdicos, celtas y alemanes se convierte en la historia de las numerosas civilizaciones que fundaron (egipcia, india, persa, griega, romana, occidental, rusa, etc.). Los antiguos hablaban de una raza de conquistadores de cabellos dorados procedentes de la legendaria tierra de *la Atlántida*, que establecieron civilizaciones en Roma y Grecia. Los dioses y diosas de Homero, de ojos azules y piel clara, que gobernaban desde el Olimpo, eran imágenes *de estos hombres del Norte*. Algunos arqueólogos creen que la Atlántida formaba parte de la Península Ibérica, cerca de Gibraltar. *Otros afirman que* la Atlántida era una península que se adentraba en el mar cerca de la actual Wilhelmshaven, Helgoland, en Alemania, que desapareció en un terremoto en el mar de Frisia. Los *atlantes* fueron probablemente los precursores de los godos, cuyos jefes gobernaban la *isla de Goth*, situada en el mar Báltico, entre Estocolmo y Koenigsberg. Los antropólogos están reuniendo pruebas creíbles de que muchas tribus arias prehistóricas emigraron del norte de Europa mucho antes del año 2000 a.C., estableciendo colonias tan al este como los Urales, e incluso en partes de China y Japón.

Las excavaciones arqueológicas y los datos históricos confirman que un flujo constante de pueblos nórdicos abandonó el norte de Europa entre el 2000 a.C. y el 1000 d.C. Estas tribus arias aparecen bajo diferentes nombres, pero emanan de una misma herencia genética blanca. Los casitas se apoderaron de los restos del imperio babilónico hacia el 1700 a.C. Aproximadamente un siglo después, los bárbaros nórdicos, llamados "hicsos" por los egipcios, se apoderaron de una vacilante civilización egipcia, la revigorizaron y la gobernaron. Los arios conquistaron la India, estableciendo un sistema de castas (endogamia) para proteger el patrimonio genético de los blancos; después conquistaron Persia (Irán). Los aqueos (germanos) y más tarde los dorios (celtas) conquistaron Grecia y sembraron las semillas de la civilización clásica. Los rus y los vikingos navegaron por el Dniéper, el Volga y las vías fluviales de Europa del Este, abriendo rutas comerciales hacia el mar de Azof, el mar Negro, el mar Caspio y el Mediterráneo, y tan lejos como sus elegantes navíos podían llevarlos. En resumen, sabemos que esta raza protoaria (nórdica) estableció algunas de las mayores civilizaciones del mundo: ario-india, casita, hitita, persa, micénica, griega, romana, celta, teutónica, eslava, occidental y azteca/maya/inca.

> Las lenguas indoeuropeas (arias) se asociaron en su día a un único tipo racial, aunque compuesto, y este tipo racial era un tipo ancestral nórdico.
> CARLTON COON, Profesor de Antropología en Harvard.

> Aunque (los arios) están repartidos por dos continentes, les atribuimos

una ascendencia y un origen comunes...
C. D. DARLINGTON, Profesor de Botánica, Oxford.

Los arios aparecen en todas partes como los promotores del verdadero progreso y, en Europa, su expansión marca el momento en que la prehistoria (europea) comienza a divergir de la de África o el Pacífico.
V. GORDON CHILDE, "el mayor prehistoriador del mundo".
(Encl. Britannica).

Hacia el final de las grandes migraciones, las tribus arias góticas (ostrogodos, visigodos), temidas por su valor y ferocidad, saquearon y asolaron toda Europa con nombres que nos resultan más familiares: francos, anglos, sajones, celtas, vándalos, lombardos, burgundios, belgas, jutos, vikingos, daneses, rus, germanos, teutones, normandos, etcétera. Luego, instalándose en el estrato superior de cada sociedad que conquistaban, proporcionaban sus dirigentes, ejércitos y leyes. *Lo que distinguía a esta raza blanca de las poblaciones simples era su VOLUNTAD de cumplir su DESTINO MANIFIESTO.* Fue esta FUERZA ARYENA, manifiesta en todos los aspectos del pensamiento y la acción, la que impulsó a los vikingos, en diminutas naves, por ejemplo, a desafiar el feroz Atlántico hasta las costas americanas y más allá. Compárese esta raza con los negros, que nunca produjeron un conquistador, un explorador, un alfabeto, ni siquiera inventaron la rueda; o con los ISRAELÍES, perdidos durante 40 años en una región del tamaño de Rhode Island. Pregunte a cualquier general si preferiría mandar un ejército de turingios o un ejército de judíos.

Julio César, en las profundidades de la Galia (Francia), conquistó a los celtas autóctonos (galos). Sin embargo, las tribus septentrionales al norte y al este del Rin, que nunca conquistó, eran consideradas por César celtas *"originales"*. La palabra latina para original, o seminal, es *"germane"*. Por tanto, fue César el primero en dar este nombre a los germanos. Los celtas, que son nórdicos, invadieron después Irlanda, Gales, Escocia y la mayor parte del mundo en un momento u otro. Los *"irlandeses negros"* (el ex Presidente Nixon podría ser uno de ellos) son descendientes de marineros españoles que llegaron a las costas irlandesas cuando la Armada fue derrotada por Sir Francis Drake. El Presidente John F. Kennedy, celta, causó mucho resentimiento en los círculos poderosos antes de la caída del Muro de Berlín construido por los judíos cuando anunció: "Ich bin ein Berliner" (Soy berlinés): hablaba en nombre de todos los arios.

Los anglos germánicos cruzaron el Canal de la Mancha y bautizaron la isla con el *nombre de "Angleland"*, que más tarde se transformó en *"Inglaterra"*. Los jutos (germanos) y los celtas les causaron problemas, por lo que pidieron ayuda a los sajones alemanes. A los sajones les gustó tanto Inglaterra que se quedaron. Como todo el mundo sabe, en 1066 Guillermo el Conquistador condujo a sus tropas normandas (noruegas) y teutonas a la victoria sobre los sajones en la *batalla de Hastings. Aún hoy, los* británicos son conocidos como anglosajones (WASPS: *White, Anglo-Saxon Protestants)*.

La actual familia real británica desciende de la casa germánica *de Saxe-Coburg-Gotha*. Durante la Primera Guerra Mundial, se vio obligada a cambiar su nombre por el de Casa de Windsor *("Inquieta yace la cabeza que lleva corona")*.

La lengua inglesa es de origen germánico. Las lenguas germánicas incluyen: Escandinavo (sueco, nórdico, danés), islandés, neerlandés, alemán, inglés y frisio (el prusiano antiguo y el gótico han desaparecido). Francia debe su nombre a los francos, una tribu germánica. *La "franqueza"* era la *condición sine qua non* de la sinceridad, la honradez, la integridad y el carácter, razón por la cual el *franco* se convirtió en la unidad monetaria francesa. Carlomagno, franco de la dinastía carolingia y emperador del Sacro Imperio Romano Germánico, tenía su corte en Aquisgrán, nombre alemán y francés de la misma ciudad. El Sacro Imperio Romano Germánico (hacia 950 d.C.) reunió a romanos, cristianos y germanos de Barcelona a Hamburgo, de Reims a Roma.

Según Bede, Paladio introdujo el catolicismo en Irlanda hacia el 430 d.C.. Los irlandeses difundieron entonces el mito por toda Europa. Cuando los sajones fueron finalmente convertidos al cristianismo por las armas francas (800 d.C.), esta conversión, según los sajones, convirtió a Europa en un *cuasi pueblo, "una raza"* de cristianos (al mismo tiempo, hacia 700, los jázaros asiáticos se convirtieron al talmudismo). *Hacia 1050, todos los cristianos se consideraban una sola familia racial*. Con el tiempo, el cristianismo adquirió un significado territorial. En consecuencia, en la Europa medieval, *"relaciones raciales"* significaba en realidad relaciones entre lenguas y grupos culturales, no genes reproductivos.

La palabra griega *"Agon"* significa combate o guerra *dentro del grupo familiar,* en contraposición a la lucha contra un enemigo extranjero. Así, los cristianos se enzarzaron en sangrientas guerras intestinas *(Agon)* para hacer avanzar los IDEALES occidentales. *Pero antes de las guerras ILLUMINATI de aniquilación contra Europa en el siglo XX, los arios siempre se unieron y lucharon como un solo pueblo para proteger a la Cristiandad contra los jázaros, moros, sarracenos, mongoles, etc.* Hoy, la Iglesia católica (fundada por los JUDÍOS), *que debe su existencia a la caballería aria, promueve el mestizaje y denuncia el nacionalismo ario,* mientras apoya al Estado de Israel. El comportamiento del Papa tiene precedentes. Jesús renegó de los paganos diciendo: *"He sido enviado a las ovejas perdidas de la casa de Israel y sólo a ellas".* (MATEO).

Al continuar la exploración y la expansión, los arios establecieron bastiones de la cultura occidental allí donde conquistaron y persistieron: América del Norte y del Sur, Canadá, Australia, Nueva Zelanda, Islandia, Groenlandia y África, entre otros ya enumerados, fueron fundados y civilizados por estos pueblos dotados. *Debería ser obvio para cualquier persona con una pizca de inteligencia que una vez que un pueblo ha adquirido una herencia genética superior, debe hacer TODO lo que esté en su mano para protegerla y mejorarla. El incomparable POOL GENÉTICO ARYANO ha producido multitud de hombres y mujeres ilustres. Voy a mencionar algunos de sus nombres para recordarle que son miembros de este mismo acervo genético, al igual que usted y sus hijos si son caucásicos:* Ikhnaton, Mahavira, Sigurd, Grettir, Njal, Arturo, Cuchulain, Ulises, Pericles, Aristófanes, Aurelio, Aristóteles, Zaratustra, Safo ; Sigfrido, Darío, Alejandro, Rurik, Teodorico, Martel, Carlomagno, Roldán, César, Cleopatra, Eric, Alarico, Juana de Arco, Godofredo, Bruce, Lutero, Marlboro, Rob Roy, Pedro el Grande, Pitt, Napoleón, Nelson, Wellington; Erickson, Cortés, Colón, da Gama, Magallanes; Catalina, Isabel, Corday, Ruiseñor; v. Steuben, Washington, Monroe, Jefferson, Hamilton, Madison, Allen, Henry, Hale, Morgan, Frederick, El Cid, Bismarck, Clauswitz; Hus, Garfield, McKinley, Hess, Hitler, Patton, MacFadden, McCarthy, Zundel; Bridger, Coulter, Crocket, Bowie, Houston, Clark, Hickock, Earp, Longbaugh, Oakley ; Lee, Jackson, Forrest, Grant, Lincoln, Barton, Custer, Stuart, Chamberlain; Pershing, Mata Hari, Richthofen, Rickenbaker, York, Cavell; MacArthur, del Valle, Crommelin, Rommel, Prien, Nimitz, Lindbergh, Earhardt, Goering, Mussolini, Montgomery, Murphy, Foss, Mindszenty, Pound, Solzhenitsyn ; Shakespeare, Petrarca, Dante, Goethe, Voltaire, Schiller, Swift, Emerson, Byron, Keats, Blake, Burns, Wilde, Shaw, Yeats, Melville,

Whitman, Poe, Balzac, Hesse, Dostoievski, Shelley, Eliot, Kipling, Dreiser, Steinbeck, Plath, Hemingway, Roethke, Dinesen, Bronte, Waugh, James, Pegler, Marsden, Mencken, Chesterton ; Bach, Foster, Grieg, Wagner, Smetna, Beethoven, McCartney, Tschaikowsky, Rachmaninoff, Dvorak, Lehar, Strauss, Debussy, Chopin, Brahms, McDowell, Elgar, Borodin, Bizet, Herbert, Vivaldi, Verdi, Puccini, Haendel ; Praxíteles, Rodin, Remington, Mallol, Tiziano, Da Vinci, Durero, Rembrandt, Brueghel, Monet, Homero, Bierstadt, Wyth, Degas, Goya ; Platón, Goethe, Kant, Hume, Schopenhauer, Spencer, Pascal, Descartes, Carlyle, Maquiavelo, Montaigne, Kierkegaard, Nietzsche, Spengler, Santayana, Yockey, Simpson ; Kepler, Copérnico, Newton, Swedenborg, Franklin ; Shockley, Coon, Ardrey, Oliver, Sombart, Baker ; Mendel, Curie, Lister, Pasteur, de Bakey ; Gutenberg, Galton, Ohm, Edison, Ford, Carnegie, Krupp, Benz, Chrysler, Diesel ; Planck, Goddard, Hertz, von Braun, Humboldt, Richter, Marconi, Goethals, Rutherford, Roebling, Wright, Sullivan ; Yaeger, Costeau, Lovell, Glenn, Armstrong, Shepard, Grissom ; Traubel, Hess, Sutherland, Swartzkoph, Pons, Lehmann, Caruso, Pavarotti, Wunderlich, Cararras, Pinza, Hines ; Barrymore, Cooper, Gielgud, Olivier, Wayne, Astaire ; Day, Streep, Hayes, Leigh, Davis, Temple ; Griffith, Lean, Wells, Hitchcock, Ford, Bergman ; Ripken, Di Maggio, Ruth, Spahn, Williams, Schmidt, Hornsby, Gehrig, Berra, Rose, Wagner, MacGwire; Nicklaus, Jones, Hogan, Palmer, Snead, Norman; Lombardi, Staubach, Montana, Elway, Kramer, Unitas; Hingis, Laver, Borg, Graf, Connors, Court; Bird, West, Bradley, Laettner, Walton, Havlichek; et al.

  La raza eleva al hombre por encima de sí mismo: le dota de poderes extraordinarios -casi diría sobrenaturales-, tan distintos de la caótica mezcolanza de pueblos de todas las partes del mundo... su raza le fortalece y eleva en todos los sentidos... alcanza el cielo como un árbol fuerte y majestuoso alimentado por miles y miles de raíces... no un individuo solitario, sino la suma viva de innumerables almas que se esfuerzan por alcanzar el mismo objetivo.
  H. S. CHAMBERLAIN, "La génesis del siglo XIX". (Chamberlain, británico, era yerno de Nietzsche).

  Todas las grandes civilizaciones del pasado perecieron únicamente porque las razas originales murieron envenenadas por la sangre.
  ADOLF HITLER, Canciller de Alemania.

CAPÍTULO 10

PARASITISMO EE.UU.

Aparece por primera vez el llamado "problema judío". No se trata de raza, religión, ética, nacionalidad o filiación política, sino de algo que las engloba a todas y separa al JUDÍO de la cultura occidental.
FRANCIS PARKER YOCKEY, *"Imperium"*.

Unidos por la fe más obstinada, los judíos extienden su caridad a todos los que son de su obediencia, mientras que albergan un odio sordo e inveterado hacia el resto de la humanidad.
TACITUS, *"Obras históricas"*.

Los israelíes controlan la política del Congreso estadounidense.
J. WILLIAM FULBRIGHT,
Senador de EE.UU., CBS *"Face the Nation"*.

La influencia judía en este país es tan fuerte que no te lo creerías. Los israelíes vienen a nosotros pidiendo equipamiento. Les decimos que es imposible que el Congreso apoye un programa así. Ellos dicen: "No te preocupes por el Congreso, nosotros nos ocuparemos del Congreso..." Es alguien de otro país, pero pueden hacerlo.
GEN. GEORGE S. BROWN
Jefe del Estado Mayor Conjunto, 1973.

Hoy sólo hay dos grupos tocando el tambor a favor de la guerra en Oriente Próximo: el Ministerio de Defensa israelí y su grupo de amigos en el Congreso estadounidense.
PAT BUCHANAN, *"El Grupo McLaughlin"*, 1991.

Kennedy dijo: "Estoy totalmente de acuerdo con usted en que el partidismo estadounidense en el conflicto árabe-israelí es peligroso tanto para Estados Unidos como para el mundo libre"... El asesinato del presidente Kennedy... destruyó la posibilidad de que su segundo mandato pudiera ver cómo Washington empezaba a liberarse de la pesada carga del partidismo estadounidense en el conflicto árabe-israelí.
ALFRED M. LILIENTHAL, JUDÍO, *"La conexión sionista"*.

TRAICIÓN Y SEDICIÓN

Como hemos visto, siempre que los judíos entran en un estado gentil, su único propósito es succionar la sangre vital de la nación anfitriona e implantar su propia cultura. Alrededor de 1850 DC, los JUDÍOS pusieron sus ojos en América. Durante los siguientes 150 años, invadieron los Estados Unidos, colgaron sus ambiciones y odio en nuestros recursos y poder humano, y luego se dispusieron a arrastrar a América en una serie de guerras libradas con el único propósito de enriquecer a los JUDÍOS y avanzar en la agenda ILLUMINATI.

> Charles Lindbergh publica sus "Diarios de guerra" en los que insiste en que su postura no intervencionista (Segunda Guerra Mundial) era fundamentalmente correcta y que, de hecho, Estados Unidos había perdido la guerra... Subraya la irreparable pérdida genética... sufrida por los pueblos del norte de Europa.
> WILMOT ROBERTSON, *"La mayoría desposeída"*.

Tras la Segunda Guerra Mundial, se levantó un *"telón de acero"* sobre Europa. *Era imperativo mantener a la gente en la oscuridad sobre los vampiros que se habían cebado con ellos.* El mito del "HOLOCAUSTO", *una estratagema para ocultar el Holocausto perpetrado contra Alemania,* surgió como un perro rabioso. Los judíos invadieron el funcionamiento del gobierno estadounidense. La *"Guerra Fría"*, otro engaño, aparece en el horizonte. Los bolcheviques se arrastran como gusanos fuera de los cadáveres de Rusia y Europa del Este, amenazando a Main Street, U.S.A.

> Los inmigrantes judíos en Estados Unidos se resistieron tanto a la identificación por raza (y religión) insistiendo en que no se les considerara judíos sino alemanes, polacos u otros, que durante muchos años las distintas cuotas nacionales estuvieron ocupadas casi en su totalidad por judíos; y hasta hoy el número de judíos en Estados Unidos sólo se conoce por las cifras que nos dan los propios judíos.
> WILLIAM G. SIMPSON, *"¿Qué camino para el hombre occidental?"*

Uno de esos inmigrantes que, como tantos otros, escapó "milagrosamente" al Holocausto fue Albert Einstein, judío (1879-1955), físico teórico famoso por su brillante "teoría de la relatividad" ($E=mc2$) y su apoyo al comunismo, que escribió al presidente Franklin Roosevelt instándole a lanzar un programa para desarrollar un arma nuclear estadounidense para utilizarla contra Alemania. Alexander Sachs, un banquero judío, entregó la carta que acusaba falsamente a Alemania de construir una bomba atómica. De hecho, Hitler, mientras estudiaba el potencial de la energía nuclear, se pronunció en contra de TODAS las armas de destrucción masiva (incluido el bombardeo de objetivos civiles). Los asesores de Roosevelt, Baruch, JUIF, Rosenman, JUIF, Morgenthau, JUIF, Hopkins, Hiss, et al, vendieron a FDR la idea de Einstein. Los cerebros detrás de la bomba atómica fueron Lisa Meitner, judía, Neils Bohr, judío, Hans Bethe, judío, Edward Teller, judío, John von Neumann, judío, Leo Szilard, judío, y Enrico Fermi, ario, cuya esposa era judía. Casi todos habían estudiado en la Universidad de Gottingham, Alemania, y algunos habían trabajado en el Instituto Max Planck. Meitner había robado los detalles de los exitosos experimentos alemanes de fisión en Berlín. Fueron los precursores de la energía nuclear y, más tarde, de la bomba A construida en Los Álamos bajo la dirección del Dr. Robert J. Oppenheimer, judío. Teller y von Neuman abandonaron el proyecto de la bomba A y comenzaron a desarrollar la bomba de hidrógeno. Los traidores judíos reprodujeron rápidamente los planos de la bomba atómica y los pasaron a la Unión Soviética. La bomba A no se completó a tiempo para ser lanzada sobre Alemania, para disgusto de los judíos de todo el mundo. Pero no se les podía negar un sacrificio de sangre. Japón, tambaleándose hacia una derrota segura, estaba a punto de recibir una lección de TALMUD.

La única protesta enérgica contra el lanzamiento de la bomba atómica sobre Japón provino del asesor científico de Truman, Ernest Lawrence, un ario. Se oyeron otras voces más fuertes. Obedeciendo a sus amos, Truman ordenó la incineración de las ciudades indefensas de Hiroshima (una ciudad cristiana) y Nagasaki. Lanzar la bomba atómica sobre una zona deshabitada podría haber sido un ejemplo suficiente de su capacidad destructiva. Pero los vampiros querían dar una lección inolvidable a los honorables japoneses que se habían aliado con Alemania. *Tengan la seguridad de que los descendientes de los grandes samuráis NO lo han olvidado.*

El peligroso alcance de la penetración comunista en Estados Unidos quedó claro durante los numerosos juicios por espionaje que siguieron a la Segunda Guerra Mundial; hasta el goy más ignorante empezó a comprender la estupidez de la alianza de Estados Unidos con el "malvado imperio comunista" contra la Alemania aria. El presidente Harry Truman, presionado por los medios de comunicación y sus asesores judíos (el rabino Steven Wise, Sam Rosenman, Eddie Jacobson, los hermanos Rostow, Max Lowenthal, David Niles, etc.), rechazó la petición de ayuda de Canadá en su investigación de las redes de espionaje comunistas que operaban en Canadá y Estados Unidos. Truman (que nos arrastró a la debacle de Corea supuestamente para luchar contra el comunismo y que intentó abolir el incomparable Cuerpo de Marines de Estados Unidos) calificó las investigaciones sobre comunistas de "señuelo rojo". Procediendo sin ayuda estadounidense, Canadá arrestó y condenó a una red de agentes soviéticos entre los que se encontraban: Sam Carr (Cohen), organizador para todo Canadá; Fred Rose (Rosenberg), miembro del Parlamento, organizador para el Canadá francés; y Hermina Rabinowich, enlace con los comunistas estadounidenses. Todos estos "canadienses" eran judíos de KHAZAR.

Finalmente, sorprendidos por la magnitud de la subversión de la que Truman se había burlado, los servicios de inteligencia estadounidenses comenzaron (hacia 1950) a detener y condenar a espías soviéticos que trabajaban en Estados Unidos, entre ellos: John Gates (Israel Regenstreif), director del periódico comunista "Daily Worker", Gil Green (Greenberg), Gus Hall (Halberg) y Carl Winters (Weissberg), todos ellos judíos.

Ese mismo año, los primeros espías atómicos estadounidenses fueron condenados por espionaje: Julius y Ethel Rosenberg; Morton Sobell; David Greenglass; Harry Gold; Abraham Brothman; Miriam Moskowitz; Gerhardt Eisler; William Perl (Mutterperl) Departamento de Física de la Universidad de Columbia. TODOS JUDÍOS *(los Rosenberg fueron condenados y ejecutados por traición entre gritos de antisemitismo. Los archivos soviéticos, finalmente hechos públicos en 1997, confirmaron que los Rosenberg habían transferido los diseños de la bomba atómica de Los Álamos a la Unión Soviética)*. Resultó que estos judíos eran actores relativamente menores en una conspiración judía mucho más profunda. Como veremos.

Mientras Estados Unidos estaba inmerso en la "guerra fría" contra la Unión Soviética (algunos estadounidenses construían refugios antiaéreos en sus jardines), el Dr. Robert J. Oppenheimer, judío, jefe del proyecto de Los Álamos y el científico nuclear más destacado de Estados Unidos, protestó repentinamente contra la continuación del desarrollo de la bomba de hidrógeno. Entusiasmado con la idea de lanzar la bomba atómica sobre Alemania y Japón, exigió, ante el asombro de los dirigentes estadounidenses, que se abandonara el proyecto por "razones humanitarias". Su punto de vista fue fuertemente apoyado, en la prensa y en la práctica, por judíos estadounidenses que (en lo que respecta a la Unión Soviética) se habían convertido de repente en pacifistas profundamente convencidos.

El Estado Mayor Conjunto de los Estados Unidos sabía que los soviéticos habían hecho una oferta quid pro quo a los científicos alemanes capturados, a saber, su liberación de una muerte segura en el Gulag a cambio de sus conocimientos científicos. Con gran esfuerzo, los Jefes de Estado Mayor anularon la oposición de Oppenheimer. El Comité Especial del Consejo de Seguridad Nacional (dos arios y un judío) votó entonces dos a uno a favor de seguir adelante con el programa de la bomba atómica. El voto en contra fue emitido por el antiguo Ministro de Defensa. El voto en contra fue emitido por David Lilienthal, judío y presidente de la Comisión de Energía Atómica. EE.UU. consiguió producir la bomba H 11 meses antes que los soviéticos, salvando a EE.UU. de la extorsión soviética y posiblemente de la extinción. Intuyendo una rata "bajo las pilas", el FBI retiró la autorización de seguridad a Oppenheimer. Motivo: su mujer, su amante y sus mejores amigos tenían "amplias afiliaciones comunistas". La ADL y los medios de comunicación gritaron ¡sectarismo! El presidente Lyndon Johnson, un espía fácil de chantajear, incitado por Abe Fortas, JUDÍO, y los hermanos Rostow, JUDÍOS, restableció la autorización de seguridad de Oppenheimer en una gran ceremonia, con homenajes, premios y disculpas llorosas. (Poco después, el candidato de Johnson a Presidente del Tribunal Supremo, Abe Fortas, y su socio Louis Wolfson, JUIF, fueron condenados por malversación de fondos. Cumplieron sus condenas en el mismo tipo de prisión de club de campo que más tarde albergó a figuras judías como Michael Milken, Ivan Boesky y otros vendedores de bonos basura y estafadores de Wall Street).

En 1994, Pavel A. Sudoplatov, un antiguo agente soviético, comunicó archivos del KGB a la Agencia Central de Inteligencia estadounidense, revelando que el enigmático Dr. Robert J. Oppenheimer, judío, ¡era un espía soviético! Oppenheimer (ya fallecido) había puesto en peligro la seguridad de Estados Unidos al proporcionar a la Unión Soviética secretos nucleares detallados de Estados Unidos. La traición de Oppenheimer estuvo a punto de costarle a Estados Unidos la victoria en la Guerra Fría y contribuyó indirectamente a la muerte de miles de soldados estadounidenses en

Corea y Vietnam. Los medios de comunicación decidieron suprimir esta información. Su diputado se hace el tonto.

> El Fiscal General de Estados Unidos declaró recientemente que un análisis de 4.984 de los miembros más militantes del Partido Comunista en Estados Unidos demostró que el 91,4% de ellos eran de origen extranjero (judíos) o estaban casados con personas de origen extranjero.
> PAT MCCARRAN, Chr. Comité Judicial, Senado de EE.UU., 1950.

La gran mayoría de los judíos se cambian el nombre, siguiendo el precedente sentado por Lenin (Ulianov), Trotsky (Bronstein) y Stalin (Dzugashvili), un tártaro casado con una judía. En la actualidad, el cambio de identidad incluye cirugía facial que mejora drásticamente su aspecto, lo que les permite ocultarse casi desapercibidos entre los gentiles a los que pretenden destruir.

El SENADOR JOSEPH McCARTHY dirigió el ataque (hacia 1950) contra los comunistas dentro del gobierno de EE.UU. (calificado de "caza de brujas" por los fiscales del gobierno y los medios de comunicación). Los amigos de McCarthy le advirtieron de que sería atacado por ambos bandos. Él respondió: "El pueblo estadounidense nunca me defraudará". No conocía el lavado de cerebro del *Stupidus Americanus*. McCarthy inició investigaciones en los Departamentos de Estado, Agricultura, Hacienda y Defensa. Varios agentes soviéticos fueron finalmente arrestados, entre ellos: Alger Hiss, Currie, Ware, Collins, Duggin, Reno, Remington, Wadleigh, Field y Whittaker Chambers. Entre los judíos desenmascarados como agentes soviéticos estaban: Abe Pressman, Abt, Perlo, Silverman, Witt, Gompertz y White (Weiss), un protegido de Henry Morgenthau, judío y Secretario del Tesoro de FDR.

La ADL utilizó tácticas de probada eficacia, demonizando al mensajero para desviar la atención de los hechos. McCarthy tenía pruebas irrefutables de que los comunistas estaban socavando los cimientos de nuestra República y traicionando la inteligencia estadounidense al bloque comunista.

Estaba haciendo verdaderos progresos cuando se le acusó de hacer acusaciones infundadas contra la integridad del ejército estadounidense, entre ellas acusar falsamente al Dr. Victor Perlo, dentista del ejército estadounidense y judío, de estar afiliado a un partido comunista. La acusación contra McCarthy fue exagerada por los medios de comunicación, que querían sangre. En el fragor del vilipendio televisado a escala nacional, se ignoró el valioso servicio prestado por el senador a Estados Unidos. Finalmente, el senador McCarthy, censurado por un Senado servil, se vio obligado a retirarse. Perlo (que más tarde confesaría ser comunista) siguió adelante, héroe de la izquierda. Una nueva palabra de aprobación, "macartismo" (que significa: ataques inválidos e indiscriminados contra un testigo) entró en el léxico estadounidense. Su verdadera definición es: *"Quien ataque a los comunistas será quemado en la hoguera"*. Un aspecto importante de esta tragedia estadounidense es que la oposición a McCarthy en los tribunales estaba liderada por abogados arios, muchos de los cuales pertenecían a la Ivy League y eran miembros de Skull & Bones, vasallos de la Regla de Oro: "Quien tiene el oro manda".

Recientemente, el senador fallecido se levantó de la tumba:

> El "espantapájaros" de la era McCarthy resulta ser bastante exacto: los documentos demuestran la infiltración soviética
>
> El senador Joseph McCarthy y otros defensores de la Guerra Fría no estaban equivocados sobre el alcance de la penetración soviética en las agencias gubernamentales de EE.UU... Documentos publicados ayer por la Agencia de Seguridad Nacional muestran que más de 100 agentes soviéticos se infiltraron en los Departamentos de Estado, Justicia, Guerra, Tesoro e incluso en la Oficina de Servicios Estratégicos, precursora de la CIA..... Publicaciones anteriores... detallaban el descubrimiento de los esfuerzos soviéticos para robar secretos nucleares y la implicación de Julius y Ethel Rosenberg en el esfuerzo de espionaje en tiempos de guerra. "No todas las personas acusadas por McCarthy eran inocentes", dijo Radosh, señalando que la reacción contra la cruzada anticomunista de McCarthy tendía a desacreditar a cualquiera que intentara sacar a la luz las actividades soviéticas en Estados Unidos. Pero el historiador David Kahn (JUIF), autor de *"The Codebreakers"*, se mostró mucho más cauto sobre la posibilidad de rehabilitar la imagen de McCarthy... "No quiero ir demasiado lejos", dijo Kahn.
>
> *The WASHINGTON TIMES*, 6 de marzo de 1996.

En la década de 1970 (época de Vietnam), los medios de comunicación, con el macartismo en mente, protestaron contra el espionaje interno del gobierno estadounidense por considerarlo una amenaza para la "libertad".

El presidente Ford, siempre fácil de convencer, permitió que el fiscal general Edward Levi, un judío, impusiera las "Directrices Levi" a las agencias de investigación estadounidenses. Estas directrices destriparon los programas de seguridad del personal gubernamental al proteger de la investigación a quienes predicaban la subversión, a menos que propugnaran o participaran en delitos específicos. En otras palabras, a Estados Unidos ya no se le permite prevenir antes de que empiece el incendio. Lo que introduce otra historia de espionaje...

En octubre de 1998, la firma de un nuevo acuerdo de paz entre Palestina e Israel saltó a los titulares. Yasser Arafat, árabe, con los labios temblorosos, habló de un futuro glorioso de paz y prosperidad para sus dos pueblos: "¡Nosotros, los hermanos semitas! Benjamín Netanyahu, un jázaro judío, hizo una mueca apreciable.

A primera hora de la mañana, una vez alcanzado el acuerdo pero antes de su firma, Netanyahu, el Primer Ministro israelí, echó por tierra las negociaciones. Amenazó con retirarse si Estados Unidos no liberaba al espía israelí Jonathan Pollard como parte del acuerdo. Clinton no se atrevió a obedecer. Sin embargo, para apaciguar a los israelíes, su último acto como presidenta fue indultar a una serie de ladrones judíos, incluido el ladrón judío estadounidense Marc Rich, que ocupa un lugar destacado en la lista de los más buscados del FBI.

Pollard es el judío "americano" que vendió "*un número increíble de secretos americanos a Israel*". Como Pollard tiene un conocimiento íntimo de todos los aspectos de la seguridad estadounidense, sigue siendo un riesgo incluso en prisión. Alan Dershowitz, profesor judío de la Facultad de Derecho de Harvard y estrella de la televisión, afirma que la detención de Pollard es una "mancha para Estados Unidos" porque "los secretos se vendieron a un aliado de Estados Unidos; ha cumplido una condena suficiente" (más de 12 años). Las "cabezas parlantes" de los medios de comunicación, preocupadas por su trabajo, están de acuerdo en que Pollard, que se convirtió en ciudadano israelí mientras estaba en prisión, debería ser enviado de vuelta a Israel por "el bien de la paz". Israel, donde Pollard es considerado un héroe nacional, exige que Estados Unidos libere inmediatamente a su espía. Dershowitz perdió los nervios durante una entrevista en la CNN cuando se planteó la cuestión de la doble lealtad judía. "Es una vieja historia", dijo. Pollard es sólo un judío estadounidense que resulta ser un espía". Dershowitz, por supuesto, sólo está encubriendo la verdad. Los judíos, como todas las razas, son genéticamente únicos: los genes determinan el comportamiento. Históricamente, los judíos han sido conocidos por ser desleales a sus naciones de acogida. Esto no significa que todos los judíos de Estados Unidos sean riesgos para la seguridad, como Pollard y otros. Simplemente significa que muchos judíos que profesan su fe en el MARXISMO/JUDAISMO/SIONISMO son riesgos para la seguridad. Más precisamente, significa que alrededor del 98% (noventa y ocho por ciento) de todos los judíos son riesgos para la seguridad. Los Estados Unidos de América están descubriendo lo que Europa aprendió hace mucho tiempo: los judíos sonríen mientras apuñalan por la espalda a sus anfitriones.

Alfred Lilienthal, judío, grabó (7-4-72) la siguiente entrevista con dos adolescentes de Brooklyn pertenecientes a la Conferencia Juvenil de la Sinagoga Internacional:

Si Israel y Estados Unidos entran en guerra, ¿de qué lado estará usted?

Eso nunca ocurrirá, no es posible.

¿Se considera estadounidense o judío?

Soy estadounidense y judío.

Pero, ¿qué debe considerarse en primer lugar?

Soy judío antes que estadounidense.

¿Tiene doble lealtad? Algunas personas insisten en ello.

No, pero mantenemos estrechos lazos con Israel, así como con Estados Unidos, y los mantenemos más estrechos con Israel porque es nuestro Estado.

¿Qué quieres decir con eso? Creía que Estados Unidos era tu estado.

Vivimos en Estados Unidos. Pero estamos orgullosos de que Israel sea nuestro Estado. Israel es nuestra patria y nuestro objetivo final es establecernos allí.

¿Por qué no ir ahora?

No estamos listos para irnos.

¿Por qué se queda en Estados Unidos y por qué utiliza Estados Unidos?

Debemos tener un país fuerte y poderoso, y queremos construir Estados Unidos porque, mientras estemos aquí, podemos ayudar a Israel. Estamos aquí porque es un país poderoso y queremos usar nuestra influencia.

¿Influir en Estados Unidos a favor de Israel?

No se trata sólo de influir en Estados Unidos, sino también de influir en otros judíos estadounidenses, muchos de los cuales no están haciendo todo lo que deberían.

¿Qué opina de Israel?

Israel es nuestro país. Estados Unidos no es nuestro Estado. Lo convertimos en nuestro hogar, pero un hogar no es nuestro Estado.

¿Qué pasa cuando la gente dice que los judíos están utilizando a Estados Unidos y que es hora de salir?

Les gustaría que hiciéramos saber que esto es antisemitismo.

¿Pero tienes doble lealtad?

¿Qué hay de malo en ello? Israel puede ayudar a Estados Unidos y Estados Unidos puede ayudar a Israel... No utilizamos a Estados Unidos como base. Apoyamos a Estados Unidos, pagamos nuestros impuestos. De momento no queremos emigrar. Y no piensen que estamos viviendo de la grasa de su tierra y quitándosela, eso es intolerancia, eso suena a antisemitismo.

Tal vez, pero ¿no estás alimentando este antisemitismo con tus ideas?

Si Estados Unidos nos pidiera que sirviéramos en el ejército y no implicara a Israel, lo haríamos. Pero no podemos confiar en que Estados Unidos haga todo lo que queremos. Si Estados Unidos no tiene una política favorable hacia Israel, nos corresponde a nosotros ayudar a construirla, y no podríamos hacer por Israel lo que es necesario si no viviéramos en Estados Unidos.

ALFRED LILIENTHAL, "La conexión sionista".

Un joven Pollard podría haber sido uno de los judíos entrevistados más arriba. *("Las liendres se convierten en piojos"*, Gral. Sheridan, EE.UU.).

Recientemente, otro documento del KGB descifrado por el programa estadounidense Venoma indica, sin probarlo, que David K. Niles (Neyhus), judío, era un traidor estadounidense de alto rango. Protegido durante mucho tiempo de Bernie Baruch, judío, y de Harry Hopkins, jefe de gabinete de FDR, *Niles fue asesor administrativo de Roosevelt y Truman* (Hopkins, *recientemente desenmascarado como espía soviético, vivió de hecho en la Casa Blanca*). Cuando murió en 1953, el New York Times describió a Niles como *"un hombre misterioso"*. El FBI tenía a Niles y a muchos de sus socios bajo vigilancia. Su escenario comenzó cuando Niles recomendó a David Karr (Katz), un judío, a Alan M. Cranston para un trabajo. Karr formaba parte de la plantilla del periódico comunista *Daily Worker* y era director de relaciones públicas de la Liga Americana para la Paz y la Democracia, un frente comunista. Cranston era entonces miembro de la Oficina de Información de Guerra (OWI). Más tarde se convirtió en Senador de EE.UU. (CA-Dem.). Cranston publicó una edición distorsionada de "Mein Kampf", que vendió al público estadounidense como una traducción de la primera edición de *"Spielbergism"*. Obedeciendo las directrices de Niles, Cranston contrató a Karr como funcionario de la OWI. En calidad de tal, tenía acceso diario a los equipos de los presidentes Roosevelt y Truman, que incluían a Hopkins, Lauchlin Currie, Alger Hiss, Harry Dexter White (Weiss), JUIF (todos desenmascarados como agentes soviéticos) y, por supuesto, David Niles, JUIF. Los archivos Venona también confirman las actividades de espionaje de Kim Philby, Klaus Fuchs, judío, y los Rosenberg, judíos. El hecho es que David Niles nunca fue investigado por el Congreso. Truman (que empujó a EE.UU. a la debacle de Corea) llamó a Niles "amigo íntimo y socio de confianza". La respuesta a la pregunta de hasta qué punto la Casa Blanca controlada por los demócratas fue (y sigue siendo) escenario de alta traición está encerrada en los archivos del FBI, que la Oficina sólo revelará sin más preámbulos al Congreso de EEUU. El Congreso, que tiene que ganarse el favor de los medios de comunicación, finge que no le importa (véase el editorial del *Washington Times* del 29-8-97).

> Antes de la Segunda Guerra Mundial, Hitler se había erigido en enemigo jurado del liberalismo, el marxismo y el judaísmo, precisamente las tres fuerzas motrices que habían llegado al poder con el New Deal de Franklin Roosevelt.
> WILMOT ROBERTSON, "La mayoría desposeída", 1976.

> Algunos de mis mejores amigos son comunistas.
> FRANKLIN DELANO ROOSEVELT

> La historia completa del llamamiento de Alemania a negociar y nuestra categórica negativa y ruptura de relaciones diplomáticas no se publicó en 1937 y 1938, cuando Alemania hizo su llamamiento, sino que se ocultó al público hasta que el Comité de Actividades Antiamericanas de la Cámara de Representantes la descubrió después de la Segunda Guerra Mundial... y la hizo pública más de una década después de que los hechos hubieran sido tan criminalmente suprimidos.
> DR. JOHN O. BEATY, Coronel, Inteligencia del Ejército de EE.UU.

John F. Kennedy propuso un plan de paz a las Naciones Unidas (1961) en el que se pedía el "desarme general y completo de Estados Unidos", una medida más para aplicar el plan de Bernard M. Baruch.
A. K. CHESTERTON, "Los nuevos señores infelices".

La profundidad de la penetración de los AGENTES JUDÍOS en los gobiernos aliados queda demostrada por las guerras del siglo XX libradas no sólo en beneficio de los enemigos de Occidente, sino también por las estrategias empleadas para asegurar la derrota de Occidente. Hemos visto más arriba que la Casa Blanca y el número 10 de Downing Street capitularon ante los ILLUMINATI, alineándose con la Unión Soviética contra la Alemania cristiana. Hemos visto cómo Bernard Baruch, el secuaz del KAHILLA, "el hombre más poderoso de América", impuso un control absoluto sobre FDR, Churchill y Dwight Eisenhower, quienes juntos sacrificaron la herencia de su país para hacer avanzar la agenda ILLUMINATI (ver Capítulo 6: "Holocausto"). La ampliamente documentada traición al cristianismo de Roosevelt en Yalta y de Truman en Potsdam aseguró la total VICTORIA COMUNISTA en la Segunda Guerra Mundial y causó la muerte de millones de europeos desarmados después de la guerra.

La traición nunca prospera. ¿Por qué? Porque cuando prospera, nadie se atreve a llamarla traición.
LORD HARRINGTON.

ESTRATEGIAS PARA LA DERROTA Y GUERRAS NO GANADAS

CHINA: Tras la Segunda Guerra Mundial, Mao Tse-Tung, financiado por los ILLUMINATI, llevó a sus comunistas chinos a un conflicto armado contra la China nacional dirigida por el Generalísimo Chiang Kai-Shek, aliado de Estados Unidos contra Japón. Truman exigió a Chiang que integrara a los comunistas en el gobierno nacional chino, so pena de retirar la ayuda estadounidense. Chiang se negó a ser extorsionado, alegando su repulsa al cártel bancario internacional. Privado de la ayuda estadounidense y de suministros para su ejército, Chiang Kai-shek se retiró a la isla santuario de Formosa y se atrincheró allí. De este modo, Estados Unidos traicionó deliberadamente a su antiguo aliado Chiang Kai-shek y entregó la China continental al comunismo. Posteriormente, la China comunista obtuvo un puesto permanente en el Consejo de Seguridad de las Naciones Unidas, su puesto más poderoso. Mao Tse-Tung, famoso por su *"Pequeño Libro Rojo"* y favorito de la "elite" de Nueva York-Hollywood, los JUDÍOS, pasó a asesinar a 65 millones de sus compatriotas en lo que David Rockefeller y el "mongol" Brzezinski llaman "una revolución gloriosa".

COREA: Poco después, Truman, con el Congreso mirando hacia otro lado, envió tropas estadounidenses a Corea. La supuesta misión era IMPEDIR que el comunismo se extendiera a Corea del Sur, una península que apuntaba al ahora desarmado Japón. Esta "acción policial" se convirtió rápidamente en una guerra no declarada a gran escala. El gran general Douglas MacArthur hizo retroceder a los norcoreanos, dirigidos por oficiales chinos rojos, hacia la frontera china, entre gritos de protesta de Wall Street, que temía una guerra con "nuestro socio comercial", la China Roja. En las calles de Estados Unidos, liberales, marxistas y judíos "protestaban" por nuestras victorias y exultaban por nuestras derrotas, dando así, a ojos de los patriotas, una razón de ser a la guerra. MacArthur se quejó de que su dirección de la guerra se veía comprometida por los espías del gobierno estadounidense: "El enemigo recibe mis directrices (del Pentágono) antes que yo". MacArthur pide a Truman que autorice a las tropas de Chiang Kai-Shek a luchar junto a los estadounidenses contra los chinos rojos. Truman se niega. A MacArthur se le deniega su petición de atacar a las fuerzas enemigas concentradas al otro lado de la frontera del Yalu. Se le deniega su petición de reunir información mediante reconocimiento aéreo sobre China. MacArthur pronto se dio cuenta de que se esperaba de él que ganara batallas pero que perdiera la guerra. Una y otra vez, contra increíbles pronósticos y a costa de cuantiosas bajas estadounidenses, las fuerzas americanas detuvieron al enemigo, pero el Presidente Truman les impidió dar el golpe de gracia. MacArthur insistió públicamente en la victoria, lo que enfureció a los ILLUMINATI. Truman destituyó entonces a MacArthur por insubordinación. Su sustituto, el general Ridgway, declaró después de la guerra: "Si no ganamos, fue porque se me ordenó no ganar". ¿Por qué nadie fue ahorcado por alta traición? Sólo los ILLUMINATI lo saben. En retrospectiva, todos los hechos apuntan a la conclusión de que el objetivo del gobierno estadounidense al llevar a Estados Unidos a Corea no era derrotar al comunismo, sino matar al mayor número posible de estadounidenses en una derrota ignominiosa, deshacerse del héroe MacArthur como posible candidato presidencial y atraer a unos Estados Unidos desilusionados para que aceptaran un gobierno de un solo mundo.

VIET NAM: Un escenario idéntico se desarrolló diez años después, bajo otra administración demócrata amiga de los judíos. En un discurso especial al público estadounidense, el presidente demócrata Lyndon Johnson informó del ataque a un buque de guerra estadounidense en el Golfo de Tonkín por parte de un torpedero norvietnamita. Johnson anunció solemnemente que "hay que detener la agresión comunista porque constituye una amenaza para la seguridad estadounidense". (Más tarde, cuando los 58.152 muertos estadounidenses no eran más que nombres en un muro, los archivos desclasificados de la Marina estadounidense revelaron que no había habido ningún ataque con torpedos). Johnson ordenó entonces a 165.000 soldados estadounidenses, dirigidos por el general Westmoreland, que apoyaran a un puñado de "asesores" estadounidenses que habían sido enviados allí por el ex presidente demócrata John F. Kennedy. Estos "asesores" ayudaron a los ineptos survietnamitas en su guerra racial contra los norvietnamitas, que también eran comunistas. Una vez que las fuerzas estadounidenses se comprometieron en gran número, el gobierno federal estadounidense, al igual que en Corea, les prohibió atacar ciertos santuarios enemigos (zonas de reagrupamiento) donde los comunistas se retiraban, se reagrupaban, se rearmaban y lanzaban nuevos ataques. El material de guerra, enviado por el "Hanoi Run" de la URSS a Vietnam, se producía en fábricas rusas que habían sido construidas por empresas estadounidenses y financiadas por el sistema de la Reserva Federal de propiedad judía. Como en Corea, espías marxistas dentro del gobierno de EEUU pasaron información vital al enemigo. Una vez más, la política secreta de los ILLUMINATI era: ¡"La contención del comunismo" mientras se impedía una victoria americana! Negar una victoria final sobre un enemigo marxista dedicado y capaz era una receta para el asesinato de nuestros hombres. Significaba volver al mismo terreno sangriento una y otra vez. Sin embargo, a pesar de la traición en las altas esferas, las tropas estadounidenses, superadas en número diez a uno, ganaron la guerra. Esa es precisamente la razón por la que los marxistas, judíos y liberales estadounidenses protestaron con tanta vehemencia contra la participación de EE.UU. y esa es la única razón por la que estábamos destruyendo a sus camaradas... los comunistas. Los ROJOS.

La escoria marxista de las calles estadounidenses (Bob Dylan, JUDÍO; Joan Baez, JUDÍO; Bettina Apetheker, JUDÍO; Mort Kunstler, JUDÍO; Jerry Rubin, JUDÍO; Abbie Hoffman, JUDÍO; "Hanoi Jane" Fonda, el becario de Rhodes William J. Clinton, mentirosos, maricones, punks, lesbianas, judíos de Hollywood, degenerados, etc.) han organizado marchas de protesta, han arrojado excrementos a la policía, han quemado tarjetas de reclutamiento, han destrozado la bandera estadounidense, se han asociado con el enemigo, se han burlado de los tribunales, han mancillado a los ciudadanos de nuestro país, etc.) han organizado marchas de protesta, han arrojado excrementos a la policía, han quemado tarjetas de reclutamiento, han destrozado la bandera estadounidense, se han asociado con el enemigo, se han burlado de los tribunales, han desprestigiado a nuestros héroes militares *escupiendo literalmente a veteranos discapacitados que regresaban de Vietnam, y sin embargo no se les ha impuesto ninguna sanción.*

Pero cuando los Hell's Angels y las bandas de moteros ensangrentaron las narices de los MARXISTAS/judíos, los Harley Boys fueron arrestados bajo falsos cargos RICO. En Kent State, tres de los cuatro psicópatas lanzadores de piedras asesinados por la Guardia Nacional eran judíos (posteriormente martirizados en mármol por la universidad).

Mientras tanto, los medios de comunicación han invertido repentinamente su política a favor de la guerra, negando a nuestras asediadas tropas el apoyo moral de su país. Los medios vertieron calumnias sobre los líderes militares estadounidenses, presentaron escenas tendenciosas y horribles que describían el "*asesinato gratuito de civiles vietnamitas*" y la "*degeneración*" *de* nuestros hombres y mujeres en combate. Finalmente, el lavado de cerebro, la confusión y el agotamiento de los goyim estadounidenses obligaron a nuestro gobierno a rendirse. Ahora vemos el patrón recurrente de SEDICIÓN/TRAHISON. El gobierno de EE.UU. apoya secretamente el comunismo en todo el mundo, y luego envía al ejército de EE.UU. para "*contener la amenaza comunista*". Así *es* como Europa, Rusia, China, Corea, Vietnam, Camboya, Tailandia, Japón y Oriente Medio se convirtieron en campos de batalla y los gobiernos en el poder fueron destruidos. Los ILLUMINATI se instalan entonces en el vacío, crean bancos centrales y emiten deudas y créditos a las poblaciones devastadas. No puede haber *duda de que estas guerras americanas de traición sin victoria estaban destinadas a desilusionar a la nación americana para que aceptara la pérdida de su soberanía y un gobierno mundial único (ver los Protocolos).* También puede estar seguro de que los JAZARES aplaudieron con entusiasmo las muertes de los heroicos estadounidenses.

U.S.S. LIBERTY: Nada ilustra mejor el control judío del gobierno estadounidense que la atrocidad del USS Liberty. El *Liberty*, un conocido "ferret" o buque de vigilancia (incluido *en* el manual de referencia *Jane's Fighting Ships*) era un buque *"Victorious"* reconvertido de la Segunda Guerra Mundial con una silueta distintiva. Estaba equipado con sofisticados equipos de vigilancia de última generación que contribuían a su aspecto distintivo. El 8 de junio de 1967, el *Liberty* patrullaba en aguas internacionales frente a la península del Sinaí. El día era cálido, la visibilidad ilimitada, la brisa de 5 nudos y el mar en calma. A 100 pies por encima del puente, una bandera estadounidense cuadrada de 40 pies ondeaba en el palo mayor; una cifra 5 de 12 pies de altura estaba pintada en ambas proas y su nombre aparecía en negrita en la popa. *El* armamento total *del Liberty* consistía en dos ametralladoras gemelas del calibre 50 sin escudo antiexplosiones: una a proa y otra a popa. A las 11.30 horas, aviones de reconocimiento ISRAELI comenzaron a vigilar de cerca y de forma continua el buque durante casi 3 horas. A las 14.05 horas, aparecieron en formación tres aviones Mirage ISRAELI, cada uno de los cuales llevaba dos cañones de 30 mm y hasta 72 cohetes. De repente, sin desafiar al *Liberty*, llevaron a cabo un ataque mortal y coordinado contra el buque, prácticamente desarmado. El objetivo era claramente hundir el *Liberty* sin dejar rastro. *En retrospectiva, fue un asesinato deliberado.* La primera pasada destruyó la sala de radio, matando a todos los hombres; la siguiente disparó a todas las balsas salvavidas. Los judíos realizaron repetidos ataques cruzados, destruyendo el *Liberty* de proa a popa. La cubierta se inundó de sangre americana que corría por los imbornales y a lo largo del francobordo. *Nuestra bandera fue arrancada del mástil.* Incapaces de hundirlo, los judíos enviaron tres torpederos que acribillaron al *Liberty* con armas automáticas de 20 y 40 mm. Uno de los tres torpedos dio en el centro del barco y destruyó el centro de comunicaciones. Sin embargo, el Liberty se negó a hundirse. En 39 minutos, 34 marinos estadounidenses murieron y 164 resultaron heridos. El capitán McGonagle, al comienzo del ataque, logró enviar un "Mayday" que fue captado a 600 millas de distancia por la Sexta Flota. El portaaviones *USS America* lanzó un ataque *pero los aviones estadounidenses fueron retirados por la Casa Blanca.* Los pilotos ISRAELÍES, al interceptar las comunicaciones de la Sexta Flota (las radios JUDÍAS estaban sintonizadas con las frecuencias del USS), abandonaron rápidamente la zona: los judíos son los mejores disparando a árabes hambrientos armados con palos y piedras. El capitán McGonagle llevó el Liberty al dique seco de Malta y luego a Little Creek, Virginia. Finalmente, la sangrienta carcasa fue desguazada. La tripulación fue amordazada. Una comisión de investigación israelí atribuyó el ataque a un *error de identificación:* sus pilotos habían confundido el *USS Liberty,* un buque de 10.000 toneladas, con *El Quseir,* ¡un portaaviones egipcio de 2.640 toneladas!

En Estados Unidos, el embajador estadounidense ante las Naciones Unidas, Arthur Goldberg, judío, y Eugene y Walt Rostow, judíos, *asesores especiales sobre seguridad nacional* del presidente Johnson, ejercieron fuertes presiones para apoyar la posición de Israel. Fueron estos mismos judíos quienes ayudaron a organizar la guerra de Vietnam (Walt Rostow enseña ahora en Yale, un semillero de sionismo). El jefe de la CIA, Richard Helms, *en relación con* el atentado contra *Liberty,* permitió que todas las operaciones de inteligencia estadounidenses en Israel fueran llevadas a cabo por el Mossad (el Mossad *es la* CIA). Una comisión de investigación estadounidense, presidida por el contralmirante I. C. Kidd, USN, declaró: *"El ataque al Liberty fue en realidad un caso de error de identidad".* Esto estableció la posición oficial de los Estados Unidos.

En los años siguientes, salieron a la luz hechos que indicaban que los ISRAELÍES sabían exactamente lo que estaban haciendo, por ejemplo: los judíos afirman que pensaban que estaban atacando un barco egipcio, cuando en realidad sólo estaban interfiriendo las frecuencias de comunicaciones estadounidenses. El *USS Liberty* lanzó su "Mayday" antes de que mataran las radios, gracias únicamente a la rápida actuación de McGonagle y al avanzado equipo de comunicaciones del barco.

Al parecer, esto fue lo que ocurrió: el *Liberty* había recibido órdenes de la Casa Blanca de dirigirse a otra parte del Mediterráneo, pero el mensaje, por razones no reveladas, nunca llegó a enviarse. Todavía patrullando frente al Sinaí, el *Liberty* interceptó comunicaciones que revelaban los ataques furtivos de ISRAEL contra Egipto y Jordania, que desencadenaron la guerra de 1967. Mientras tanto, con la ayuda de los medios de comunicación estadounidenses, los ISRAELÍES anunciaron al mundo que habían sido atacados por los egipcios. La Casa Blanca (que traicionó a los árabes) respaldó las mentiras ISRAELÍES. Moshe Dayan, jefe de defensa israelí, ordenó hundir el *Liberty.* Sabía demasiado y, lo que es más importante, el atroz hundimiento podría ser achacado a Egipto, produciendo otra reacción tipo *Lusitania,* Pearl Harbor o Coventry en Estados Unidos.

ISRAEL no sometió a consejo de guerra a los pilotos de los Mirage, dos de los cuales eran judíos "estadounidenses" formados en la Academia de la Fuerza Aérea de Colorado. La Marina estadounidense advirtió a los supervivientes del USS Liberty que nunca hablaran del incidente. Por primera vez en la historia de Estados Unidos, las medallas concedidas al valor no mencionan el nombre del ENEMIGO: en su lugar, se refieren a una "batalla en el Mediterráneo". En una ceremonia que normalmente se celebra con solemnidad y dignidad en la Casa Blanca, el Capitán McGonagle recibió el más alto honor de nuestra nación, la Medalla de Honor del Congreso, de manos de un *representante* del Presidente Johnson, en una antesala de los astilleros, con la mayor rapidez y discreción posibles. A día de hoy, el Departamento de Estado estadounidense se niega a desclasificar documentos importantes relacionados con los asesinatos *del USS Liberty*, ¡que tuvieron lugar hace casi 35 años! La desclasificación sería vista como antisemitismo.

El capitán Joe Toth, de la USN, que reclama daños y perjuicios en nombre de su hijo asesinado, Stephen Toth, y de otros dos oficiales muertos a bordo del *USS Liberty*, ha sido amenazado por la US Navy y el Departamento de Estado de Estados Unidos para que guarde silencio o se atenga a las consecuencias. Dijo su viuda:

> Primero mataron a mi hijo y luego a mi marido. El acoso adoptó la forma de amenazas y afirmaciones de que Joe era una amenaza para la seguridad nacional; había vigilancia y presiones de gente como Hacienda. Era demasiado para su mal corazón. Tardaron un año en matarlo, pero finalmente lo hicieron.

Diez años después UPI informó (9-18-77) que documentos de la CIA obtenidos por Egipto a través de la Ley de Libertad de Información revelan que el Ministro de Defensa israelí Moshe Dayan, JAZAR, ordenó el ataque no provocado. El director de la CIA Stansfield Turner, un traidor goyish, interrogado en la televisión nacional sobre los documentos de la CIA, dijo: "No han sido autentificados... el ataque israelí fue un error honesto".

Es absurdo. La sola evidencia prima facie revela el descarado encubrimiento: fue a plena luz del día. Los marineros estadounidenses claramente visibles no parecen egipcios. Ahora pregúntese quién cree que controla a los presidentes, congresistas, almirantes y directores de la CIA estadounidenses.

Así, los PARÁSITOS JUDÍOS están asesinando a nuestro pueblo, distorsionando nuestra cultura y destruyendo nuestro destino. Las trágicas derrotas político-militares de Estados Unidos, así como los actos de sedición y traición que nuestro Congreso sin escrúpulos se niega a investigar, no son acontecimientos inconexos. Más bien, son momentos, examinados en un bucle temporal, que ilustran el *continuo declive de la civilización occidental*. El escenario diabólico de estos altos crímenes lo proporcionan los *Protocolos de los Sabios de Sión* que, como Henry Ford afirmó firmemente, *corresponden a lo que ocurrió en el pasado y a lo que está ocurriendo hoy*. Esto es absolutamente cierto. La metáfora del *"barco de Estado"*, refiriéndose a los Estados Unidos, evoca la imagen del hundimiento del *USS Liberty*. Así es como nuestra nación se desangra, plagada de parásitos, carcomida por un ENEMIGO que nadie se atreve a nombrar.

LOS MEDIOS DE COMUNICACIÓN

Los ocasionales gritos de los estadounidenses pidiendo justicia son ignorados porque *los medios de comunicación interpretan la 1ª enmienda como el derecho a publicar sólo lo que conviene a los propósitos del ILLUMINATI*. Está claro que cuando la *vox populi* es silenciada, los actos de traición quedan impunes. (Observamos que la "libertad de prensa" no se concede a los nazis, las naciones arias, el KKK, etc.).

Los medios de comunicación de masas moldean la opinión pública lavando el cerebro a la sociedad con desinformación, desinformación y encuestas falsas, para que se incline en la dirección deseada por los ILLUMINATI. Se ha señalado que los sondeos de opinión pública ponen realmente a prueba la eficacia de los medios de comunicación. Los medios de comunicación de masas son, de hecho, auxiliares del ILLUMINATI y sus grupos de presión: CFR/TRILATERAL, Sistema de la Reserva Federal, Servicio de Impuestos Internos, Congreso Judío Mundial, Liga Antidifamación de la B'nai B'rith, las Fundaciones, etc. cuya influencia combinada supera con creces la de nuestro gobierno constitucional. *Sólo los arioamericanos, debidamente armados y dirigidos, tienen mayor poder*.

LOS MEDIOS DE COMUNICACIÓN DE MASAS mantienen bajo control a los tres poderes del gobierno estadounidense. Los abogados y políticos nacionalistas son considerados políticamente incorrectos: *son declarados persona non grata* por los medios e ignorados, o crucificados por ellos. Los dos periódicos más influyentes del mundo, que los brokers de D.C. meditan mientras toman su café matutino, son el *New York Times* ("Todas las noticias que caben"), propiedad de las familias judías Oakes (Ochs) y Sulzberger, y el *Washington Post*, propiedad de Martha Meyer Graham (hija bastarda del banquero judío Eugene Meyer, que compró el periódico como órgano de propaganda para empujar a Estados Unidos a la guerra). Estos dos imperios mediáticos incluyen emisoras de radio y televisión, páginas web y otras empresas editoriales. Hacen o deshacen gobiernos, propagan las espiroquetas de la sífilis judía, crean pánicos financieros y guerras, y reciben sus instrucciones de la KEHILLA.

Otras publicaciones controladas por judíos son:

Louis Post Dispatch (propiedad de la familia Pulitzer, fundadora del "periodismo amarillo"); *Philadelphia Inquirer, San Francisco Chronicle, Los Angeles Times, Las Vegas Sun; U.S. NEWS AND WORLD REPORT, TIME, NEWSWEEK ; FORTUNE, MONEY, THE NATION ; NEW YORK REVIEW OF BOOKS, SATURDAY REVIEW OF LITERATURE, BOOK OF THE MONTH CLUB, ENCYCLOPEDIA BRITANNICA, BOWKERS ; NEW REPUBLIC, COMMENTARY, SCHOLASTIC, AMERICAN HERITAGE, STARS AND STRIPES ; VOGUE, GLAMOUR, SEVENTEEN, MADEMOISELLE, McCALL'S, TEENAGE, LADIES HOME JOURNAL, RED BOOK, COSMOPOLITAN; PEOPLE; NEW YORKER, VANITY FAIR, ESQUIRE, SPORTS ILLUSTRATED; AMERICAN HOME, HOUSE AND GARDEN, FAMILY CIRCLE, ARTS AND ANTIQUES*, etc.

Ancorp National Services (Union News), propiedad de Henry Garfinkle, judío, es el principal distribuidor de libros de bolsillo, revistas y periódicos a quioscos y puntos de venta. Sam Newhouse, JUIF, posee la tercera cadena de prensa, representada, en el último recuento, por más de 30 diarios.

El control judío es omnipresente en la edición de libros: Knopf, Random House, Viking Press, Doubleday, Dell, Holt-Rinehart & Winston, Grosset and Dunlop, Penguin, Bantam, por nombrar sólo algunas.

La mayoría de los críticos de cine y libros son judíos o trabajan para publicaciones judías. Lo mismo ocurre con los agentes de libros, cine y televisión. Harry Sherman, judío, propietario del Club del Libro del Mes, distribuye cada año millones de títulos a puntos de venta de todo el país. ¿Cree que distribuye libros de la lista de la ADL? Intente comprar un ejemplar de La guerra de Churchill de David Irving, La mayoría desposeída de Wilmot Robertson o Murieron realmente 6 millones de Ernst Zundel en su librería local. No conseguirá nada. Ni siquiera los catalogarán. En cambio, "El diario de Ana Frank", un engaño demostrado, está disponible en todas partes. De hecho, los judíos determinan lo que los estadounidenses pueden leer, oír, ver, escribir y PENSAR.

> Abraham H. Foxman, en su carta al director, me acusa de "antisemitismo"; me llama "conocido negacionista del Holocausto y apologista nazi"; y habla de mi "patrón de parcialidad y engaño". Luego veo que dirige una Liga Antidifamación (ADL). Qué extraño.
> DAVID IRVING, Cartas, "Vanity Fair", octubre de 1999

Recientemente, Bertelsmann USA, un conglomerado alemán, compró varias editoriales neoyorquinas, creando el pánico dentro de la Tribu. ¡Sin embargo, el acuerdo especificaba que Bertelsmann ya no publicaría *"Mein Kampf"* y que la infraestructura de las editoriales adquiridas permanecería firmemente bajo dirección JUDÍA!

En los años anteriores y posteriores a la Segunda Guerra Mundial, una sucesión de jerarquías judías controlaban TODAS las noticias emitidas en las cadenas de radio y televisión estadounidenses: William Paley, JUDÍO, director general de *CBS;* la familia Sarnoff, JUDÍO, dirigía *RCA (NBC);* Leonard Goldenson, JUDÍO, dirigía *ABC. PBS* y Sports Network también están controladas por judíos, al igual que los principales canales de cable: *TNN, CNN, A&E, History Channel,* por nombrar sólo algunos. En algunos casos, la propiedad de las cadenas ha cambiado como resultado de fusiones corporativas, pero la infraestructura sigue siendo indefectiblemente judía, como *la Disney Company:* dirigida por Michael Eisner, judío, compró *la ABC;* y Sumner Redstone (Rothstein), judío, compró *la CBS* para formar *Viacom,* el segundo conglomerado mediático más grande del mundo, que arroja su inmundicia a todos los rincones del planeta. Arios "cabezas parlantes" muy bien pagados que profesan la ideología judía (Cronkite, Jennings, Sawyer, Cokie Roberts, George Will, Matthews, Brokaw, Rather, etc.), desempeñando el papel de Judas, llevaron a Estados Unidos al borde de la catástrofe: una guerra imposible de ganar contra los Estados árabes. Lo que los estadounidenses saben de su propia historia y de la historia de los judíos es lo que la TRIBU les permite saber.

TIME-WARNER COMMUNICATIONS, el mayor conglomerado de medios de comunicación del mundo, dirigido por Gerald Levin, un judío, adquirió recientemente la Turner Broadcasting Company. Turner, un empresario sin educación (Brown Univ.) pero de gran éxito, estaba casado con la tonta de Hollywood Jane Fonda. Como se recordará, fue fotografiada tras las líneas enemigas ondeando una bandera comunista durante la guerra de Vietnam. Posteriormente, las tropas estadounidenses colocaron fotos plastificadas de "Hanoi Jane" en sus urinarios. Así que no es de extrañar que Ted/Jane (que ahora están divorciados) se fusionaran con *Time-Warner* (JUDÍOS) y luego, con mucha fanfarria, donaran mil millones de dólares libres de impuestos a las Naciones Unidas, cuyo objetivo es el GOBIERNO MUNDIAL ILUMINATI.

La propiedad de Hollywood, el teatro, Broadway y la industria discográfica es casi un monopolio judío. Para escapar a las medidas antimonopolio, se permite a unos pocos gentiles obedientes que se lleven una pequeña parte del botín. Los jázaros no sólo controlan la financiación, la creación y la producción del medio, sino que también poseen, casi en exclusiva, la distribución, la exhibición y los derechos accesorios en el extranjero y en el país, así como los privilegios de la cabina de casting donde se hacen (y se crían) las jóvenes estrellas emprendedoras.

El poder judío en la "industria del entretenimiento" se deriva de su capacidad aparentemente única para asegurar el respaldo financiero. En última instancia, son los banqueros de inversión, los financieros, los capitalistas de riesgo, casi todos judíos, quienes determinan lo que se va a producir. Si el contenido no cumple los criterios de ILLUMINATI, se descarta. No ha habido películas basadas, por ejemplo, en *"La destrucción de Dresde"* de David Irving, *"Los diarios de Goebbel"*, *"El avance hacia la barbarie"* de Veale, *"El archipiélago Gulag"* de Solzhenitsyn, *"El mercader de Venecia"* de Shakespeare, *"Un pilar de hierro"* de Taylor Caldwell, o un documental sobre la atrocidad de la *"guerra de EE. S. S. Liberty"*, una película que sacudiría al mundo y colgaría a miembros del Congreso y topos de la CIA por traición.

La contribución judía a la cultura cinematográfica (además de la cópula en pantalla y la "risa grabada") es el DOCU-DRAMA, en el que la película documenta personajes y acontecimientos históricos para garantizar su autenticidad, pero distorsiona estos personajes y acontecimientos para apoyar ideologías judías. Finalmente, el docu-drama se vende como una historia auténtica. Estas medias verdades son, por supuesto, mentiras que perjudican gravemente a la nación aria, como se supone que deben hacer. *La Lista de Schindler* es un ejemplo de Spielbergismo:

El siguiente texto está tomado de la página de copyright de la primera edición del libro de Thomas Kneally, que sirvió de base para la película *"La lista de Schindler"*. Las ediciones actuales del libro omiten el descargo de responsabilidad.

    TOUCHSTONE Rockefeller Center
    1230 Avenue des Amériques
    Ciudad de Nueva York, NY 10020

    THOMAS KENEALLY - La lista de Schindler.

Este libro es una obra de ficción. Los nombres, personajes, lugares e incidentes son producto de la imaginación del autor o se utilizan de forma ficticia. Cualquier parecido con hechos, lugares o personas reales, vivas o muertas, es pura coincidencia.

1.   Schindler, Oskar, 1908-1974... Ficción.
2.   Holocausto, Judíos 1939-1945... Ficción.
3.   Segunda Guerra Mundial, 1939-1945... Ficción.

El docu-drama permite al director Sir Stephen Spielberg, un judío, no comprometido por los hechos históricos, verter su odio hacia los alemanes. Ninguna mentira es demasiado degenerada para que este KHAZAR la presente como un hecho. Por desgracia, su violación de la Primera Enmienda traumatiza a los jóvenes que creen lo que les dicen sus mayores.

Antiguas fotografías de las Fuerzas Aéreas de EE.UU. y entrevistas con antiguos prisioneros revelan que el campo de Plaszow era en realidad muy distinto del que se describe en la tan cacareada película La lista de Schindler. Por ejemplo, la casa del mayor Goeth, el "asesino maníaco", estaba situada de hecho al pie de una colina, lo que le impedía disparar a los judíos que se encontraban en un recinto en la cima de la misma colina. Esto no ocurrió, salvo en el malicioso cerebro de Spielberg. La historia demuestra que Plaszow era un campo de concentración razonablemente cómodo y bien gestionado. No había cámaras de gas. Ningún comandante loco. ¡Todos *Spielbergismos!*

Spielberg ha hecho carrera calumniando a los alemanes. Por eso es revelador que prefiera a las mujeres arias (como tantos judíos de Hollywood). Hasta ahora, el famoso director se ha casado con dos de ellas. Spielberg reconoce una buena nariz aguileña cuando la ve. Quiere que su descendencia lleve esos genes arios "odiosos, intolerantes y maníacos". Recientemente, el Congreso de los EE.UU., incitado por el senador demócrata judío Arlen Specter, concedió al multimillonario Spielberg un millón de dólares de su dinero para grabar las fantasías de los recién descubiertos "supervivientes del Holocausto" en un esfuerzo continuo por extorsionar la compasión del público goyim con el cerebro lavado. En su codicia, los judíos olvidan que cuantos más supervivientes haya, menos "víctimas" habrá.

> Probablemente podríamos demostrar con hechos y cifras que no existe una clase criminal típicamente estadounidense, con la excepción del Congreso.
> MARK TWAIN.

Los liberales *se sienten tan bien* cuando tienen a otras personas de las que compadecerse. El pueblo elegido de Dios, que se queja de la SHOAH, se aprovecha de estas pobres bestias como carteristas en Macy's. Mientras los estúpidos goyim se flagelan con amor fraternal, los JUDÍOS roban todo lo que no está clavado, todo mientras lloran antisemitismo.

PLATA

El descaro también funciona en el JUEGO DEL DINERO. La revista *Forbes* hace una lista de los 400 principales megamillonarios y multimillonarios estadounidenses (1998). Hay 5 judíos entre los 10 primeros megamillonarios y 15 judíos entre los 30 primeros multimillonarios. Así pues, mientras afirman ser víctimas del antisemitismo y representar el 3% de la población, los judíos constituyen el 50% de los hombres más ricos de Estados Unidos. La mayoría de estos judíos nacieron en Europa del Este, lo que demuestra que los nazis no fueron tan eficaces como nos quieren hacer creer.

La revista *Vanity Fair*, que presenta el "New Establishment" de 1998, incluye a 12 judíos entre los "30 principales agentes de poder de Estados Unidos". *Los miembros de la cábala bancaria internacional que poseen los intereses de la deuda estadounidense de seis billones de dólares brillan por su ausencia en las dos encuestas mencionadas. Estos son los "hombres dominantes" de los que hablaba* el presidente Wilson, que se sientan en los consejos de administración de las corporaciones más prestigiosas del mundo; figuras sombrías que chasquean los dedos y el Congreso obedece como un solo hombre.

La usura puede practicarse con los cristianos.
TALMUD: Abhodah Zara 54a.

Un informe especial del censo federal de 1950... reveló que entre... los diferentes grupos de población de Estados Unidos, los "rusos nacidos en el extranjero" tenían los ingresos medios más altos. La renta media de los estadounidenses blancos era un 40% inferior... "el grupo ruso contiene grandes componentes de refugiados y judíos".
WILMOT ROBERTSON, *"La mayoría desposeída"*.

La propiedad cristiana pertenece al primer judío que la reclame.
TALMUD: Babha Kama 113b.

Los judíos deben dividir lo que cobran de más a los cristianos.
TALMUD: Choschen Ham 183.7.

Ahora sabemos que la "teoría del goteo" de la financiación comienza con el Presidente del Consejo de Gobernadores de la FED proporcionando información "confidencial" a financieros privilegiados, que gotea hacia miembros menos importantes de la cábala. ¿Le gustaría saber con 48 horas de antelación que la FED tiene la intención de recortar el tipo de interés oficial? ¿Le gustaría ser un agente que está detrás o que recibe, por ejemplo, dólares canalizados por el FMI hacia Rusia o Israel? ¡Usted también puede figurar en la lista *Forbes 400!*

¿Por qué muchos congresistas llegan pobres y se van ricos cuando se jubilan? Respuesta: Porque su honor vale menos que lo que reciben de los grupos de interés. El dinero lo compra todo. Compró" el Dormitorio Lincoln. Compró el Tribunal Supremo. Compró su país.

¿INFLUENCIA JUDÍA?

No hace tanto tiempo que a los judíos no se les permitía entrar en los grandes bufetes de abogados de Washington, D.C. .... A los judíos no se les permitía entrar en los grandes clubs de campo... Pienso en la posición de los judíos hoy en día en Estados Unidos: El Secretario de Estado es judío... El Secretario de Defensa es medio judío... El Secretario del Tesoro es el único que es judío y admite que lo es... El director de todos los grandes estudios de Hollywood es judío. Los jefes de todas las cadenas de televisión son judíos. Los directores de dos de los cuatro periódicos nacionales son judíos... Los directores de todas las universidades de la Ivy League son judíos... Le diré cómo sé, sin sombra de duda, que la posición de los judíos en Estados Unidos ha cambiado drásticamente... Un amigo íntimo mío celebró un funeral en el Chevy Chase Country Club (¡!). Y había un cantor con kipá oficiando el servicio... No puedo describirles lo asombroso que fue el giro de los acontecimientos.

BEN STEIN, JUDÍO, discurso en una conferencia judía provida en la Facultad de Derecho de la Universidad Católica (extracto del *"Washington Times"* 11-17-98).

NO HAY LUGAR PARA CRISTIANOS BLANCOS EN LA IVY LEAGUE ARCO IRIS

Si las universidades y colegios universitarios de élite matriculan al 75% de sus estudiantes procedentes de pequeñas minorías demócratas, mientras que los cristianos y católicos blancos, que constituyen el 75% de la población, son relegados al 25% de los asientos, no puede haber ninguna duda sobre quién dirigirá América en el siglo XXI.

En la página editorial del *Wall Street Journal* (16-11-98), un notable ensayo (del antiguo alumno de Harvard Ron Unz) expone la verdadera historia oculta de quién está verdaderamente "infrarrepresentado" en nuestras escuelas de élite y quiénes son las verdaderas víctimas del fanatismo étnico en América. Según Unz, hoy en día, en el Harvard College, las matrículas de hispanos y negros han alcanzado el 7% y el 8% respectivamente, algo menos que el 10% y el 12% de la población estadounidense que son hispanos y negros. Esta situación ha provocado protestas... porque hispanos y afroamericanos insisten en una representación más proporcional.

El Sr. Unz... continúa diciendo que casi el 20% de los estudiantes de Harvard son asiático-americanos y entre el 25 y el 33% son judíos, aunque los asiático-americanos sólo representan el 3% de la población y los judíos estadounidenses aún menos del 3% de la población. Así pues, ¡el 50% de los estudiantes de Harvard proceden del 5% de la población estadounidense!

Si se suman los estudiantes internacionales, los de nuestra pequeña élite

WASP y los nietos de licenciados, se obtiene un alumnado de Harvard en el que los blancos no judíos constituyen el 75% de la matrícula.

¡La población estadounidense sólo obtiene el 25% de las plazas! La misma situación... se da en otras escuelas de élite... Dado que los hispanos, asiáticos, afroamericanos y judíos estadounidenses también votan masivamente a los demócratas, el panorama que se dibuja no es nada agradable. Una élite liberal alivia su conciencia social privando a la clase media blanca estadounidense de su derecho de nacimiento y confiándoselo a las minorías que votan al Partido Demócrata...

PAT BUCHANAN, extracto del *Washington Times* (12-13-98).

La misma conspiración existió en la Alemania de posguerra. Hitler intentó expulsar a los judíos. Los judíos declararon la guerra. América envió tropas al extranjero para matar a los alemanes. Hoy, los judíos dirigen América.

LA POLÍTICA DE "DEMASIADOS JUDÍOS" PROVOCA PROTESTAS:

El presidente del Comité de Relaciones Internacionales de la Cámara de Representantes, Benjamin A. Gilman, escribió ayer al Presidente Clinton oponiéndose a una información (anónima) según la cual no se cubren puestos de alto nivel en asuntos exteriores porque hay demasiados... "hombres judíos blancos" en los puestos directivos del Departamento de Estado... Las fuentes hablaban en el contexto de la preocupación de la administración Clinton por buscar la "diversidad"... de modo que ningún género o grupo étnico esté sobrerrepresentado... No obstante, Mr. Gilman dijo... "La publicación de tal declaración, incluso anónima, en estos tiempos es indignante... *La discriminación religiosa es totalmente inapropiada en las decisiones de personal*"... Gilman dijo a Clinton: "Seguiremos de cerca las decisiones de personal de su administración sobre este asunto".

WASHINGTON TIMES, por Ben Barber, 1997.

Gilman, judío, retoma la vieja línea de que la judeidad debe identificarse por la *religión*, no *por la raza*. Mientras que hasta el tonto del pueblo entiende que Elizabeth Taylor, JUDÍA, y Sammy Davis Jr, JUDÍO, no son CAZARES y que Henry Kissinger, JUDÍO, no es alemán. Es un juego de tontos. Cuando las prácticas de contratación o reclutamiento se basan en cuotas *raciales* y los JUDÍOS están subrepresentados, oímos a los elegidos de Dios gritar antisemitismo (anti-raza). Los parásitos son insaciables.

El presidente Clinton, *bajo el liderazgo de los ILLUMINATI*, ha nombrado a más judíos jázaros para puestos clave del gobierno *(con todo el desastre que ello conlleva)* que ningún otro presidente en la historia de Estados Unidos. Sin embargo, Gilman, el judío por excelencia, como Shylock, el usurero por excelencia de Shakespeare, exige carne, carne y más carne.

> Un judío sigue siendo judío aunque cambie de religión. Un cristiano que adopta la religión judía no se convierte en judío, porque la cualidad de judío no está en la religión sino en la raza.
> "THE JUIFISH WORLD", Londres, Inglaterra, 12-14-1922.

INVASIONES CULTURALES

Se dice que para apreciar a Wagner, Beethoven y Richard Strauss basta con escuchar una composición de Mahler, que es JUDÍO. Sea como fuere, sea cual sea el programa, casi siempre hay un director judío en el podio: Bruno Walter, Daniel Barenboim, Serge Koussevitsky, Pierre Monteux, Erich Leinsdorf, Eugene Ormandy, George Szell, Arthur Fiedler, James Levine, Leonard Bernstein, André Previn, George Solti, Arthur Schnabel, Leonard Slatkin, Zubin Mehta, etcétera. Los directores mencionados son sólo algunos de los muchos directores judíos que, desde la Segunda Guerra Mundial, han sido nombrados para dirigir las mejores orquestas del mundo. Los gentiles a los que ocasionalmente se permite empuñar la batuta son considerados intrusos en lo que se ha convertido en territorio judío. ¿Y por qué?

Los derechos de autor extranjeros y nacionales procedentes de la venta de discos y casetes mantienen en números negros a orquestas sinfónicas, directores y solistas. En Estados Unidos, la industria discográfica está controlada por los judíos. Con la ayuda de los medios de comunicación, determinan qué artistas son contratados, estrellados y despedidos. Como resultado, las grandes formas musicales de Occidente han pasado a ser interpretadas por directores y solistas judíos a su manera kitsch. Son ellos quienes reciben los beneficios económicos y los elogios, mientras que los *arios son aparentemente incapaces de interpretar la gran música creada por su propia raza*. Es otro ejemplo del choque cultural que polarizó Alemania.

No contentos con plagiar, apropiarse y distorsionar nuestra música, los judíos tienen otro as en la manga. Invariablemente, un tour de force musical, por ejemplo una grabación de Mozart dirigida por von Karajan, tendrá en el reverso selecciones de compositores JUDÍOS de tercera categoría como Copeland, Bernstein y Gershwin. Así, la santidad de las bibliotecas de música aria, como las de los clubes privados y las escuelas, es violada por huéspedes no invitados. La oposición a tal audacia se recibe con gritos de antisemitismo, cuando en realidad se trata de una objeción a la cultura judía.

>Para tener éxito componiendo musicales, hay que ser judío u homosexual. Yo soy ambas cosas.
>
>LEONARD BERNSTEIN,
>Director, Filarmónica de Nueva York.

>Serás un tesoro por encima de todos los demás.
>
>ÉXODO 9:15

>Los judíos de Europa tienen un carácter particular y son conocidos por su fraude.
>
>DAVID HUME, filósofo escocés.

ESPACIO

La conquista del espacio ha sido durante mucho tiempo patrimonio de Occidente, desde el mito de Ícaro y el concepto fáustico del hombre en vuelo de Leonardo da Vinci. Los hermanos Wright hicieron despegar al hombre con alas en Kitty Hawk. Goddard fue el pionero del cohete; los científicos alemanes inventaron los motores a reacción y desarrollaron la cohetería que impulsó a Estados Unidos y a la URSS al espacio; Werner von Braun y su equipo germano-estadounidense de la Administración Nacional de Aeronáutica y del Espacio (NASA) enviaron a Estados Unidos a la Luna. *La creatividad, la ciencia, la maravillosa tecnología y las técnicas que pusieron el sistema solar a nuestro alcance fueron producidas por los arios*. Fueron ellos quienes asumieron los riesgos y superaron los peligros, a veces mortales. Luego vino Daniel E. Goldin, un JAZAR/JUIF, nombrado por el presidente Clinton, siguiendo instrucciones de los ILLUMINATI, para dirigir la NASA. Así aseguró a Israel toda la inteligencia de la NASA que los espías judíos no robaron primero. Bajo Goldin, Estados Unidos y Rusia (financiada por Estados Unidos) cooperan ahora en el programa espacial, ¡no Estados Unidos y la Europa aria! (El monumento erigido en la Luna en memoria de los pioneros espaciales olvida mencionar a

Werner von Braun, un ario).

El PARASITISMO en EE.UU. es, por supuesto, un *redoblamiento* histórico. El judío Theodor Herzl señaló que *el antisemitismo existe allí donde aparecen los judíos porque lo traen consigo*. Su misión inicial era propagar su religión. Fracasaron en esa misión. Hoy, pocos judíos reivindican esta misión mesiánica. Los líderes israelíes, los Primeros Ministros Golda Meir y Benjamin Netanyahu, por ejemplo, admiten fácilmente que no son *"verdaderos creyentes"*. *Pero la idea de una misión permanece en una forma degenerada: arruinar todo lo que no sea judío*. Lo consiguen, sea cual sea la nación que los acoge, mediante un plan clandestino y muy organizado de adquisición y destrucción, descrito detalladamente en estas páginas.

La filosofía judía no consiste en "HACER" (GANAR) dinero, sino en "CONSEGUIR" dinero. Por eso los JUDÍOS son siempre financieros e intermediarios, raramente capitanes de industria, constructores y productores. El ario robusto y leal elige un trabajo que le gusta y del que se siente orgulloso, aunque eso signifique "ganar" un poco menos de dinero. Pero para el JUDÍO, "ganar" dinero es la consideración principal. Las ideas de *"trabajo creativo"* y *"un trabajo bien hecho"* le parecen ridículas. A los arios les gusta tratar con ideas creativas, habilidad, calidad y peligro. Los judíos no conquistan el desierto ni se lanzan al espacio. Para los arios, el trabajo lo es todo, no negociar tratos y vivir del esfuerzo de los demás. Pronto, el llamado judío "americano", el parásito que no ha hecho nada, ¡lo ha recibido todo!

Hemos intentado mostrar en este capítulo algunos ejemplos de la punta del iceberg de lo que los judíos "americanos" hacen mejor: cometer traición y otros delitos graves en los más altos niveles del gobierno; promover la destrucción del ethos estadounidense fomentando guerras no declaradas sin ganador (llamadas "acciones policiales") en las que miles de jóvenes estadounidenses han muerto innecesariamente, su honor arrastrado posteriormente por el fango por la canalla dirigida por los JUDÍOS; robar el programa nuclear estadounidense mientras se refuerzan las capacidades militares y nucleares de CHINA/ISRAEL/SOVIET; asesinato premeditado del USS Liberty; extorsión continuada y mentiras sobre el "HOLOCAUSTO" a pesar de la abrumadora evidencia de que no hubo política de asesinato masivo de JUDÍOS ni cámaras de gas; apoderamiento del dinero de EEUU (por la FED), medios de comunicación, gobierno, corporaciones, complejo militar-industrial y programa espacial. Todo esto, y más, por una tribu fea y hostil que vive como un parásito en las venas de nuestra nación.

> Permítanme emitir y controlar el dinero de una nación y no me importa quién haga sus leyes.
>
> AMSCHEL MAYER ROTHSCHILD.

> ¡Maten a los judíos!
>
> SADAM HUSSEIN.

> El "problema judío" no puede explicarse desde un punto de vista ético, racial, nacional, religioso o social, sino sólo cultural... En este siglo en que Occidente se transforma en una unidad de cultura, nación, raza, sociedad, economía y Estado, el judío aparece claramente en su propia unidad total: un completo extraño interior al alma de Occidente.
>
> FRANCIS PARKER YOCKEY, *"Imperium"*.

> Esta astuta raza tiene un principio fundamental: mientras reine el orden, no hay nada que ganar.
>
> GOETHE.

En los albores del nuevo milenio, los judíos se enfrentan a tres perspectivas aterradoras:

1) La síntesis dialéctica de Occidente da paso a la era mendeliana; 2) La élite cultural de muchas naciones de todo el mundo ha considerado que los judíos deben pagar por sus crímenes; 3) La Internet global, por primera vez en 85 años, levanta el telón de acero de la censura judía sobre la información pública. Los HECHOS históricos anteriormente suprimidos son ahora accesibles aquí y en el extranjero a cualquier persona con un ordenador.

En Toronto, Ontario, la "negación del Holocausto" se considera un delito de odio punible con severas multas y penas de prisión. Los juicios de Ernst Zundel, oscurecidos o tergiversados en Estados Unidos, fueron un verdadero drama. En el juicio, la defensa de Zundel demostró de forma concluyente que no hubo cámaras de gas en Auschwitz. No obstante, el juez declaró a Zundel culpable de odio, dictaminando que *"la verdad no es una defensa"*. Antes y durante el juicio, el odio estaba en su apogeo. Hubo numerosos intentos de matar a Zundel con cartas bomba, palos y disparos. La oficina de Zundel fue incendiada, causando daños por valor de 600.000 dólares. Ni el gobierno, ni los medios de comunicación, ni la policía canadiense, sabiendo de qué lado está su pan, se atrevieron a amonestar a los JUDÍOS (ver bibliografía). EL CONGRESO MUNDIAL JUDÍO, Edgar Bronfman, Presidente de JUIF (Seagrams Distillers) insta a los gobiernos americano y canadiense a cerrar la página web de Ernst Zundel:

http://www.zundelsite.org

En Alemania, Manfred Roeder sigue protestando contra el Holocausto en un Reich con el cerebro lavado (aún ocupado por tropas negras estadounidenses). Roeder, antiguo abogado del almirante Doenitz, estuvo a punto de morir apaleado el año pasado por seis matones enmascarados que blandían tubos de hierro. No se produjo ninguna detención. En cambio, Roeder fue acusado, juzgado y condenado a tres años de prisión por negar el "Holocausto".

En los Estados Unidos de América, *los crímenes cometidos por judíos contra revisionistas también son tolerados por la policía local, al igual que el espionaje y la subversión judíos son tolerados por el Congreso estadounidense.*

A raíz de la creciente ola de mendelismo y revisionismo, los judíos estadounidenses (bajo la bandera del judeocristianismo, la democracia y la hermandad) están intensificando sus esfuerzos para consolidar sus notables ganancias políticas, mestizar las razas y establecer un gobierno sionista mundial. Para facilitar esto, pretenden abolir las restricciones de inmigración entre EEUU, México y el Caribe, confiscar TODAS las armas pertenecientes a ciudadanos estadounidenses y arrastrar a EEUU a una guerra mundial. Los judíos, como siempre, se irán con el botín mientras los arios mueren. Recordad que el BRAZO REVOLUCIONARIO DEL ILLUMINATI está formado por JUDÍOS en DIASPORA: bolcheviques, "neocons", asesinos, mafiosos, anarquistas, sinvergüenzas, proxenetas, de todos los rincones del mundo.

Ellos, los *canallas*, fomentarán la revolución en las fuerzas armadas estadounidenses, las cárceles, los barrios marginales y Main Street, U.S.A.

¡TOB SHEBBE GOYIM HAROG!

CAPÍTULO 11

PATOLOGÍA Y RESUMEN

PATOLOGÍA

Poder y derecho no son sinónimos. De hecho, a menudo son opuestos e irreconciliables. Existe la LEY DE DIOS de la que derivan todas las leyes equitativas del hombre y según la cual los hombres deben vivir si no quieren morir en la opresión, el caos y la desesperación. Separado de la LEY ETERNA E INMUNE de DIOS, establecida antes de la fundación de los soles, el poder del hombre es malo, por muy nobles que sean las palabras con que se use o las razones que se invoquen para aplicarlo. Los hombres de buena voluntad, conscientes de la LEY ESTABLECIDA POR DIOS, se opondrán a los gobiernos gobernados por hombres y, si desean sobrevivir como nación, destruirán los gobiernos que intenten gobernar según los caprichos o el poder de jueces venales.

CICERÓN (106-43 A.C.).

El pueblo judío, tomado colectivamente, será su propio Mesías. Dominará el mundo uniendo a todas las demás razas humanas, aboliendo las fronteras y las monarquías, que son el baluarte del particularismo, y erigiendo una República universal en la que los judíos gozarán de derechos universales en todas partes. En esta nueva organización de la humanidad, los hijos de Israel se extenderán por todo el mundo habitado y, perteneciendo todos a la misma raza y a la misma cultura-tradición, sin tener al mismo tiempo una nacionalidad específica, formarán el elemento dirigente sin encontrar oposición. El gobierno de la nación, que constituirá esta República universal, pasará sin esfuerzo a manos de los israelitas, por el hecho mismo de la victoria del proletariado. La raza judía podrá entonces abolir la propiedad privada, y después administrar los fondos públicos en todas partes. Entonces se cumplirá la promesa del Talmud. Cuando llegue el tiempo del Mesías, los judíos tendrán en sus manos la llave de todas las riquezas del mundo.

BARUCH LEVY, JUDÍO, historiador, extracto de su famosa carta a Karl Marx (énfasis añadido).

Para poseer lo que no se tiene, hay que ser desposeído.

T.S. ELIOT, "Cuatro cuartetos".

No saber lo que ocurrió antes de nacer nos mantiene para siempre en el estado de un niño.

CICERÓN (106-43 A.C.).

Las razas purificadas siempre se hacen más fuertes y más bellas.

NIETZSCHE.

La *razón de ser de* un gobierno comunista, según Karl Marx, es construir un sistema de sociedad proletaria. Con este espíritu desapasionado, Lenin (judío) y Dzershinsky (judío) eliminaron a las clases aristocráticas y plutocráticas de la Rusia zarista, así como a decenas de miles de obispos y sacerdotes ortodoxos tras la revolución de 1917..... La gran mayoría de ellos perecieron (simplemente) porque no podían ser asimilados por el nuevo estado proletario que se estaba creando.

F. J.P. VEALE, jurista inglés, "Avance hacia la barbarie".

Los JUDÍOS nunca habrían podido apoderarse de Estados Unidos de no haber sido por la ingenuidad de sus dirigentes blancos que, a principios del siglo XX, seguían siendo hijos, nietos y bisnietos de los pioneros del país. Estos descendientes heredaron poder, privilegios y riqueza, pero perdieron completamente el contacto con la IDEA que hizo grande a esta nación: *"el destino manifiesto de la raza blanca". Como resultado, América se ha visto arrastrada a guerras en el extranjero por intereses judíos, destruyendo no sólo la semilla blanca de Europa, sino dañando el ethos de todo Occidente, permitiendo que los ILLUMINATI se hundan cada vez más en los nervios de América.*

La élite aria, educada en prestigiosas escuelas preparatorias y universidades de la Ivy League, se mantuvo en la ignorancia total de las leyes de la genética, las leyes de Dios, mientras que la basura talmúdica de Marx, Freud y Boas era proclamada y promulgada como el camino hacia la paz y la abundancia. Alardeando de másteres y doctorados, estos gentiles con el cerebro lavado, las manos blandas y los corazones compasivos fueron cómplices de la propagación de las espiroquetas de la sífilis judía por todo Occidente. Los resultados han sido desastrosos. Una ALTA CULTURA, como ahora sabemos, es el reflejo de un ÚNICO PUEBLO. Cuando ese pueblo está enfermo, se refleja en su cultura. *No cabe duda de que la cultura occidental está enferma. Pero, ¿por qué?*

Los patólogos culturales exponen varios HECHOS indiscutibles de los que deben extraerse conclusiones obvias: Los *JUDÍOS prepararon deliberadamente al hombre occidental para las guerras de aniquilación del siglo XX, distorsionando sus instintos raciales mediante la mentira, la propaganda y la demonización del "enemigo", y comprando a los líderes políticos aliados, llevando así a Estados Unidos y Gran Bretaña a librar una guerra total contra su familia europea. El principal objetivo de Alemania era unir a Europa contra el VERDADERO ENEMIGO JUDAIÍSTA-MARXISTA. El trágico resultado fue la victoria total de los KHAZARS y la devastadora derrota del Occidente ario.* Tomemos Inglaterra, alrededor de 1900, una pequeña isla de unos 40 millones de almas, controlando más del 80% de la tierra (incluyendo el control de los mares). Era la mayor influencia civilizadora que el mundo había conocido. Ahora, tras haber librado dos guerras mundiales PARA EL ENEMIGO, la supremacía británica de los mares ha desaparecido; su primacía comercial y política en Europa ha desaparecido; su poder colonial ha desaparecido; sus reservas de divisas han desaparecido; y su reserva de reproductores arios está seriamente mermada. Ha sido expulsada de Palestina por judíos desagradecidos (armados por sionistas americanos), sus soldados asesinados, sus cuerpos puestos en trampas explosivas, sus diplomáticos asesinados.

Inglaterra es ahora propiedad de los ILLUMINATI y se ha visto obligada a aceptar oleadas de inmigración no blanca en su familia teutónica de mejillas sonrosadas en preparación para el GOBIERNO MUNDIAL JUDÍO ÚNICO (la demografía predice que Londres tendrá una mayoría no blanca en 2010; Gran Bretaña tendrá una mayoría no blanca dentro de 100 años).

Estados Unidos no lo hizo mejor. Ganó la debacle militar PARA EL ENEMIGO y perdió la paz. Los intereses (245.000 millones de dólares al año) de su deuda de 6.000 millones de dólares pertenecen al ILLUMINATI. Estados Unidos, *"la única superpotencia mundial"*, es ahora una colonia judía. Los americanos blancos desposeídos no son más que empleados bien pagados y fuertemente gravados. Hacen girar la rueda, libran guerras contra los JUDÍOS y se les pide que entreguen el vientre de sus hijas al mestizaje.

Está claro que el mendelismo ha revelado una herida sangrante: Cuando una organización cultural no lucha por sí misma, lucha contra sí misma. Siempre pierde cuando no lucha contra el ENEMIGO REAL. Los patólogos culturales revelan que *todo un pueblo ha sido conducido a su destrucción*, contra sus instintos, por líderes egoístas y propaganda engañosa. *Como cómplices de la destrucción de la cultura occidental, los medios de comunicación de masas han sido declarados culpables de complicidad en traición, sedición, asesinato, genocidio y otros delitos graves.*

Si alguien pregunta por qué morimos, dile que es porque nuestros padres mintieron".

KIPLING.

Y he aquí, un ángel le llamó desde el cielo,
diciendo: No pongas una mano sobre el joven,
y no le hagas nada. Y he aquí
Un carnero, atrapado en un matorral por sus cuernos,
Ofrece el carnero de orgullo en su lugar.
Pero el viejo no quiso, y mató a su hijo,
y a la mitad de la raza europea, uno tras otro.

WILFRED OWEN, "La parábola del viejo y el joven".

Aquellos patriotas que murieron para "salvar el mundo para la democracia" murieron valientemente pero en vano. La DEMOCRACIA, como hemos visto, es un ántrax político utilizado por los JUDÍOS para destruir a sus huestes paganas invirtiendo la pirámide de la meritocracia. Así, mediante el derecho al voto, los hombres superiores (poco comunes) quedan impotentes políticamente por los votos de las masas numéricamente superiores; *estas últimas, ignorantes, frenéticas y compulsivas ("la bestia de muchas cabezas") son fácilmente manipulables* por el DINERO y los MEDIOS DE COMUNICACIÓN MASIVOS (el Colegio Electoral representa a los líderes de los partidos y es una farsa).

Los líderes honestos, rechazados por los magnates de los medios de comunicación, rara vez son vistos u oídos en público. Como resultado, rara vez son elegidos para un cargo público, mientras que los políticos que gozan de la aprobación de los medios de comunicación tienen largas carreras en el comedero público y entre bastidores, vendiendo el patrimonio de Estados Unidos al mejor postor. La regla general es: si el candidato es aprobado por los medios de comunicación, ¡ha sido comprado! Así, en una nación donde la cantidad triunfa sobre la calidad, y la igualdad sobre el mérito, todos los segmentos de la cultura se degradan.

El axioma liberal de que *"ésta es una nación de leyes"* (que todos los hombres son iguales) perdió su validez cuando *el sistema jurídico estadounidense interpretó que "todos los hombres" significaba "todas las razas"*. Los Fundadores, como dejan claro sus escritos, concibieron la noción de igualdad racial igual que concibieron la noción de democracia. Pero las visiones de nuestros padres fundadores arios no significaban nada para los judíos, ni para los legisladores y abogados a los que los ILLUMINATI chantajeaban, extorsionaban y compraban con tanta regularidad.

Como resultado, las enmiendas constitucionales, las promulgaciones y las interpretaciones liberales de la ley han anulado el gobierno tal y como lo concibieron los fundadores, volviendo literalmente la ley del país en contra de la raza blanca *("Nosotros el pueblo")*, las mismas personas a las que originalmente se pretendía proteger. (También a escala mundial, la democracia es desastrosa para los blancos, que sólo representan el 10% de la población mundial).

El desmembramiento gradual de nuestra República Constitucional se ha hecho de forma gradual y deliberada. La América que hemos sido educados para amar y respetar, y a la que juramos lealtad, ha sido cuidadosamente preservada en su panoplia, sus monumentos y sus lugares históricos. Pero, como veremos, se trata en gran medida de una ilusión. La visión de Washington, Adams, Jefferson y Franklin ha sido distorsionada más allá de toda redención. *Un enemigo ha hecho esto"* (Ezra Taft Benson). *En el corazón de la nación se alimenta una sanguijuela repugnante y salivante.*

La primera *Constitución de los Estados Unidos (1787)*, firmada por los Forjadores y conservada bajo vacío y cristal, fue derogada en 1861 cuando una federación de estados del Norte emprendió una guerra sin cuartel contra los estados del Sur de la Unión, superados en número, que fueron incendiados y quebrados. El asalto del Norte, basado en la codicia de los banqueros y la conveniencia política, se cubrió con la hipocresía de la igualdad racial: la manumisión de los esclavos negros que luego fueron segregados en viviendas de propiedad judía, su débil inteligencia explotada en talleres clandestinos. Una segunda *Constitución* entró en vigor cuando los políticos elegidos a dedo por Rothschild impusieron, a punta de pistola, las Enmiendas 14ª y 15ª

(1865 y 1868) que revocaron de hecho la Constitución que los traidores habían jurado defender. Una tercera *Constitución* surgió, bajo los auspicios del presidente demócrata Woodrow Wilson, cuando el Congreso controlado por Wall Street promulgó:

1) la *inconstitucional* Ley de la Reserva Federal (1913), que dio el control del dinero de los estadounidenses a Rothschild;

e2) el primer impuesto sobre la renta estadounidense (enmienda 16) destinado a financiar la primera guerra mundial ILLUMINATI y a *"salvar el mundo para la democracia";*

e3) la elección democrática de los senadores (17 Enmienda) sustituyendo la República por una democracia.

La *Cuarta Constitución* (1931) entró en vigor bajo el mandato del demócrata Franklin D. Roosevelt. El criminal de guerra y sus "amigos comunistas" establecieron rápidamente un *"dictado del proletariado"*. Henry Morgenthau, judío, Secretario del Tesoro, *ordenó a los ciudadanos estadounidenses que vendieran todo su oro* al Tesoro de EEUU ¡a precios inferiores a los precios internacionales del oro! Este "oro barato" fue entonces comprado por los banqueros internacionales en preparación para la guerra mundial que estaban planeando. Este robo de oro estadounidense por parte de los banqueros internacionales se conoce *como* el *"Gran Robo Bancario de 1933"* (Revilo Oliver). Cuando no se permitió a la economía recuperarse de la depresión creada por la FED, Bernie Baruch, un judío, jefe *de* la Junta de Industrias de Guerra *("el hombre más poderoso de América"),* puso a los hambrientos americanos a trabajar preparando una nueva guerra contra la Europa aria. Pronto las ovejas americanas fueron conducidas a los campos de batalla de la Segunda Guerra Mundial y se les ordenó destruir el sistema monetario *"Juden Frei"* y *"Wucher Frei"* de Herr Hitler y masacrar a tantos arios como fuera posible. Después de *salvar el mundo para la* DEMOCRACIA (MARXISMO/LIBERALISMO/JUIVERRISMO), América se convirtió en una entrada en el talonario ILLUMINATI.

Sucesivas administraciones demócratas han invitado a hordas de judíos y otros inmigrantes no blancos a Estados Unidos por una razón: votan por la candidatura demócrata/comunista. Esta forma de "traición" a escala nacional ha cambiado el color político y racial de nuestra república constitucional en un estado de bienestar de estilo marxista donde todos son iguales pero algunos son más iguales que otros.

La Cuarta *Constitución* nació de la fallida destitución del presidente demócrata WILLIAM CLINTON (hacia 1999), que reveló el absoluto desprecio de los judíos por la Constitución estadounidense y el código de leyes en el que se basa la jurisprudencia. El Senado y los ciudadanos de los Estados Unidos también fueron juzgados, pero por poderes. Al final, ambos *quedaron* expuestos como *egoístas, superficiales, venales y carentes de honor.*

El Comité Judicial de la Cámara de Representantes, formado por una mayoría de republicanos (todos arios), arriesgó su carrera política votando a favor de la destitución de un presidente popular, mientras que 16 demócratas (5 blancos, 5 negros y 6 judíos) votaron unánimemente a favor de mantener en el poder a este mentiroso compulsivo y riesgo para la seguridad *(el 95% de los negros y el 90% de los judíos votaron a favor de su elección como presidente).* Los negros le llaman nostálgicamente *"el único presidente negro".* Les encantan sus mentiras y su saxofón tocando blues. Juristas imparciales coinciden en que Clinton mintió bajo juramento, cometió perjurio ante un gran jurado y obstruyó deliberadamente la justicia. El senador Robert Byrd, *"decano de los demócratas"* y *"experto constitucional",* declaró emocionado en la televisión nacional que Clinton era culpable de graves delitos, lo que exigía su destitución. Ciudadanos estadounidenses, tanto militares como civiles, están cumpliendo penas de prisión por delitos menos graves. Poco después de su destitución por el Comité Judicial de la Cámara de Representantes, Clinton apareció en el Jardín de las Rosas (que linda con el Despacho Oval donde él y Monica Lewinski, judía (un riesgo para la seguridad), habían practicado sexo oral con el busto de bronce de Lincoln como testigo). El mentiroso de Yale se dirigió al público: tiene *"confianza en el futuro". Continuará "la obra del pueblo".* Un observador atento que esperara signos de remordimiento podría discernir, en cambio, ¡una euforia reprimida en el rostro del Presidente! Un *"pajarito"* le había susurrado algo al oído. El vicepresidente Al Gore, conocedor del secreto, abrazó al depuesto presidente, asegurándole su lealtad (mientras que el "rojo" de Yale, Dean Acheson, había jurado no dar nunca la espalda a Alger Hiss). *Dos días después, ¡el senador Byrd cambió su postura sobre el impeachment! ¡El "pajarito" también le había susurrado al oído! Fuentes cercanas a la Casa Blanca"* dijeron al autor que el senador Byrd y el líder de la mayoría en el Senado, Trent Lott, habían recibido instrucciones de Leslie Gelb, judío y presidente del Consejo de Relaciones Exteriores, para exonerar a Clinton de todos los artículos del impeachment. Lott, antiguo animador universitario, dio una voltereta hacia atrás. ¡*El trato estaba hecho!*

Los políticos no nacen, se excretan.

CICERON.

Estados Unidos consiguió exactamente aquello por lo que luchó en las dos primeras guerras mundiales, lo que se manifestó en la ADQUISICIÓN DE CLINTON y la degradación moral de América (el índice de aprobación de Clinton sigue siendo alto a pesar de que es un mentiroso interesado, un traidor y un riesgo para la seguridad). El Senado estadounidense ha enviado un mensaje claro al mundo (y a nuestros hijos): según la Constitución de los Estados Unidos de América, está permitido MENTIR bajo juramento, cometer perjurio ante un gran jurado, obstruir la justicia y MENTIR A LA NACIÓN. Lo que nos lleva a preguntarnos: ¿Por qué honrar al gobierno MARXISTA/LIBERAL/JUDÍO de los Estados Unidos de América?

A medida que el Estado se derrumba y se cierne la anarquía, el gobierno se vuelve paranoico y aparece el "Gran Hermano" de George Orwell. A saber:

Dos millones de conversaciones telefónicas son interceptadas cada año por las fuerzas de seguridad y 400 millones por los empresarios. Más de 30 millones de trabajadores son objeto de vigilancia electrónica por parte de sus empleadores. Una instalación estadounidense en Menwith Hill (Yorkshire, Inglaterra) vigila cada llamada telefónica, fax, cable y correo electrónico de Estados Unidos, Europa, África, Asia Occidental y Oriente Medio, recogiendo más de 2 millones por hora (17.500 millones en 1991). Más de 13.000 de estas "comunicaciones privadas" han sido seleccionadas para un examen en profundidad.

La Comisión Al Gore recomienda la compra de 1.000 escáneres de equipaje CTX-5000 Hi-Tech para detectar bombas en las terminales del país, con un coste de un millón de dólares cada uno, más 100.000 dólares anuales de gastos de servicio (por poner cara de sionista, Estados Unidos tiene ahora muchos enemigos).

El Comité para el Desarrollo Económico, formado por setenta y cinco de los principales ejecutivos de empresas del país, presentó (1962) un plan para acabar con las granjas y los agricultores estadounidenses. Se trataba estrictamente de un estudio de beneficios y pérdidas, que no tenía en cuenta los desastrosos efectos sobre la calidad del acervo genético blanco (no muy distinto del plan del Cuerpo de Ingenieros del Ejército para eliminar las molestas curvas de los ríos estadounidenses, excavar cómodos canales de navegación y luego perderlo todo a causa de las corrientes aceleradas que devoran las riberas, cubren la vegetación y los árboles).

Las zonas rurales siempre han producido los jóvenes más sanos, cuerdos y patriotas de Estados Unidos, así como nuestros mejores milicianos. *En la actualidad, sólo el 2% de los estadounidenses vive en granjas, lo que supone un descenso del 28% desde principios de siglo. En el* año 2000, unas cinco multinacionales del agronegocio controlan el 95-96% de las cosechas mundiales de maíz y trigo. Tres empresas controlan el 80% de la industria cárnica de Estados Unidos. El peligro de la consolidación empresarial reside, *en primer lugar,* en su poder para controlar la oferta, como hicieron los bolcheviques en Ucrania y como hizo Jimmy Hoffa al controlar el sindicato de los Teamsters (Sid Kroshak, JUIF, controlaba a Hoffa); *en segundo lugar,* los monopolios pueden eliminar a los pequeños productores pagando por sus productos menos de lo que cuesta producirlos; y *en tercer lugar,* las megacorporaciones controlan los precios eliminando la competencia en el mercado. En 1996, 1471 fusiones de empresas fueron llevadas a cabo por *grupos de presión del Congreso,* expertos en vender la riqueza de Estados Unidos en beneficio propio.

La *Cuarta Enmienda* garantiza *"el derecho de las personas a estar seguras en sus personas, casas, papeles y efectos contra registros e incautaciones irrazonables...".* El *modus operandi del* Servicio de Impuestos Internos (IRS) incluye constantes violaciones de la Cuarta Enmienda. El IRS es la unidad de ejecución del gobierno federal, que trabaja en estrecha colaboración con la FED, la ADL y el Tesoro para coaccionar y castigar a los ciudadanos estadounidenses políticamente incorrectos. En 1992, el IRS embargó 3.253.000 cuentas bancarias y nóminas (50.000 embargos fueron incorrectos o injustificados). Cada año, el IRS impone más de 1.500.000 embargos (un aumento del 200% desde 1980). La Quinta Enmienda, entre otras garantías, prohíbe la privación de la vida, la libertad y la propiedad sin el debido proceso.

Sin embargo, más del 35% de los contribuyentes estadounidenses no recibieron ninguna advertencia del IRS antes de que se embargaran sus bienes. Muchos sólo se enteraron de la existencia de estos embargos cuando fueron detenidos.

La ATF (Oficina de Alcohol, Tabaco y Armas de Fuego), el FBI (Oficina Federal de Investigación), la DEA (Agencia Antidroga) y otras agencias demasiado numerosas para mencionarlas (todas apoyadas por los medios de comunicación y la Liga Antidifamación) se unen al IRS en su ataque a la Constitución de Estados Unidos. Al igual que el IRS, estas organizaciones gubernamentales cuasi-legítimas son regularmente comandadas por fuerzas dentro del gobierno para acosar y destruir a los políticamente incorrectos. Randy Weaver, por ejemplo, estaba en su punto de mira. Randy Weaver creía en *Christian Identity*, un grupo supremacista blanco. Él y su familia se trasladaron a Ruby Ridge, Idaho, para escapar de la contaminación racial. Creía que sus antepasados arios le habían concedido ciertos derechos inalienables, entre ellos la libertad de expresión y el derecho a poseer y portar armas (consagrados en la Primera y Segunda Enmiendas, respectivamente). Se equivocaba. Cuando Weaver no compareció ante el tribunal para resolver una infracción menor en materia de armas de fuego (poseía una escopeta recortada), el FBI lo utilizó como pretexto para vigilar la cabaña del racista en plena naturaleza. El hijo de 14 años de Weaver y su perro se disponían a salir de caza. El perro corrió hacia el bosque ladrando. Los agentes le dispararon. El chico disparó al azar. Los agentes lo mataron. La Sra. Weaver, con un bebé en brazos, se asomó a la puerta de la cabaña. El francotirador del FBI Lon Horiuchi le voló literalmente la cabeza a la Sra. Weaver.

Al año siguiente, en 1993, agentes de la ATF y el FBI atacaron a los Branch Davidians, una comunidad religiosa de Waco (Texas). David Koresh, el líder, predicaba la maldad de Estados Unidos, condenaba su mal gobierno y predecía el apocalipsis. Estos conceptos molestaron a gente de las altas esferas. Empleando las habituales tácticas JUDÍAS (*¡Infamia!*), Koresh fue demonizado, acusado de *"crímenes atroces"*, entre ellos pedofilia e importación de metanfetamina de México. El gobierno federal, sin embargo, se negó a conceder a Koresh el debido proceso para demostrar su culpabilidad o inocencia. Quería eliminar a Koresh y a sus seguidores. 127 hombres, mujeres y niños. 76 agentes de la ATF/FBI y un tanque estadounidense. Un tanque del ejército estadounidense, desplegado para esparcir gas C-S (prohibido por el tratado de EEUU), se estrelló contra el edificio, que estalló en llamas. 82 miembros de la rama de los davidianos murieron en el holocausto, entre ellos 30 mujeres y 25 niños. Janet Reno, la fiscal general de Clinton que supervisó la operación, dijo que lo sentía mucho.

Timothy McVeigh, soldado de infantería condecorado, luchó en la Guerra del Golfo. La demonización de los árabes, los iraquíes y Sadam Husein fue tan exagerada que McVeigh se asombró al "descubrir que son personas normales como tú y como yo". Escribió: "Te pidieron que eliminaras a esa gente. Nos dijeron que teníamos que defender Kuwait, donde la gente había sido violada y masacrada. Todo son mentiras. La guerra me despertó". Desilusionado, McVeigh dejó el ejército. Se interesó por las teorías conspirativas. Estaba enfadado por el trato del gobierno federal a Weaver, Koresh y otros innumerables americanos. Sentía la necesidad de despertar al público. El mensaje de McVeigh fue volar temerariamente el edificio federal de Oklahoma City, que albergaba las oficinas de la ATF. Citó en su juicio:

> "Nuestro gobierno es el maestro poderoso y omnipresente.
> Para bien o para mal, enseña a todo el pueblo con su ejemplo".
>
> L.D. BRANDEIS, JUDÍO, U.S. Sup. CT.

Los poderes de las tinieblas están actuando en otros lugares. La OTAN, junto con unas pocas fuerzas reacias de la ONU (extorsionadas con dinero estadounidense), han gastado miles de millones de dólares en una guerra no declarada contra Serbia por expulsar por la fuerza a una minoría étnica albanesa (musulmana) que rechazó un decreto gubernamental para abandonar suelo serbio (Kosovo). El nacionalismo/patriotismo es anatema para los judíos dondequiera que aparezca. Pretenden eliminarlo en Serbia, aunque eso signifique matar a todos los hombres, mujeres y niños serbios (cristianos). El Departamento de Estado de EEUU describe estas acciones como "una lección para todos los racistas (sic) que no quieren aceptar la diversidad". Si no se hace nada, una nación orgullosa podría expulsar de nuevo a los parásitos judíos. Por eso se ha creado en La Haya un **TRIBUNAL INTERNACIONAL PARA CRIMENES DE GUERRA**, encargado de juzgar los crímenes de odio. *Como puedes imaginar, ¡el Presidente del Tribunal Supremo es judío!*

Estos mismos aliados, que hoy derraman lágrimas de cocodrilo por la brutal expulsión de kosovares musulmanes de la Serbia cristiana, fueron cómplices de la violación, tortura y expulsión de más de 15 millones de alemanes étnicos desarmados de Europa del Este inmediatamente después de la Segunda Guerra Mundial, en tierras que habían ocupado en algunas zonas durante más de 1000 años. De ellos, más de 2 millones (posiblemente 5 millones) fueron asesinados por partisanos (bolcheviques) con la *aquiescencia de comandantes aliados* que NO fueron juzgados por "CRÍMENES CONTRA LA HUMANIDAD". Por el contrario, durante más de 50 años, los gobiernos de Rusia, Gran Bretaña y Estados Unidos, motivados por el dinero, ocultaron su limpieza étnica de alemanes tras la monstruosa mentira del "Holocausto".

Es obvio que a los ILLUMINATI no les interesan los millones de personas que están siendo masacradas hoy en Chechenia, Tíbet, Ruanda (Negros), Sudáfrica (Blancos), etc., mientras descubren razones "compasivas" para matar serbios - esto se llama GROSSING, sinónimo de GOBIERNO MUNDIAL ÚNICO. El *New York Times* (7-8-98) informa que Kosovo es el sitio de un depósito mineral de 3.5 BILLONES DE DÓLARES (plomo, zinc, carbón). ¡Ajá! El establecimiento de la "democracia" en Kosovo permitirá al Tío Sam ayudar "compasivamente" a disponer del antiguo tesoro de Serbia. Mucho antes de que los cadáveres serbios se pusieran rígidos, los banqueros internacionales ya estaban al acecho. Esto no es compasión, es AVIDENCIA.

El Secretario de Defensa judío Cohen dijo a los soldados estadounidenses en peligro en Kosovo: "sois fuerzas de paz que preservan nuestro modo de vida democrático", es decir, si un pequeño individuo desaprueba la DEMOCRACIA, EE.UU. desplegará cazas furtivos, misiles de crucero, etc. para bombardear carros tirados por burros. Testigo de ello son Irán, Iraq, Libia, Líbano y otros, todos ellos semitas "antisemitas".

> No importa si ganas o pierdes; sólo importa si yo gano o pierdo.
> SAMMY GLICK.

La lección de la historia, repetida a menudo en Serbia, es que desafiar las leyes de la naturaleza (forzar a grupos étnicos incompatibles a encajar clavijas cuadradas en agujeros redondos) conduce al desastre. La homogeneidad no crea la guerra, como quieren los judíos. Lo que crea la guerra es forzar a diferentes grupos étnicos a vivir juntos. Las leyes de la genética, las leyes inmutables de Dios, han reducido el

MARXISMO/LIBERALISMO/JUDAÍSMO al absurdo. Esto es particularmente evidente en la SOCIEDAD DIVERSA de América, donde las prisiones y los asilos rebosan, la fealdad prolifera y el asesinato, la violencia y el sexo al estilo de Hollywood se han convertido en la norma americana.

Los niños arios, empujados a la guerra de trincheras de las escuelas integradas, anhelan su propia sociedad y territorio, la América que crearon sus antepasados: quieren escuelas BLANCAS, equipos BLANCOS, bailes BLANCOS, lugares de reunión BLANCOS, música BLANCA, religión BLANCA. Quieren estándares BLANCOS de belleza y excelencia, no TALMUDISMO, afrocentrismo e igualdad fracaso/éxito. Al *denunciar estos instintos genéticos, el* GOBIERNO FEDERAL está ejerciendo *una grave presión psicológica sobre los niños.* Los MARXISTAS/DEMOCRATAS siguen metiendo clavijas cuadradas en agujeros redondos:

En Estados Unidos viven 26,3 millones de inmigrantes (1990), frente a 9,6 millones en 1970. Esto representa el 42% del aumento total de la población desde 1990. *El 85% de los inmigrantes no son blancos.* Se reproducen 3,5 veces más rápido que los blancos. 6 millones de sus hijos son bastardos. El 33% de los alumnos de las escuelas públicas estadounidenses son minorías. Cada pupitre que ocupan es uno menos para los blancos.

Se hablan 120 lenguas diferentes. Los resultados del SAT son una broma. Las otrora excelentes escuelas públicas de Estados Unidos han sido destruidas por marxistas/liberales/judíos. *Los estudiantes estadounidenses de primer año de universidad son los ÚLTIMOS de las "naciones industriales" en ciencias y matemáticas.*

Por ello, la industria estadounidense contrata a extranjeros mejor formados: chinos e indios). Hoy en día, la educación no es una cuestión de competencias básicas y alfabetización. El cártel del analfabetismo deriva su poder de aquellos que se benefician financiera y políticamente de la ignorancia y las malas prácticas en la educación... Utilizando información personal sobre los estudiantes y sus familias, los educadores son capaces de entrar en los sistemas de creencias de los estudiantes y corregir los puntos de vista que consideran desagradables... Los educadores determinan las perspectivas laborales de los estudiantes en función de su adhesión a puntos de vista aceptables.

BEVERLY K. EAKMAN, profesora, *"Cloning the American Mind: Eliminating Morality Through Education"* (publicado en el *Washington Times* 2-12-99).

Nuestros hijos han aprendido tristemente lecciones definitivas de

Hollywood-on-the-Potomac: si no te gusta, bórralo. La violencia en Columbine H-S, Littletown, CO (12 estudiantes y un profesor asesinados por dos estudiantes, uno de ellos judío), y una serie de asesinatos similares, son razón suficiente para que los judíos deroguen la Segunda Enmienda. Afirman que tratar los síntomas cura el cáncer. Cuando, en realidad, los judíos temen una reacción generalizada contra la enfermedad misma: el MARXISMO/LIBERALISMO/JUDAÍSMO y los JUDÍOS de Hollywood.

El GOBIERNO FEDERAL es criminal, como demuestra este tratado. Como todos los criminales, es paranoico. Y con razón. Su historial está saliendo a la luz. Una vez que los HECHOS escapen a la censura de BIG BROTHER, el gobierno federal morirá de exposición y venganza. ¡No es de extrañar que los congresistas judíos (Schumer, Lowey, Specter, Boxer, Feinstein, Wexler, etc.) están liderando el esfuerzo para quitar las armas de los estadounidenses con la misma desesperación que utilizaron para salvar a Clinton de la destitución! La paranoia se refleja en todas las agencias gubernamentales. Lo que buscan desesperadamente es una AMENAZA (que sustituya a la amenaza soviética). Los judíos deben desviar la atención de los arios del ENEMIGO que hay entre ellos. De la JUDÉO-FOBIA que se está desarrollando en el mundo civilizado.

Apenas visible en el horizonte, un guerrero enigmático, duro y bien armado. Mira a Estados Unidos a través de unos ojos oscuros y rasgados, entre pómulos altos. Entiende de parásitos. Entiende nuestra patología. Envidia a nuestras mujeres arias de largas extremidades y nuestro *lebensraum*. Casi imperceptiblemente, sonríe. *No es de conocimiento general que una minoría judía extremadamente rica ejerce una poderosa influencia política en la China marxista.* El INFORME CONGESIONAL COX (5-25-99) detalla las acciones de espionaje chino de los últimos años que han robado *TODOS LOS SECRETOS NUCLEARES ESTADOUNIDENSES* del laboratorio nuclear Oppenheimer, incluyendo el super-secreto W-88 y la bomba de neutrones que sólo destruye organismos vivos dejando intactos los edificios. No es sorprendente, con los judíos controlando el Pentágono, el Departamento de Estado, el Departamento de Defensa, el CFR, etc., que China tenga ahora la capacidad de atacar y matar submarinos americanos bajo el agua y de atacar ciudades americanas con misiles nucleares cuyo poder destructivo es diez veces mayor que el de las bombas A lanzadas sobre Hiroshima.

Israel, que recibe 100.000 millones de dólares de ayuda estadounidense, ha vendido a China, según el *Financial Times* de Londres, la tecnología del misil aire-aire Python-3 y del radar Phalson, que proporciona a Pekín una capacidad AWAC. China también ha adquirido tecnología para el radar antimisiles israelí Star-1, el caza estadounidense Levi y el misil Patriot.
PAT BUCHANAN, "Washington Times" (5-25-99).

Bernard Schwartz, un judío asesor de la campaña de Clinton y presidente de LORAL Space & Communications, una empresa estadounidense vinculada a Israel, está siendo investigada por el Congreso por vender ilegalmente equipos Hi-Tec estadounidenses sensibles a Israel y a la China marxista. Parece que los ILLUMINATI se están preparando para la guerra de distracción que necesitan desesperadamente antes de que los estadounidenses se den cuenta de que les han robado su país.

No has empezado a apreciar la verdadera profundidad de nuestra culpa... Tomamos tu mundo natural, tus ideales, tu destino, y los destrozamos.
MARCUS ELI RAVAGE, JEW, *Century Magazine* (1928).

En ninguna parte podemos discernir el menor indicio de que en la gran mayoría de nuestro pueblo (blanco) no se haya perdido el instinto racial de autoconservación... todavía no podemos determinar si se ha extinguido o si simplemente está en suspenso mientras nuestro pueblo está en una especie de trance cataléptico del que puede ser despertado por el sufrimiento físico y las privaciones agudas cuando llegue el momento, como sin duda ocurrirá... Nuestra situación es desesperada y no podemos permitirnos ninguna ilusión... ahora más que nunca el optimismo es cobardía.
DR. REVILO P. OLIVER, Profesor de Clásicos en la Universidad de Illinois.

Nuestra gente (blanca) es demasiado apática, o tonta, o cobarde para levantarse y luchar por lo que cree, o incluso para evitar su propia destrucción. Algunos esperan la titularidad, otros la jubilación, otros tiempos más seguros, pero todos esperan la muerte. Las razas muertas no regresan. Los que esperan son los portadores del féretro de la civilización.
DR. ROBERT KUTTNER, Universidad de Chicago.

La lucha por la existencia es un axioma fundamental de la biología del que no se puede escapar.
GARRET HARDIN, *"La naturaleza y el destino del hombre"*.

RESUMEN

La historia demuestra que la metamorfosis de una Alta Cultura-Organismo sólo puede detenerse destruyéndola completamente: una larva debe convertirse en mariposa; una bellota debe convertirse en roble; un niño debe convertirse en adulto; la Cultura-Organismo debe cumplir su Destino espiritual. Estas son las LEYES inmutables de la NATURALEZA. Esta CERTEZA espiritual es portadora de grandes esperanzas y grandes expectativas. El hombre blanco no está en "trance cataléptico" sino que, como un águila herida y peligrosamente vulnerable a los ataques de los depredadores, se recupera lentamente de las heridas que recibió durante las 20 guerras del siglo pasado para aniquilar a los arios.

Was mich nicht umbringt, macht mich starker.
NIETZSCHE.

Hoy en día, una METAMORFOSIS ESPIRITUAL, cuyos temblores se sintieron por primera vez en Europa hace unos 140 años (más o menos cuando el ILLUMINATI soltó a sus perros rabiosos en los EE.UU.), se está extendiendo con intensidad creciente por toda la ALTA CULTURA-ORGANISMO DE OCCIDENTE. Todos los arios que no sean la chusma blanca *sienten instintivamente esta transformación*, aunque pocos de ellos puedan expresarlo. Lo que están experimentando es la FASE DE SÍNTESIS de la DIALÉCTICA DE LA HISTORIA OCCIDENTAL: ¡la fusión de la UNIDAD INSTINCTIVA PARA LOS ARIANOS con los vestigios de la EDAD DE LA RAZÓN PURA! Durante este tumultuoso y peligroso período de transición, el estrato cultural ario está en proceso de batir, vaciar y eliminar las IDEAS componentes de tesis y antítesis. Las ideas más viables son seleccionadas *instintiva y racionalmente*, con mayor énfasis en las primeras, y luego sintetizadas dentro del organismo de la alta cultura occidental. Se limpian los establos de Augías. Se desechan los viejos iconos, sofismas y supersticiones. La NUEVA TESIS resultante da nacimiento a la EDAD MENDELIANA que asegura la UNIDAD GENÉTICA DE OCCIDENTE y el rechazo total del MARXISMO/LIBERALISMO/JUIVERISMO. Por el contrario, ¡los esfuerzos de la JUIVERÍA se dirigen TOTALMENTE contra la unidad espiritual y física de Occidente! (La Era Mendeliana no tiene nada que ver con la "unificación" de Europa bajo la égida del DINERO: el Banco de Pagos Internacionales).

Para poner la dialéctica histórica en perspectiva, debemos recordar que la TESIS se expresó por primera vez cuando las antiguas tribus góticas intentaron unificarse: primero bajo los cruzados, luego bajo el Imperio, después bajo el Papado y finalmente bajo los nazis. *Este profundo deseo de reunir a la familia aria es instintivo, compulsivo y conforme a las leyes de la naturaleza. Por tanto, se hará realidad.*

La ANTITESIS dialéctica de Occidente apareció en forma de un racionalismo prácticamente separado del instinto, que produjo: Liberalismo, Capitalismo, Libre Comercio, Estado contra Estado, Religión contra Religión, Lucha de Clases y USURA contra la autoridad política aria. Estos y otros fenómenos racionalistas (ahogando el instinto) han roto Europa en numerosos estados tribales competidores, egoístas y fratricidas, fácilmente manipulados por los traicioneros bancos centrales de Rothschild, y han consagrado los campos de batalla de Europa con sangre aria.

> Las naciones, las formas de pensamiento, las formas de arte y las ideas, que son la expresión del desarrollo de una cultura, están siempre bajo la tutela de un grupo relativamente pequeño... La cultura es, por su propia naturaleza, selectiva, exclusiva. El uso de la palabra en sentido personal - un hombre "culto"- describe a un hombre fuera de lo común, un hombre cuyas ideas y actitudes son ordenadas y articuladas. El patriotismo, la devoción al deber, el imperativo ético, el heroísmo y la abnegación son también expresiones de cultura que el hombre primitivo no muestra. El hombre común es el material con el que trabajan los grandes líderes políticos en condiciones democráticas. En siglos anteriores, el hombre común no participaba en el drama de la cultura. No le interesaba, y los participantes no estaban aún en las garras del racionalismo, la "locura de las cuentas", como decía Nietzsche. Cuando las condiciones democráticas se han llevado al extremo, el resultado es que incluso los dirigentes son hombres del pueblo, con el alma celosa y tortuosa de la envidia de lo que no pueden igualar...
> FRANCIS PARKER YOCKEY, *"Imperium"*.

Así dejamos de ser una república, en la que la intención era mantener el control y la dirección del país en manos de los mejor cualificados para garantizar su bienestar, y degeneramos en una democracia, en lo que Alexander Solzhenitsyn llamó un "motín democrático". Los diques se abrieron y dejaron entrar una avalancha de políticos "liberales" que alzaron a las masas para dominarlas. Toda la sabiduría y la visión a largo plazo del gobierno se perdieron en una sórdida carrera por los votos de un grupo variopinto de personas a las que no les importaban los problemas cruciales de la nación y no tenían el espíritu para abordarlos aunque los tuvieran ;

que, de hecho, estaban dispuestos a sacrificar el bienestar a largo plazo de la nación en su conjunto en aras de su propio beneficio personal, ya significara mayores beneficios, mayores salarios, más "bienestar", más velocidad, más artilugios, más placer, comodidad, seguridad o facilidad.... Se ha eliminado todo control y dirección aristocráticos de nuestra vida nacional. Como siempre en democracia, no había nadie que vigilara hacia dónde íbamos, que protegiera al pueblo de la explotación y la ruina desalmadas, que anticipara y nos alejara de la profanación de la tierra, del despilfarro de nuestros recursos, de la contaminación de nuestro medio ambiente y de una tasa de natalidad diferencial en la que los que tenían la inteligencia y el carácter para resolver los problemas se veían abrumados por los que creaban los problemas. La tierra quedó abierta de par en par y con pocos obstáculos en el camino de aquellos cuya avaricia omnímoda les llevó a convertir el país primero en un rico campo de lucrativas inversiones financieras, y cada vez más abierto... a los judíos que sigilosamente trabajaban, daban codazos y empujaban... hacia un estado esclavista global.
WILLIAM G. SIMPSON, *"¿Qué camino para el hombre occidental?"*

El trueno que sacudió Europa y puso en marcha la METAMORFOSIS ESPIRITUAL de Occidente (la *síntesis dialéctica*) fue el descubrimiento por GREGOR MENDEL de los componentes básicos de la naturaleza. Como todos los hombres cultos saben ahora, y vale la pena repetirlo, la ciencia de la genética demuestra que las características únicas diferencian a TODOS los hombres y a TODAS las razas: fisiológica, psicológica, conductual y espiritualmente, poniendo fin para siempre a la idea MARXISTA/LIBERAL/JUDERÍA recibida de que todos los hombres son creados iguales.

Uno de los muchos legados profundos de esta SÍNTESIS DIALÉCTICA ha sido el redescubrimiento de las raíces espirituales y biológicas del hombre ario, resultado de sondeos fáusticos en el espacio *exterior* ilimitado, el macrocosmos, y de sondeos *interiores* que revelan el espacio ilimitado del microcosmos con su nuevo vocabulario: quanta, quarks, neutrinos, genomas, metafísica, etc.

Ver el mundo en un grano de arena y el cielo en una flor silvestre, tener el infinito en la palma de la mano y la eternidad en una hora.
WILLIAM BLAKE.

Sientes que no hay nada que temer en todo el universo. Finalmente, sólo hay UNA Voluntad, el impulso que emana del corazón de tu ser, o llámalo tu Dios. Ya no hay cuerpo y alma mirándose a través del abismo.
... El cuerpo es el alma manifestada. El alma es la exaltación del

cuerpo... Y la mirada a través de la cual el hombre mira el mundo... y todo el universo estrellado es la mirada de su propia plenitud....
WILLIAM GALEY SIMPSON,
"Qué camino para el hombre occidental.

Es allí, en el macrocosmos/microcosmos, más allá del barniz de las leyes y supersticiones hechas por el hombre, donde la materia y la energía espiritual se encuentran, donde el ario encontró su ser original: sus instintos, sus intuiciones y su unidad con la LEY DE DIOS - Panteísmo.

Así murió la era de la razón, asesinada por sus propias manos. Los supuestos hechos en los que la ciencia basa sus conclusiones racionales se consideran ahora volubles, en flujo, en evolución. Cuanto más aprende la ciencia, menos comprende. El horizonte se aleja a cada paso. La ciencia debe ahora tener en cuenta la probabilidad, la incertidumbre, la metafísica, el instinto, la intuición y la falibilidad humana. La ciencia reconoce la existencia de una fuerza universal más omnipresente, más dominante de lo que el hombre pueda jamás comprender. Cuando la intuición, el instinto y la probabilidad entraron en el ámbito de las matemáticas, la cultura occidental pasó de la era de la razón a la era del MENDELISMO. *El advenimiento de la ERA MENDELISTA despertó al estrato cultural ario como de una pesadilla luciferina.* En este despertar espiritual, el hombre ario descubrió que era a la vez Dios y animal, un puente humano hacia el Superhombre. Este conocimiento relega para siempre al panteón de dioses menores al ridículo fetiche SEMÍTICO, YAHVÉ, y a su espora odiadora del mundo, el CRISTIANISMO. El Panteísmo es la religión de la Naturaleza; el buen monje Mendel es su Santo Padre.

El hombre ario es un *ser espiritual*. También es un *animal territorial* que defenderá su honor y su hogar contra obstáculos insuperables... ¡hasta la muerte! No elige hacerlo, *¡se ve obligado a ello por imperativos genéticos!* El comportamiento intuitivo/irracional refleja el INSTINTO DE SUPERVIVENCIA. Es el decreto de la naturaleza y el hombre debe obedecerlo. Las naciones que pierden o niegan sus instintos genéticos pierden su derecho a la vida. *Cuando la supervivencia es la medida final, las naciones compasivas mueren.*

Hay que señalar que el INSTINTO es una *respuesta no racional* a los estímulos del entorno.

La INTUICIÓN es una *comprensión inmediata sin Razón*, que emana de fuentes primitivas o metafísicas.

LA RAZÓN es la capacidad intelectual de *llegar a conclusiones basadas en hechos asumidos*. La COGNICIÓN (*la capacidad de percibir y juzgar*), situada en la capa supragranular del córtex, es una característica evolutiva que distingue a la raza de la raza, al hombre del hombre y al hombre de los animales inferiores.

En la creación de una sociedad justa y ordenada, los instintos del hombre, esenciales para su genio creativo y su supervivencia, se ven atemperados por la capacidad, igualmente importante, de razonar. El instinto y la razón no se excluyen mutuamente, sino que son ingredientes esenciales que juntos determinan en gran medida el comportamiento humano. Instinto, intuición y razón son rasgos genéticos.

Los instintos arios sobre la raza son fundamentalmente sólidos, aunque no sean populares. La antropología y la genética demuestran que los genomas programan el comportamiento de cada raza de forma diferente. De ello se deduce que la Constitución y el código de leyes estadounidenses que se crearon para UNA raza son totalmente inadecuados para otra. NO existe una ley moral ni un código legal universales. Más allá de la familia racial, la distinción entre el bien y el mal desaparece. ¿Por qué? Porque los genes determinan el comportamiento racial, ¡y el comportamiento racial determina la moral y las leyes! En consecuencia, en una sociedad diversa, la moral y las leyes no pueden ser legisladas o codificadas para satisfacer categóricamente a cada raza dentro de esa sociedad. De ello se deduce que la cultura occidental se ha desintegrado en proporción directa a la diversidad racial, como demuestra el colapso moral y ético de Estados Unidos. Las diferencias raciales no pueden ser cambiadas por la legislación. *¡Las leyes de Dios prevalecen!*

Está claro que la comunidad judía es la única raza genéticamente programada para sobrevivir injertada en las razas huéspedes. ¿Qué ley rige esto? Un PARASITO es una de las muchas formas de vida de la naturaleza. No es un animal moral ni inmoral, es simplemente un *hecho biológico*. Para los arios, el parasitismo es patológico y por lo tanto inmoral. Para los judíos, el parasitismo es una necesidad biológica y, por tanto, moral. Lo que es ético o moral para una raza puede ser antiético o inmoral para otra. La naturaleza no reconoce nada de esto. En su reino inmaculado no existe la moral. Sólo existe la VOLUNTAD de sobrevivir. Es absurdo *odiar a* los parásitos más de lo que se odia a las termitas, los negros, las víboras o los murciélagos. Simplemente no dejas que se coman los cimientos de *tu* casa o que merodeen por *tu* habitación. *Los eliminas por todos los medios.* Darwin, Spencer, Carlyle, Hitler hablan de la eliminación de la herencia genética como algo necesario para la *"supervivencia de la especie".* El TALMUD enseña la supervivencia. Los Boinas Verdes y los Navy Seals enseñan supervivencia. El mendelismo enseña a sobrevivir. Dios enseña a sobrevivir. El CRISTIANISMO/LIBERALISMO enseña: *"Ama a tu enemigo"* y entrarás en el Paraíso. Después de la Segunda Guerra Mundial, el *modus operandi* parasitario, detallado en el TALMUD y los PROTOCOLOS, no podía discutirse públicamente so pena de que el orador fuera tachado de *"racista",* equivalente a ser quemado en la hoguera. La palabra "RACISTA", un oprobio que significa "intolerante, antiamericano, nazi, loco", fue inventada por los judíos para desalentar cualquier discusión sobre *su modus operandi*. Hoy, en las instituciones públicas y en los campus de la Ivy League, las referencias a la raza, el cociente intelectual, la eugenesia, el revisionismo histórico, pueden costarte la titularidad o los dientes. *Por eso hemos inventado una nueva palabra: RACIALISTA, n., individuo que respeta el derecho de todas las razas a existir en su propio entorno, pero cuya lealtad es ante todo hacia su propia familia racial.* Cree en el principio de "diente por diente". Nuestros padres fundadores eran *racistas*. Los judíos son *racistas*. Tienen mucho que ocultar.

> Nuestro poder... será más invencible que cualquier otro porque permanecerá invisible hasta el momento en que haya adquirido tal fuerza que ninguna astucia pueda con él.
> SION PROTOCOLOS Número 1:12.

> No hay judíos ingleses, franceses o americanos. Sólo hay judíos que viven en Inglaterra, Francia y América.
> CHAIM WEIZMANN, JUDÍO, SIONISTA, Presidente de Israel.

> Todos los judíos tendrán su lugar en el mundo futuro... todos los gentiles serán enviados al infierno.
> Lekh-Lekma.

> Bésale la mejilla. No sospechará nada.
> GESTHEMANE.

Hemos entrado en la fase final de las 20 guerras del siglo pasado destinadas a aniquilar a los arios. Los protagonistas son los ILLUMINATI de Satán, que representan el dinero, el engaño y la esclavitud, contra el MENDELISMO, que representa la naturaleza, la verdad y la belleza. La SÍNTESIS DIALÉCTICA DE OCCIDENTE, como el trueno del alba naciente, proclama la UNIDAD ESPIRITUAL DEL HOMBRE Y LA NATURALEZA.

Son los genes -no la riqueza, la suerte, la diversidad o la educación- los que dan al hombre la capacidad de alcanzar sus objetivos. Los arios *saben* ahora (racionalmente), como siempre han *sentido* (instintivamente), que la herencia genética de los blancos es su bien más preciado. Es un REGALO DE DIOS que debe ser protegido a toda costa. Aquellos que no quieren esto son nuestros enemigos mortales y deben ser detenidos en su camino por todos los medios disponibles AHORA.

Puesto que los arios pertenecen a la misma familia racial, se deduce que sus religiones, filosofías, artes, ciencias, lenguas y estados *no* son *factores de división*, sino meras *diferencias* dentro del organismo ario de alta cultura. El IMPERATIVO de Occidente es reunir estas partes dispares pero relacionadas en UNA NACIÓN-Estado ario, movilizando así el inmenso intelecto, creatividad, poder y recursos de Occidente para cumplir su *destino fáustico*, cuyo símbolo principal es el horizonte siempre lejano del espacio ilimitado.

La SÍNTESIS DIÁLETICA, el florecimiento de la EDAD MENDELIANA, conduce a la maduración y realización espiritual de la nación aria, tan bien descrita por Yockey, Spengler y Simpson. Con la SÍNTESIS, el SOCIALISMO ARIO prevalece sobre el CAPITALISMO en términos *éticos, económicos y políticos:* AUTORIDAD sobre dinero; POLÍTICA ABSOLUTA sobre pacifismo; RANGO sobre igualdad; MÉRITO sobre democracia; PRODUCTORES sobre intermediarios; CALIDAD sobre cantidad; REALIZACIÓN sobre riqueza; HEROICISMO sobre hedonismo; RAZA sobre mestizaje; HOMOGENEIDAD sobre diversidad; RESPONSABILIDAD sobre dependencia; RELIGIÓN sobre materialismo; DUALIDAD DE GÉNERO sobre feminismo; MATRIMONIO sobre amor libre; FERTILIDAD sobre esterilidad; CONTROL sobre licencia; ORDEN sobre indulgencia; CONSIDERACIÓN sobre lástima; HECHOS sobre ficción;

LEBENSRAUM sobre confinamiento; NATURALEZA sobre educación; ¡NACIÓN sobre OTROS!

EN LA CIVILIZACIÓN OCCIDENTAL, TODO LO MARXISTA/LIBERAL/JUDÍO SERÁ ABOLIDO

...*TODO.*

Los grandes estados blancos del mundo se unificarán bajo el SANTO IMPERIO OCCIDENTAL, un *gobierno socialista ario*. El SOCIALISMO OCCIDENTAL emana de la IDEA espiritual de que *cada hombre, mujer y niño representa una célula de la* ALTA CULTURA-ORGANISMO ARIA (la NACIÓN). Sus almas combinadas forman el *espíritu* del estado-nación. *Debido a que las células y el organismo son mutuamente dependientes, cada individuo trabaja para el bien mayor del Estado, y el Estado trabaja para el desarrollo de cada individuo.* Este es el verdadero significado de la familia: *"Uno para todos y todos para uno"*, en lugar del credo capitalista *"Sálvese quien pueda"*. La *sinergia de* la familia aria trabajando hacia un destino común producirá una energía maravillosa, gran creatividad, lealtad, trabajo en equipo, espíritu de cuerpo y realización individual, todo ello coronado con belleza e inteligencia. Por el momento, el SANTO IMPERIO OCCIDENTAL es sólo una IDEA ESPIRITUAL que está tomando forma en las mentes y almas del estrato de la alta cultura. *Los siguientes comentarios indican lo que puede desarrollarse:*

El GOBIERNO FEDERAL SOCIALISTA ARYANO (GFSA) DE LA SIO *se asemejará al gobierno federal de los Estados Unidos, tal y como estaba vinculado originalmente a la confederación de estados americanos independientes.* Es el eje de la rueda. Los diversos estados blancos que se unirán bajo el socialismo ario dentro de la SIO son los estados de Europa, Groenlandia, Islandia, Canadá, EEUU, Australia y Nueva Zelanda. Las etnias blancas estarán representadas.

Las instituciones de SIO incluirán: La Santa Iglesia Aria, el Santo Arconte Supremo, las fuerzas armadas, el Tribunal Supremo Ario, el Senado, el sistema monetario, el Tesoro, los servicios de inteligencia, los medios de comunicación online, etc. Las funciones del GFSA son formular, legislar, adjudicar, coordinar, implementar y dirigir las políticas del SAGRADO IMPERIO OCCIDENTAL tal y como se definen en la Constitución (ratificada por los estados miembros). Los fines y objetivos de la SIO se han entresacado de muchos siglos de experiencia aria expresada en la Constitución de los EE.UU., la Carta Magna, el Código Napoleónico, el Tercer Reich, las Leyes Mendelianas Universales.

El SANTO ARCONTE: un ario de profunda espiritualidad, honor intachable, valor probado y cualidades de liderazgo, será elegido por el Senado para presidir de por vida el Sacro Imperio de Occidente como su Jefe Ejecutivo. También será el jefe titular de la Santa Iglesia Aria, que personifica a los ARIANOS, la FUERZA UNIVERSAL y el PANTEÍSMO: la trinidad de la Alta Cultura y el Organismo. EL SENADO SUPREMO SOCIALISTA ARIANO (SSAS), órgano unicameral, ejercerá las más altas funciones deliberativas y legislativas. Veinte senadores del SSAS serán elegidos por la Cámara Alta en cada uno de los Estados arios.

En resumen, la GFSA, elegida por el pueblo (ver Franquicia), es la autoridad gubernamental federal de la ASEO. Los estados individuales (Europa, Australia, EEUU, etc.) retendrán poderes residuales de gobierno: *cada uno reflejando la IDEA Socialista Aria: económica, ética, social y espiritualmente,* todos unidos bajo la FUERZA UNIVERSAL, en UN IMPERIO FEDERAL DEL SANTO OCCIDENTE Ario.

El crédito de la nación se basará en la creatividad y la producción del pueblo, en su fe en el acervo genético blanco, y no será necesaria ninguna otra norma. Como señaló Lincoln, *"la abundante capacidad productiva de la naturaleza, unida a la responsabilidad del pueblo en su conjunto, pertenece a la nación, y no hay la menor razón para que la nación tenga que pagar por su propio crédito".* No más de lo que un propietario pagaría el alquiler de su propia casa. Los bancos centrales de Rothschild y los judíos serán desterrados del Sacro Imperio de Occidente. La fórmula del interés compuesto será revisada para permitir pagos equitativos de capital e intereses desde el principio, acelerando así la amortización de las deudas. Frederick Soddy, Silvio Gesell, Ezra Pound, Gertrude Coogan, y otros grandes arios como ellos, han escrito extensamente sobre el DINERO; sus puntos de vista, ahora suprimidos, ayudarán a dar forma al futuro.

La REMUNERACIÓN por el trabajo realizado se basa en el

RANGO y el MÉRITO.

El rango refleja la IMPORTANCIA PARA LA NACIÓN del tipo de trabajo (categoría). Lleva aparejada una escala salarial graduada (como en el ejército) e incluye acciones de SEO. El mérito refleja la CALIDAD DEL SERVICIO prestado. Crea una competencia en el mercado laboral por los trabajadores excepcionales, ofreciendo una remuneración extra y beneficios a quienes los merecen: opciones de compra de acciones de la SEO, diplomas honoríficos, condecoraciones, etc. *El Estado remunera el rango, el empresario privado remunera el mérito.* Así, bajo el sistema monetario de la SEO, los soldados, agricultores, mecánicos y profesores, por ejemplo, *de los que depende la nación,* dejarán de vivir en la pobreza relativa y la oscuridad mientras que los corredores de alimentos, los vendedores de bonos basura, los pornógrafos y los especuladores de la guerra vivirán fastuosamente. No se tolerará la "riqueza Rockefeller" (codicia/explotación/traición), ni tampoco la pobreza. Habrá trabajo para todos según sus capacidades. Los que puedan pero no quieran trabajar serán esterilizados e internados en campos de trabajo.

REPARTO DE LA RIQUEZA: El sistema monetario de la SIO será un sistema bancario y de inversión pública. Los billones actualmente estafados ilegalmente por la FED se convertirán en los beneficios de la SEO. Cada ciudadano (célula) compartirá la *salud y la riqueza* de la ALTA ORGANIZACIÓN CULTURAL según su rango y méritos. La GFSA dirigirá el uso de la PROPIEDAD PRIVADA pero *no será propietaria de estos medios.* Por ejemplo, no se permitirá a la *"libre empresa"* pavimentar la superficie de la tierra, ni a los conglomerados quebrar a los agricultores. Los trabajadores (véase más arriba) participarán en los beneficios netos de las empresas y la industria (una cadena es tan fuerte como su eslabón más débil). Los beneficios netos a nivel minorista se repartirán a partes iguales entre minoristas, intermediarios, productores, cultivadores y fabricantes. Menos beneficios para los intermediarios y más para los productores. Las empresas ficticias "estadounidenses" de propiedad extranjera serán despojadas de sus derechos sobre los minerales, la madera, la agricultura, la pesca, etc. Se coordinará, fomentará y protegerá el comercio entre Estados arios. Los programas ecológicos se alinearán con la Santa Iglesia Aria (panteísmo). La reserva genética blanca, organismo espiritual, forma parte integrante de esta ecología.

MASS-MEDIA. *"Libertad de prensa* significa *responsabilidad de la prensa*. Sin responsabilidad, no hay libertad. Tras 85 años de control judío de los medios de comunicación, Estados Unidos está al borde de la debilidad y la desintegración moral. La responsabilidad conlleva sanciones por las malas acciones. La mentira, la desinformación y la información falsa son crímenes contra la nación y serán castigados severamente. La Primera Enmienda tampoco es una tapadera para sádicos, esquizofrénicos, "Spielbergs", homosexuales, pedófilos y similares. No más citas de "gargantas profundas" no identificadas o de "fuentes cercanas al Presidente". No más docu-ficción disfrazada de hechos. *Un grupo de filósofos, poetas, artistas y educadores arios determinará lo que es moral e inmoral, lo que es aceptable para nuestros hijos.* A partir de ahora, los medios de comunicación reflejarán las aspiraciones de la cultura aria: *La verdad os hará libres.*

FRANQUICIA. Se utilizará una tarjeta de plástico de la seguridad social para activar las máquinas de votación en las cabinas electorales. La tarjeta contendrá un código oculto que indicará el CI del propietario; si es inferior a la media (CI-100), no se registrará el voto. REQUISITOS PARA OCUPAR UN CARGO:

El carácter y la inteligencia cuentan. 1) Controles de lealtad: TODOS los empleados del gobierno deben pasar un detector de mentiras. 2) Prueba de cociente intelectual: los senadores del SSAS deben tener un cociente intelectual superior a 130. Los congresistas estatales (representantes) de la cámara baja deben tener un CI superior a 118, y los de la cámara alta (Senado) un CI superior a 124. Todos los miembros deben haber prestado servicio militar.

EDUCACIÓN PÚBLICA: desde el jardín de infancia hasta el duodécimo curso, se hace hincapié en las matemáticas, las humanidades y la forma física. H-S: matemáticas, economía, mendelismo (genética, eugenesia, antropología, bioquímica, etc.), ciencias, humanidades, dinero, condición física, optativas.

MILITAR: A los 18 años, todos los hombres realizan el servicio militar obligatorio durante dos años.

UNIVERSIDAD: historia, filosofía, lógica, ciencias forenses, gestión, mendelismo, cursos optativos.

ESCUELAS TECNOLÓGICAS Y PROFESIONALES: La universidad no es para todos. Occidente necesita trabajadores cualificados y artesanos, amantes de las herramientas, la grasa y las máquinas: tanto los que pueden mantener el barco a flote como los que pueden comandarlo - todos son Células Espirituales que componen un Organismo de Alta Cultura. La GFSA establecerá normas de rendimiento para profesores y alumnos.

ESTÉTICA/DISCRIMINACIÓN: Dentro de la SEO, se apoyará firmemente la importancia de la estética aria y la capacidad de discriminar. La importancia de la VERDAD/BELLEZA para la psique humana se refleja en la devoción que todos los pueblos civilizados conceden a las artes. En la medida en que la Verdad y la Belleza son admiradas por la nación, la falsedad y la fealdad son despreciadas.

En la comunidad artística, la genética es el factor que influye no sólo en la creatividad de un artista, sino también en el sentido de la belleza de su público y en su capacidad para apreciarla. Es un hecho bien conocido que lo que es estéticamente atractivo para una raza suele ser espantoso para otra, en algunos casos hasta el punto del asco, otra razón por la que la diversidad racial es destructiva para todas las razas implicadas. La xenofobia no es *racismo*, sino *racismo:* un mecanismo genético de supervivencia. El amor a la familia es instintivo. La discriminación es la capacidad de hacer valoraciones comparativas: quién o qué es el mejor, el más alto, el más cercano, el más brillante, etcétera. La ausencia de la capacidad de discriminar es una grave desventaja. En una democracia, sin embargo, la discriminación racial se considera inaceptable; "*todo el mundo es igual*" o es *víctima de "discriminación",* es decir, de sectarismo. Es por miedo a la discriminación por lo que el Tribunal Supremo de Estados Unidos y Hollywood han convertido América en una cloaca racial.

RAZA: los ciudadanos del Sacro Imperio de Occidente deben ser arios. Se anima a las etnias blancas a emigrar al SEO. Las poblaciones no blancas que vivan en el Imperio recibirán ayuda financiera para colonizar países genéticamente compatibles. Negros y judíos tienen así una excelente oportunidad para crear sus propias civilizaciones. Tal vez juntos, como hermanos. Ya no tendrán que soportar una sociedad aria "degenerada": "¡Dios todopoderoso, libres al fin!". El genómetro Hema, del tamaño de una linterna de tres pilas, permite realizar análisis genéticos rápidos que revelan la identidad racial de los JUDÍOS, orientales y asiáticos con una precisión del 95%, y del 98% para identificar los linajes negro y mexicano.

Los no blancos que prefieran permanecer en la SIO pueden hacerlo en estas condiciones:

1) Tienen más de 40 años.
2) Están legalmente cuerdos.
3) Respetan todas las leyes estatales.
4) No son indigentes.
5) Se someten a esterilización (microchip).

Panteísmo: El Sacro Imperio de Occidente es producto del panteísmo, y no al revés. Antes hemos destacado la correlación entre intelecto e intuición o instinto dentro de la síntesis occidental. Del mismo modo, dentro del panteísmo (en el mismo grado), la ciencia y la fe religiosa están correlacionadas. El panteísmo equipara a Dios con la fuerza universal, con las leyes de la naturaleza y no con un judío vengador en el cielo. El judeocristianismo, que hace hincapié en la certeza histórica para apoyar sus mitos y milagros, se ha derrumbado bajo el impacto del análisis científico y la pala del arqueólogo. Sólo quedan sus rituales, sus anacronismos, su DINERO y su odio al conocimiento y a la naturaleza.

Con la aparición de la ERA MENDELIANA, la humanidad se está dando cuenta de que la *Fuerza* Universal *le ha sido transmitida y confiada a través de su herencia genética ancestral, ofreciéndole una relación con lo DIVINO que las religiones hechas por el hombre nunca han logrado.* Todos los hombres santos y sus oraciones, inciensos, sonajeros y reliquias a lo largo de los milenios nunca han salvado a un solo niño de la enfermedad, nunca han curado un solo cáncer, nunca han realizado un solo trasplante de corazón, nunca han predicho un solo terremoto. Mientras que los "ISRAELIANOS ELEGIDOS" de Yahvé, que decían interpretar la PALABRA DE DIOS, creían que la tierra era plana y flotaba en salmuera.

Despertados por la brillantez espiritual del MENDELISMO, los grupos étnicos de todo el mundo que buscan realizar el potencial que Dios les ha dado esperan derribar las fronteras territoriales entorpecedoras establecidas por el DINERO que propaga la guerra perpetua a través de la diversidad y establecer en su lugar CASAS

FAMILIARES. (Las tropas americanas enviadas por el ILLUMINATI para forzar clavijas cuadradas en agujeros redondos en estas cajas de fuego multirraciales deberían largarse). Dentro del SAGRADO IMPERIO OCCIDENTAL, los arios pueden adorar a cualquier dios que sus mentes demanden, de eso se trata también el Panteísmo. Gran parte del gran arte, literatura, música, pompa, festivales paganos, arquitectura y apreciadas tradiciones, creadas por los arios para hacer aceptable el cristianismo semítico, encontrarán perfecta armonía en el Panteísmo de las Leyes de Dios: la expresión espiritual de la Verdad y la Belleza.

El SAGRADO IMPERIO OCCIDENTAL pretende sustituir la Biblia semítica por las Sagradas Escrituras Arias (que aún no han sido recopiladas) que contienen IDEAS que expresan, como nuestra música, el alma aria; entre ellas, las Leyes de Manú; *el Anticristo* de Nietzsche y *Así habló Zaratustra* (el cristianismo deriva en parte del zoroastrismo, veneremos la fuente); *la Ilíada* y la *Odisea de* Homero; *Beowolf;* las sagas islandesas de Njal y Gunnar; *Faustus* de Goethe; los *Cantos de Kabir;* La *Chanson de Roland;* Le *Mort d'Arthur* de Malory; Leonides en las Termópilas; *Idilios del Rey de* Tennyson; *Germania*, de Tácito; *Los nibelungos*; *Canzoniere*, de Petrarca; *Filípicas*, de Cicerón; *El idiota*, de Dostoievski; y *Archipiélago Gulag*, de Solzhenitsyn (en sustitución de Revelaciones). También se incluirán los escritos místicos de Lao-tseu, Siddartha, Mahoma, Jesús, Shakespeare, Nietzsche, Blake, Schopenhauer, Vivekananda, Safo y Whitman.

LA SÍNTESIS DE OCCIDENTE CONTINÚA:

Las leyes de la naturaleza deben ser descubiertas, obedecidas y respetadas. Las razas de Dios deben ser preservadas en su singularidad. La genética revela que el hombre puede superar la enfermedad, envejecer y mejorar física, mental y espiritualmente de forma eugenésica, haciendo su vida sublime, incluso si es capaz de comprender finalmente la FUERZA omnipotente, omnisciente y omnipresente. *Dios dio al hombre ario al buen monje Mendel. El hombre ario dio a la humanidad las llaves del reino: ¡Conócete a ti mismo!*

Poder y derecho no son sinónimos. De hecho, a menudo son opuestos e irreconciliables. Existe la LEY DE DIOS de la que derivan todas las leyes equitativas del hombre y según la cual los hombres deben vivir si no quieren morir en la opresión, el caos y la desesperación. Separado de la

LEY ETERNA E INMUNE de DIOS, establecida antes de la fundación de los soles, el poder del hombre es malo, por muy nobles que sean las palabras con que se use o las razones que se invoquen para aplicarlo. Los hombres de buena voluntad, conscientes de la LEY ESTABLECIDA POR DIOS, se opondrán a los gobiernos gobernados por hombres y, si desean sobrevivir como nación, destruirán los gobiernos que intenten gobernar según los caprichos o el poder de jueces venales.

CICERONN

Los débiles y los descuidados perecerán: el primer principio de nuestra humanidad.
Los mayores obstáculos para lograr el Superhombre son el cristianismo y la democracia.
El último cristiano murió en la Cruz. Los congénitamente débiles e incapaces no pueden competir, por lo que utilizan medios tortuosos para alcanzar el poder.

NIETZSCHE.

A vosotros que me escucháis os digo: Amad a vuestros enemigos, haced el bien a los que os odian, bendecid a los que os maldicen y orad por los que os maltratan. Y al que te golpee en una mejilla, vuélvele también la otra; y al que te despoje de tu capa, dale el resto de tu manto.

JESUCRISTO, Lucas 7:27-29.

No penséis que he venido a traer paz a la tierra; no he venido a traer paz, sino espada. Porque he venido a poner al hombre contra su padre, a la hija contra su madre y a la nuera contra su suegra. Los enemigos del hombre serán los de su propia casa.

JESUCRISTO, MATEO 10:34-36

No te resistas al mal.

JESUCRISTO, Mateo 5:39.

La traducción King James de la LXX (Septuaginta: traducción griega del Antiguo Testamento a partir del hebreo) contiene más de 1.000 menciones importantes.

ENCICLOPEDIA BRITÁNICA.

Permítanme emitir y controlar el dinero de una nación y no me importa quién haga sus leyes.

AMSCHEL MAYER ROTHSCHILD.

Siendo un joven comandante desconocido, tomé la decisión más sabia de mi vida: consulté al Sr. Baruch.

GENERAL DWIGHT DAVID EISENHOWER, Ejército de EEUU.

¡TOB SHEBBE GOYIM HAROG!

TALMUD: Sanedrín 39

CAPÍTULO 12

RESUMEN

Los ARIANOS fueron vistos en todas partes como los promotores del verdadero progreso y, en Europa, su expansión marcó el momento en que la prehistoria (de Europa) empezó a divergir de la de África y el Pacífico.

Dr. V. GORDON CHILDE.

Como antropólogo social, acepto naturalmente e incluso insisto en que existen diferencias, tanto mentales como fisiológicas, que separan a las distintas razas de la humanidad.

Dr. L. S. B. LEAKY.

La prosperidad material fomenta la conservación, el cultivo y la reproducción de los elementos biológicamente inferiores que parasitan las civilizaciones ricas. Entonces, la acción pura y dura cae sobre ellos y hace borrón y cuenta nueva.

Dr. ERNEST HOOTEN.

El pacifismo sigue siendo un ideal, la guerra un hecho, y si la raza blanca decide no hacer más la guerra, los pueblos de color lo harán y se convertirán en los amos del mundo.

SPENGLER.

Vuestra Constitución no es más que una vela sin ancla. O un César o un Napoleón tomarán las riendas del gobierno con mano firme, o vuestra República será derribada por la barbarie interna en el siglo XX, como lo fue el Imperio Romano en el V.

SIR THOMAS MACAULEY.

Comunicar cualquier cosa a un goy sobre nuestras relaciones religiosas equivaldría a matar a todos los judíos, porque si los goyim supieran lo que enseñamos sobre ellos, nos matarían abiertamente a todos.

Liberen a David 37.

Los hombres que saben gestionar el dinero lo gestionan todo.

WILL DURANT, "Historia de la civilización".

La aristocracia no tiene nada que ver con la plutocracia. Los mejores NO son los ricos... lo que debe contar es el carácter y la capacidad.

WILLIAM G. SIMPSON.

Cuando una forma de gobierno se vuelve destructiva, el pueblo tiene derecho a abolirla...
DECLARACIÓN DE INDEPENDENCIA.

Llegamos ahora al último capítulo de este tratado, que trata del declive de la civilización occidental y, más concretamente, del expolio de América. La historia nos recuerda que cuando la mayoría racial desaparece, la cultura desaparece con ella. Cuando muere la mayoría blanca de América, muere la propia América.

Hemos visto que mientras los americanos estaban absortos en la creación de una de las mayores civilizaciones de la historia, bastión de la cultura occidental, el antiguo ENEMIGO de la humanidad, siguiendo imperativos genéticos, se incrustó en los nervios de los Estados Unidos y se dedicó a traicionarla, corromperla y saquearla. Recordamos los orígenes de la CONSPIRACIÓN en la plagiada Ley Mosaica (TORAH), en la que los hebreos, una tribu semita, se autodenominaban "PUEBLO ELEGIDO DE DIOS", cuyo objetivo era dominar el mundo ; y en la ley oral farisaica (TALMUD) ("nuestras promesas a los gentiles no nos obligarán") de la que surgieron los PROTOCOLOS DEL SAGE DE SION ("los *gentiles* son un rebaño de ovejas y nosotros somos sus lobos"). Los PROTOCOLOS proporcionaron el paradigma para el ILLUMINATI de Rothschild ("la cuestión es sólo si el gobierno mundial se logrará por consentimiento o por conquista", JAMES WARBURG, JUDÍO).

Hemos visto cómo los jázaros asiáticos (asquenazíes) han pretendido ser judíos bíblicos de la diáspora, mientras que su linaje (confirmado por pruebas de ADN) les atribuye afinidades armenoides-mongolas sin ningún gen semita; por lo tanto, no tienen raíces israelíes y, en consecuencia, ninguna reivindicación bíblica de Palestina. Son impostores, parásitos y asesinos, como prueba irrefutablemente este tratado. Este tratado también presenta para su consideración el *modus operandi de* los ILLUMINATI. Hemos visto con qué calculada traición los judíos "americanos" han atacado en secreto y se han apoderado de los eslabones esenciales de la soberanía americana, los más importantes de los cuales son los siguientes: EL SUMINISTRO DE DINERO DE

LA NACIÓN (el Sistema de la Reserva Federal) y los MEDIOS DE COMUNICACIÓN DE MASAS (periódicos, revistas, radio/televisión, Hollywood, teatro, entretenimiento, etc.). ¡Así, la CONSPIRACIÓN JUDÍA efectivamente derogó la Constitución de los EE.UU.! Posteriormente, como reacción al "terrible poder del mercado de valores" y a la censura de la "libertad de expresión", todas las facetas de la sociedad estadounidense cayeron una a una bajo el control de los liberales, los marxistas y los judíos. Imagínese el impacto que tendría en la carrera de un miembro del Congreso de Estados Unidos si presentara una ley para crear una comisión de investigación sobre el "Holocausto", o una ley para determinar la constitucionalidad del FED, o una ley que exigiera cuotas raciales/religiosas en la propiedad de los medios de comunicación, el ejército o las facultades universitarias, o que creara una comisión para informar sobre el efecto negativo del mestizaje en las puntuaciones del coeficiente intelectual, o que investigara por qué se nombra a tantos sionistas para altos cargos del gobierno. Hoy vemos que nuestra otrora gran República Aria se ha transformado en una DEMOCRACIA bastarda dirigida por la PLUTOCRACÍA MARXISTA/LIBERAL/JUDÍA. Esta CONSPIRACIÓN mundial está financiada y dirigida por banqueros internacionales. Su objetivo es instaurar un único gobierno sionista mundial. Su estrategia, explícita en los PROTOCOLOS, consiste en manejar con una mano el poder del DINERO y con la otra desencadenar la INFAMIA y la GUERRA hasta que Occidente, finalmente en bancarrota, exhausto y desilusionado, rinda su soberanía. Las tácticas bien conocidas de los ILLUMINATI, establecidas durante la Revolución Francesa, incluyen mentiras, traición, espionaje, chantaje, calumnia, extorsión, asesinato, desinformación, falsos testimonios, guerras falsas, caos financiero, usura, inmoralidad, etc. Las mismas tácticas se utilizan en Occidente. Las mismas tácticas se utilizan hoy en América, acompañadas de espiroquetas de sífilis judía: repetidas sin cesar por las universidades y los medios de comunicación. Mientras tanto, los estadounidenses intentan ingenuamente jugar el juego de la vida de acuerdo con la moral y la ética aria, jurando lealtad "... a la bandera de los Estados Unidos y a la República que representa...", mientras que los JUDÍOS juegan el juego sub rosa de acuerdo con el TALMUD, los PROTOCOLOS DE SION y el JURAMENTO KOL NIDRE: reservando su odio a los gentiles y su lealtad únicamente a la JUDERÍA.

El nacionalismo es una enfermedad infantil.
ALBERT EINSTEIN, JUDÍO.

Dios no eligió a los judíos.
SAMUEL HOFFENSTEIN, JUDÍO.

El triunfo judío sobre América no podría haber sido tan completo si los arios no hubieran colaborado con ellos. Los desertores blancos representan un amplio espectro social, desde traidores raciales certificados como Paul Volcker, Kingman Brewster, Theodore Hesburgh, Ted Kennedy y William J. Clinton, hasta la basura blanca local que hará cualquier CONCESIÓN MORAL, incluso vender la herencia de sus hijos si huele a DINERO (véase: *Easton Star-Democrat*). En medio se encuentran traidores ideológicos como Pat Robertson, Patrick Moynihan, Jimmy Carter y la dinastía Bush, cuya ignorancia del mendelismo y *"compasión benevolente"* han ayudado a convertir América en una sociedad mestiza al borde de la anarquía.

A medida que la síntesis dialéctica de Occidente sigue desplegándose, las ovejas comienzan a balar inquietas y a hacer preguntas prohibidas. Dondequiera que se congreguen los gentiles (aquí y en el extranjero), la judeofobia va en aumento. Alarmados por el inquietante interés de *los gentiles* en el notable éxito de la JUDERÍA (inversamente proporcional a la decadencia de la cultura estadounidense), los JUDÍOS sostienen ahora que generaciones de endogamia han producido mayor inteligencia entre los ALUMNOS de Yahvé ¡que la mostrada por sus rebaños gentiles! Los judíos insisten, *sin ninguna prueba estadística fiable*, en que su ascenso al poder se debe al alto coeficiente intelectual judío, *no* a la CONSPIRACIÓN luciferina. En otras palabras, ¡el campo de juego está nivelado y los *arios, que produjeron la cultura occidental, son demasiado estúpidos para competir!* Uno de los proponentes de este Spielbergismo, el Dr. Ashley Montague (Israel Ehrenberg), judío, tuvo una carrera como profesor en la Ivy League ondeando la bandera roja de la igualdad racial, hasta que el Mendelismo lo derribó, alrededor de 1980. Montague (fallecido en 1999) dio posteriormente conferencias poco convincentes sobre la superioridad *genética* judía. Sin embargo, la historia, árbitro final en la materia, revela que los JUDÍOS no son ni de lejos tan inteligentes como nos quieren hacer creer (los JUDÍOS producen individuos brillantes, pero per cápita mucho menos que los arios u orientales). De hecho, *¡TODOS los grandes avances de la cultura mundial se produjeron exactamente en los lugares donde no había judíos o de los que habían sido expulsados!* Esto ciertamente hace que sus afirmaciones sobre el CI sean sospechosas, si no irrelevantes. El antiguo pueblo ISRAELÍ no creó nada de importancia aparte de la

BIBLIA y el TALMUD; la primera se considera ahora un fósil y el segundo patológico. Los estadistas hebreos, desde el rey Saúl hasta Bar Cochba, crearon poco más que el caos. El "heroico" suicidio colectivo de los zelotes israelíes en Masada es una broma de guerreros (el general romano que no perdió ningún hombre declaró que sólo deseaba que todos sus enemigos fueran tan generosos). Por último, los israelíes no han legado a la posteridad ni arte, ni arquitectura, ni música, ni ciencia.

Los KHAZARS (JUDÍOS) asiáticos disfrazados de JUDÉANOS, que ahora dominan el funcionamiento del gobierno de los EE.UU., son conocidos menos por su alto coeficiente intelectual que por su comportamiento psicopático, descrito en cierta medida en este tratado.

A los judíos no se les recuerda por su capacidad para crear grandes Estados o para gobernar, sino por su obligación de corromper y destruir los Estados anfitriones. Ningún judío cabalgó con Carlomagno, firmó la *Carta Magna*, el *Código Napoleónico*, la *Declaración de Independencia* o, para el caso, asistió a la *Convención Constitucional de* Filadelfia. En cambio, a los JUDÍOS contemporáneos se les recuerda por la OGPU, la NKVD, el Archipiélago Gulag -un horror sin parangón en la historia de la humanidad- y por el "Holocausto", ¡una grotesca mentira creada deliberadamente para ocultar las atrocidades cometidas por JUDÍOS y bolcheviques!

Está claro que el valor, la honradez y la habilidad como estadistas no explican la increíble conquista de América por los judíos. Más bien, es su *habilidad para engañar desde fuera y corromper desde dentro: es su dominio del DINERO y de la GRAN MENTIRA.*

> ... apela a la bajeza que yace en lo más profundo del alma de todos los hombres. Pudre el alma de una nación; trabaja secreta e inadvertidamente en las sombras para socavar los pilares de la ciudad; infecta el cuerpo político hasta que ya no puede resistir. Un asesino es menos temible.
> CICERON.

Para asegurar la transición del gobierno constitucional americano al GOBIERNO ÚNICO ILUMINADO MUNDIAL, los JUDÍOS han trabajado duro para *subvertir la voluntad de resistencia de América. Una de sus estratagemas es una intensa campaña de propaganda destinada a denigrar todo lo que el hombre blanco ha conseguido: destruir su autoestima y la de sus hijos, hacerle perder el orgullo de su historia, hacerle perder la vigilancia y dejar de proteger su incomparable patrimonio genético blanco, al que le debe todo.* El mestizaje desenfrenado de las razas representa la victoria definitiva del MARXISMO/LIBERALISMO/JUIVERISMO sobre Occidente.

LA SOLUCIÓN FINAL

Los genes blancos pasarán a ser propiedad de las razas de barro. Con este fin, los medios de comunicación, el mundo académico, el cristianismo y el gobierno federal han puesto en su punto de mira las mentes y los úteros de las jóvenes mujeres blancas. En lenguaje llano, quieren reducir la resistencia de las mujeres blancas a fornicar con NEGROS y JUDÍOS, por lo que no es de extrañar que el gobierno de los EE.UU. sea "incapaz" de detener el tráfico de drogas del Tercer Mundo y de las repúblicas bananeras, que acaba en manos de la mafia, los proxenetas, el ejército, las residencias universitarias, los institutos y la industria del entretenimiento donde se reúnen los jóvenes arios de buen ver. Mientras en la Segunda Guerra Mundial EEUU aplastaba hábilmente a las naciones más poderosas del planeta y más recientemente bombardeaba Serbia, Irak, Siria y otras naciones JUDÉOFOBAS. Los federales (que incineraron a los hombres, mujeres y niños americanos de la Rama Davidiana) son "incapaces" de impedir que los inmigrantes ilegales (cada voto demócrata/católico) invadan EEUU como una plaga de langostas con la ayuda de la 5 columna MARXISTA/LIBERAL/JUDERÍA (y los narcos de Arkansas).

El gobierno federal, siempre obediente a sus amos, se niega a aplastar estos asaltos criminales contra la mayoría blanca; ni derogará las enmiendas constitucionales y las leyes que pronto harán de los blancos una minoría en su propio país. De hecho, los arios, que descienden de la raza guerrera más grande del mundo, han sido reducidos a la impotencia por su propio gobierno.

Nunca olvides que ningún miembro del Gobierno de los Estados Unidos, a pesar de ser plenamente consciente de la CONSPIRACIÓN, se atreve a tomar medidas correctivas contra los ILLUMINATI. Con esta cobardía, el Gobierno Federal ha cometido un *agravio*, un punto de la Ley de Sedición que establece que Cometen Alta Traición aquellos que saben que se está cometiendo una traición, pero ocultan el hecho o no actúan en consecuencia. (Ver Capítulo IV, DINERO).

La traición nunca prospera, ¿por qué? Porque cuando lo hace, nadie se atreve a llamarla traición.

LORD HARRINGTON.

El árbol de la libertad se alimenta de la sangre de los tiranos; es su abono natural.

JEFFERSON.

El daño infligido a Occidente es grave y continúa. Sin embargo, observamos que está apareciendo una lágrima en la confianza de los judíos. Está sangrando. El mendelismo les aterroriza, y con razón. Su máxima marxista *"Liberté, Égalité, Fraternité" ha quedado* hecha añicos; su ego se ha resquebrajado; su imagen, astutamente construida tras la Segunda Guerra Mundial, ha quedado al descubierto. De hecho, los judíos han recibido un golpe mortal. No pueden escapar de sus genes. Se deduce, como el día sigue a la noche, que TODAS las leyes, ideologías y legislaciones derivadas de la teoría de la igualdad son falsas, fraudulentas y PATOLÓGICAS. Democracia, Gobierno Mundial, La Gran Sociedad, Banca Mundial, La Familia del Hombre, Las Naciones Unidas, Talmudismo, Cristianismo, Comunismo, Igualdad Sexual, Integración Racial, Cuotas, Diversidad, Mestizaje, etc. se revelan ahora, a la omnipresente luz del Mendelismo, como: IGNORANCIA en acción, por un lado, y, por otro, una CONSPIRACIÓN TALMUDÍ dirigida a destruir la raza blanca. Mientras sigan existiendo leyes federales y estatales que apoyen estas abominaciones, América continuará su espiral descendente hacia el marasmo racial de individuos con un coeficiente intelectual de 85.

No es ningún secreto que los estadounidenses blancos han llegado a un callejón sin salida CONSTITUCIONAL: no tienen ningún recurso legal para remediar su desposesión. Y no es ninguna sorpresa que Ben Wattenberg, un judío, haya comentado exultante que la campana *del Destino Manifiesto* ha sonado (quiere decir que el poder blanco en América se ha acabado... eso cree él).

Los estadounidenses tienen que decidir si están de acuerdo con Ben. ¿Quieren una sociedad de blancos O una sociedad de razas de barro? No puede haber compromiso. Las relaciones sociales llevan a las relaciones sexuales. El mestizaje consiste en eliminar *para siempre* a las rubias de ojos azules, las pelirrojas, las morenas de piel clara y la inteligencia superior que representan. Las razas de barro serán inyectadas con genes blancos y la raza blanca desaparecerá. Esto significa que nuestros padres, que lucharon y murieron para que su nación viviera, habrán vivido y muerto en vano. En 30 años (o menos si abren la frontera mexicana), la población de Estados Unidos, seguida de cerca por la de Europa, se parecerá a la de Cuba, India y México. Los judíos se habrán apoderado del mundo.

El pasado del negro americano es un estigma, su color es un estigma, y su visión del futuro es la esperanza de borrar el estigma haciendo que el color sea irrelevante... Comparto esta esperanza... Creo que la fusión total de las dos razas es la alternativa más deseable para todos los implicados....
NORMAN PODHORETZ, JUDÍO, editor de "Commentaire".

BOSTON... cuando comenzó la integración forzosa (hacia 1970), la población de las escuelas públicas de la ciudad era de un 52% de blancos, un 37% de negros, un 8% de hispanos y un 3% de asiáticos. Sin embargo, las cosas han cambiado con la huida de los blancos y las tendencias de la inmigración. Hoy, el alumnado de los 129 centros públicos de Boston es un 16% blanco, un 49% negro, un 26% hispano y un 9% asiático.
THE WASHINGTON POST, 18-7-99.
(Cabe señalar que los resultados escolares han bajado y la delincuencia ha aumentado).

La diferencia de grosor de las capas supragranulares del córtex de los cerebros blanco y negro es la diferencia entre civilización y salvajismo.
WESLEY CRITZ GEORGE,
Jefe del Departamento de Anatomía, Univ. N. Car.

Las ovejas americanas necesitan aprender, a pesar de las tonterías bíblicas, que en la NATURALEZA, el león se acuesta con el cordero NO en un espíritu de amor fraternal (como se ilustra en la fantasía de Hick, *"Reino apacible"*) ¡sino para *comérselo!* En el Reino de Dios, TODOS los organismos vivos se alimentan de otros (chuletas de cordero). La jungla social del Homo Sapiens está atestada de taxones, cada uno buscando su destino a costa de otro. No hay igualdad en la naturaleza, todo es desigual (un hecho que los políticos de "gran corazón" conocen demasiado bien). No existe la "familia humana" (UNESCO). Sólo hay razas y mestizos, cada uno con cualidades distintas, únicas, dadas por Dios *("¡La raza lo es todo!"* DISRAELI, JUDÍO). Destruir las diferencias raciales es genocidio.

Ya en *la Antigüedad*, fuimos los primeros en gritar las palabras "Liberté, Égalité, Fraternité"... Los gentiles, supuestamente inteligentes, no comprendieron el simbolismo de las palabras pronunciadas; no comprendieron su contradicción de sentido; no advirtieron que en la naturaleza no hay igualdad...".

EL PRIMER PROTOCOLO.

La Iglesia católica (universal), fundada por los hebreos, se ha establecido en los estados del mundo proclamando la igualdad de los hombres. Esto pone de relieve el sucio secreto, que los JUDÍOS han afirmado en privado durante mucho tiempo, de que el cristianismo allanará el camino para un gobierno sionista mundial único. Recientemente, el Papa Juan Pablo II confirmó este secreto al anunciar *"que habrá un gobierno mundial único por primera vez en el año 2000"*. No especificó quién dirigiría este mundo único. Sin embargo, mientras la Iglesia consolida su antigua alianza con los JUDÍOS (DINERO), RECUERDE que los pulgares y el fuego figuran prominentemente en las manifestaciones católicas de amor a YAHWEH y odio a la Naturaleza. Una ingrata Iglesia católica (salvada de los musulmanes por caballeros arios en Tours) denuncia hoy los sueños de un imperio ario. La parcialidad del Papa Juan Pablo tiene precedentes. Saulo de Tarso, hebreo, inventó el cristianismo (incluida la Inmaculada Concepción, de la que Jesús nunca oyó hablar) para destruir Roma, sede del poder pagano ario. La Iglesia, construida por Pedro, un judío, (y ampliada por el pagano Constantino) mezcló la tradición paganista con las Escrituras hebreas para hacer la mezcla venenosa apetecible a los arios pragmáticos y lujuriosos. Podría decirse que sobrevivieron a pesar de ello. La gran contribución del cristianismo fue dar cohesión, brevemente, a los estados tribales de Europa, ¡un regalo nada desdeñable! El magnífico arte, la arquitectura y la música de los arios han llegado a ser apreciados en todo el mundo. Tampoco debemos olvidar los servicios desinteresados prestados por el clero en nombre de JESUCRISTO. Estos ministerios de esperanza, fe y caridad son también un elemento importante del Panteísmo. El hecho irrevocable es que el cristianismo (como Marx, Freud, Boas) aborrece los HECHOS. En su lugar, la Iglesia habla del pecado original (horror del conocimiento), de la vergüenza, del perdón (a un precio), de los milagros, de la igualdad, del amor al enemigo y del Reino de los Cielos de Yahvé, que nunca fue descrito y nunca sucedió. Los incrédulos fueron juzgados, atormentados, torturados físicamente, asesinados y arrojados al Infierno, que se describe con maniático detalle. Los castillos construidos sobre arena y la fe inducida por el miedo no durarán para siempre. Tampoco durará la ignorancia mientras se tolere la libertad de expresión. *Jesús, que caminaba sobre el agua, resucitaba a los muertos y creía que el mundo era plano, ha perdido su influencia en el estrato cultural de Occidente.* Hoy, con sus rabietas, el cristianismo está volviendo a los mitos y fábulas primitivos de los que surgió. Es un hecho de necesidad psicológica que TODOS *los grandes pueblos necesitan una fe profunda en un poder superior al que puedan prestar total obediencia.*

La religión aria, el PANTEÍSMO, que surgió de la era mendeliana, venera las LEYES DE LA NATURALEZA, manifestadas en el MENDELISMO/Dios/Familia (LA RAZA ARIA) y, al hacerlo, expone al JUDÉO-CRISTIANISMO como otro CANULAR, ¡una *reductio ad absurdum!* El Panteísmo irradia ahora una FUERZA UNIVERSAL en toda la civilización occidental. Sólo los supersticiosos, ignorantes y venales siguen creyendo, o fingiendo creer, en el celoso, vengativo y paranoico dios tribal Jehová (nota: George Washington, Thomas Jefferson, Abraham Lincoln et al eran deístas. Adoraban a un Creador omnipotente, NO AL JUDÉO/ CRISTIANISMO). *Aceptar el JUDÉO-CRISTIANISMO es negar las leyes de la naturaleza: negar las leyes de la naturaleza: negar las leyes de Dios es blasfemar. No hay igualdad de los hombres ni de las razas: ¡ESA es la sentencia de muerte de la democracia!*

Los grandes místicos: Zaratustra, Jesús, Siddhartha Gautama, Mahoma, Shakespeare, Blake, Goethe, Schopenhauer, Vivekananda, Whitman, etc., nos dicen que el alma del hombre vive eternamente (en el universo, TODA LA ENERGÍA ESTÁ CONSERVADA - el alma es energía); la verdad, la belleza y la justicia (karma) finalmente prevalecen. El Panteísmo y la Ciencia Natural apoyan muchas revelaciones místicas. Por ejemplo, el Panteísmo y la Ciencia Natural apoyan muchas revelaciones místicas.

Instinto, intuición e inteligencia (razón) han coexistido en el curso de la síntesis occidental, revelando un espacio ilimitado que, *tanto en el microcosmos como en el macrocosmos,* está formado por partículas de energía millones de veces más pequeñas que los átomos. Estas partículas, dispuestas en cuerdas de energía eléctrica (que emiten sonidos descritos por los místicos como *"música celestial"),* cada una a frecuencias diferentes y vibrando con la Vida, se retuercen y giran a través de muchas dimensiones espacio-temporales ofreciendo al Universo "muchas mansiones". *Allí donde los mundos del macrocosmos y del microcosmos se funden y la materia energetizada se convierte en una FUERZA fluida, entramos en el UNIVERSO METAFÍSICO.* Aquí, la incomprensible inmensidad del espacio interior y el espacio exterior se convierten en UNO. Esta FUERZA UNIVERSAL, *en mayor o menor grado*, atraviesa TODAS las cosas. Lo que reside "dentro" de las "moradas" está oculto... por el momento. Sólo queda el mandato de Dios: CONÓCETE A TI MISMO: OBEDECE LAS LEYES DE LA NATURALEZA.

El poder de los JUDÍOS a finales del siglo XX se revela por su capacidad de hacer tragar el Holocausto al mundo. El pueblo alemán, conocido por su integridad, valentía y altos estándares éticos, su avanzada ciencia y creatividad, ha sido calumniado y virtualmente arruinado por una nación *de* parásitos que *han logrado poco en todas las áreas de la vida excepto mentir y* EXTORCIONAR.

Durante 60 años el mundo ha estado sometido a la propaganda de la SHOAH a pesar de que se ha demostrado que los "supervivientes" judíos son unos mentirosos mediante fotografías aéreas, informes forenses, informes de testigos oculares, diarios, registros oficiales y testimonios jurados ante los tribunales de los propios supervivientes. Todos los hombres educados admiten que NO hubo cámaras de gas de ejecución durante la Segunda Guerra Mundial. Sin embargo, como si los HECHOS no importaran, los judíos repiten sus venenosas mentiras una y otra vez en los medios de comunicación de masas controlados por los judíos, mientras los ILLUMINATI castigan cualquier forma de refutación. A pesar de conocer los hechos, el cobarde Congreso de EE.UU. mantiene la tapa herméticamente sobre esta tetera hirviendo. Inevitablemente, ¡los hechos saldrán a la luz! Con Estados Unidos luciendo una cara judía y un gran garrote, no es de extrañar que dondequiera que se congreguen gentiles informados (aquí y en el extranjero), la JUDÉOFOBIA alcance proporciones hitlerianas:

> El tirador dejó su diario SKOKIE, Ill. 10 de julio - La policía está analizando las notas racistas de un diario que aparentemente pertenecía a Benjamin Nathaniel Smith, con la esperanza de saber más sobre el tiroteo mortal del pasado fin de semana en el Medio Oeste... "Cualquiera que conozca la historia de esta lacra para la humanidad que se hace llamar los judíos sabrá por qué actué..." Smith presuntamente mató a dos personas e hirió a otras nueve, todas judías, negras o asiáticas, en Illinois e Indiana, antes de quitarse la vida...
>
> *WASHINGTON POST* (7-11-99).

Donde hay odio, también hay esperanza (¡sic!).) Durante los últimos ocho meses aproximadamente, los medios de comunicación occidentales han difundido informes alarmantes sobre el resurgimiento del antisemitismo (sic) en la antigua Unión Soviética, particularmente en Rusia y Ucrania, donde vive la mayor parte del millón y medio de judíos de la región... Los judíos ucranianos más descontentos... se han marchado, sobre todo a Israel, Estados Unidos y Alemania.... En Moscú, Vladimir Shapiro, eminente sociólogo, me habló de una encuesta reciente que revelaba que el antisemitismo estaba omnipresente en las escuelas secundarias de la Federación Rusa... La perseverancia de los judíos de la región y su sentido de la cohesión son admirables... No se puede descartar el temor a que los judíos, como tantas veces en el pasado, vuelvan a ser los chivos expiatorios de los males económicos de sus países.

ABRAHAM BRUMBERG, JUDÍO, *Washington Post* (7-11-99).

El desfile del grupo ario provocó numerosas protestas.
CORAZÓN DE ALENE, Idaho, 10 de julio Miembros de las Naciones Arias marcharon hoy por las calles del centro de la ciudad amparados por una orden judicial federal, pero se vieron eclipsados por manifestantes que les obligaron a desviarse... Las Naciones Arias sostienen que Dios ordenó la formación de una patria sólo para blancos en el noroeste del Pacífico.

WASHINGTON POST (7-11-99).

Posible relación con el odio en los asesinatos de Calif. Asesinatos.
REDDING, California, 10 de julio... En los domicilios federales y del condado de Shasta de Ben Matthew Williams, de 31 años, y James Tyler Williams, de 29, apareció un cuaderno que vinculaba a los hermanos con los incendios de la sinagoga de junio y que contenía propaganda racista y antisemita vinculada a la Iglesia Mundial del Creador... "Parecen un par de chicos americanos", dijo Richardson. No tienen tatuajes raros. No son cabezas rapadas...". Los miembros de la Iglesia Mundial del Creador han estado vinculados a numerosos delitos de odio en los últimos años, como el atentado con bomba contra una oficina de la NAACP en Tacoma (Washington) en 1993, la paliza a un hombre negro y a su hijo adolescente en Sunrise (Florida) en 1997, y la paliza al propietario de un videoclub judío en Florida el año pasado.

WASHINGTON POST (7-11-99).

Israel advierte a Japón contra el creciente antisemitismo. TOKIO Los círculos académicos y empresariales japoneses deberían denunciar los signos de creciente antisemitismo, según el embajador israelí Yaacov Cohen... "Se trata de un fenómeno que debería preocupar a los japoneses más que a nadie", declaró el Sr. Cohen en una entrevista concedida al diario Japanese Times.

EDWARD NEILAN, *Washington Times. (Varios meses después de la aparición de este artículo, los japoneses experimentaron un importante desplome de su mercado de valores, hacia 1999).*

RUSIA Los nacionalistas difieren de los patriotas. Un patriota ama a su país, pero para un nacionalista, el odio al ENEMIGO es más importante que el amor a su propio país. En Rusia existe una profunda afinidad entre neocomunistas y nacionalistas. Su enemigo común es el judío. Dicen: "Tenemos mucho en común con los alemanes... Si los dos nos unimos, dominaremos el mundo".
RESEÑA DEL AUTOR de *"Black Hundred"*, de Walter Laqueur.

Khakid Abduk Muhammad, "representante" y "asistente nacional" del ministro Louis Farrakhan y de la Nación del Islam, llegó al Kean College... y de su boca brotaron rayos de celo y odio. Su tema era un libro publicado por la Nación del Islam titulado "La relación secreta entre los negros y los JUIFS". El Asistente Nacional dijo que los judíos eran "judíos impostores", mentirosos demoníacos que habían rechazado a Jesús. Dijo: "Jesús tenía razón. Sois todos unos mentirosos. El libro del Apocalipsis tiene razón. Sois de la sinagoga de Satanás"... Despojaron a los palestinos. Explotaron a los alemanes: "Todo el mundo habla siempre de que Hitler exterminó a seis millones de judíos. Pero nadie se pregunta nunca qué le hicieron a Hitler...". El Senado estadounidense condenó el discurso del Kean College por 97 votos.
PAUL BERMAN, JUDÍO, *The New Yorker* (28-2-94).

Cuando te acerques a una ciudad para luchar contra ella, proclámale la paz. Si te responde con la paz y te abre sus puertas, todos sus habitantes te pagarán tributo y te servirán. Pero si no quiere hacer la paz contigo, sino que te hace la guerra, la sitiarás; y cuando el Señor, tu Dios, la haya entregado en tu mano, herirás a todo varón de ella a filo de espada; pero tomarás para ti las mujeres, los niños, el ganado, todo lo que haya en la ciudad y todo el botín que haya en ella... Pero de las ciudades de este pueblo, que el Señor, tu Dios, te da en herencia, no salvarás nada viviente que respire.
LA SANTA BIBLIA Deuteronomio 20:10.

Lo que es salsa para el ganso es salsa para el ganso.
GRANDAD, *"Down on the Farm"*.

La SÍNTESIS DE OCCIDENTE está avanzando a un ritmo acelerado. Su pueblo ario se ve a sí mismo, una vez más, no como tribus nacionalistas (*franceses, alemanes, húngaros, italianos, ingleses, irlandeses, polacos, españoles, rusos, etc.*), sino como UNA NACIÓN BLANCA. Son como viajeros que regresan por fin a casa tras una tormentosa odisea marítima y emergen más sabios. Los arios ahora se dan cuenta de que la cultura occidental es de origen genético y que los genes blancos, y sólo los genes blancos, les han permitido transmitir la belleza, el comportamiento, la habilidad, la inteligencia y el ALMA a través de las generaciones. El estrato cultural de esta gran CULTURA ARIA reside en un grupo relativamente pequeño de hombres y mujeres extraordinarios que valoran la raza, la familia, la lealtad, el deber y el honor por encima de sus propias vidas. Son únicos porque sienten instintivamente, comprenden intuitivamente y creen racionalmente en la gran IDEA ARIA: EL SOCIALISMO OCCIDENTAL Y EL SANTO IMPERIO OCCIDENTAL.

Son los "recalcitrantes y los decepcionados", los triunfadores, los mártires, los héroes por cuyas venas corre la sangre de los conquistadores arios. Proceden de todas las profesiones y condiciones sociales: vaqueros, científicos, transportistas de hierro, profesores, artistas, empresarios, agricultores, soldados, etcétera. Ellos preservarán esta ventaja... con las manos ensangrentadas.

LOS ILLUMINATI, como deja claro este tratado, controlan, de hecho poseen, los Estados Unidos de América. El poder de las finanzas globales y de los medios de comunicación globales está en sus manos, abrogando la Constitución de los EEUU y haciendo que las ramas ejecutiva, legislativa y judicial del gobierno sean irrelevantes e incapaces de proteger el acervo genético Blanco. El gobierno federal está coaccionado, chantajeado y comprado. El Estado ya no funciona. La América blanca no tiene medios de reparación constitucional. *Estos HECHOS son muy difíciles de aceptar para los Patriotas. Destacan, como ninguna otra cosa puede hacerlo, la tragedia de nuestra pérdida.*

Los judíos nunca renunciarán voluntariamente al control de Occidente. Sería suicida para ellos hacerlo. Los hechos saldrían a la luz. Los judíos sólo pueden sobrevivir suprimiendo los hechos. Por lo tanto, la batalla para salvar a la raza blanca de la extinción no se librará en los pasillos del Congreso, como desearían los patriotas, sino en los setos y las calles de Norteamérica, donde lucharon nuestros antepasados.

En Estados Unidos viven unos 15 millones de judíos. Obviamente, la Oficina del Censo no está autorizada a contarlos. Cualquier viajero con buen ojo y olfato se dará cuenta de que los judíos están dispersos por el continente como colonias de termitas (¡recientemente se ha producido una gran afluencia en Idaho!). *Se concentran en tres grandes regiones: Nueva York, Filadelfia-Baltimore, corredor de Washington D.C.; Chicago-St.Louis, corredor de Dallas; y Los Ángeles, corredor de San Francisco. Cuatro husos horarios.* También gravitan, gracias a pasaportes dobles y falsificados, entre Estados Unidos, Israel y todas las naciones del mundo. Su punto fuerte, como hemos visto, es una magnífica organización destinada a aplicar los Protocolos. Los judíos creen celosamente que Jehová les ordena utilizar todos los medios para destruir a los gentiles. Los campos de batalla del mundo están cubiertos de cruces blancas arias. El vientre blanco contaminado está destruyendo la reserva genética aria.

Dado que el gobierno estadounidense ha negado a los arios cualquier recurso constitucional, sólo quedan dos opciones: rebelarse o morir. El objetivo pro-blanco no es destruir la gran nación/estado establecida por los Padres Fundadores, cosa que ya ha hecho el ENEMIGO. Los ARYANOS pretenden restaurar la VISIÓN de los FUNDADORES de América y devolver el estado y el territorio a su progenie Blanca.

La visión de nuestros antepasados se ampliará para crear un IMPERIO OCCIDENTAL SANTO que abarque todos los estados blancos del mundo. La SIO ayudará a todas las razas no blancas a conservar su identidad. Este NUEVO MUNDO contará con poblaciones raciales verdaderamente DIVERSAS, dadas por Dios, cada una en su propia patria gobernada por su propio pueblo. A medida que progrese la síntesis dialéctica occidental, el *estrato cultural* ario se alzará al frente para liderar la NACIÓN contra los PARÁSITOS y los ejércitos bastardos alistados en su nombre. Los arios sólo necesitan adoptar la estrategia y la táctica de la revolución bolchevique (circa 1900) para recuperar su herencia. Combatir el fuego con fuego. Si los judíos hubieran poseído armas bioquímicas modernas, los blancos serían hoy tan raros como los neandertales. *El poder hace el derecho y el vencedor se lleva el botín.* Esa es la lección de la revolución bolchevique.

Hoy, el Parásito es dueño de Occidente. Pero no por mucho tiempo. Los arios tienen las armas. Tenemos los hombres. Sólo tenemos que financiar y dirigir. No hay necesidad de un ejército. 150 miembros de las Fuerzas Especiales serán más que suficientes. *Sólo mediante la UNIFICACIÓN de los Estados Blancos y el establecimiento de la INTEGRIDAD TERRITORIAL podrá el hombre Blanco alcanzar su DESTINO. El futuro es inevitable, es difícil y está lleno de héroes, mártires y victorias gloriosas.*

El rey Gordius de Phyrigia había ideado un complejo nudo que creía que sólo el futuro rey de Asia podría desatar. Cuando se le presentó el nudo a Alejandro Magno, éste sonrió y lo cortó de un solo tajo con su espada. La CONSPIRACIÓN ILLUMINATI será ELIMINADA TAL COMO ALEJANDRO ELIMINÓ EL NUDO GORDIANO. TODOS LOS ARYANOS HONRADOS participarán en esta empresa. Todo lo que necesitamos es FE en Dios y la VOLUNTAD de tener éxito. *Una nueva era está emergiendo: LA EDAD MENDELIANA. ¡Se construirá un maravilloso IMPERIO OCCIDENTAL!* EL ORDEN DE LA NATURALEZA es el siguiente: CULTIVA TU JARDÍN AÍSLA TU HERENCIA GENÉTICA EXCRETA TUS DESECHOS O ¡MUERE!

EL IMPERIO: ARYANOS DE TODO EL MUNDO, "despertando como de un mal sueño", armas en mano, se alzarán victoriosos a la cabeza de su patria, un estado-nación blanco, el IMPERIO SANTO OCCIDENTAL.

EL JURAMENTO ARIANO Sobre la sangre de mis sagrados antepasados arios, juro:

LEALTAD Eterna a mi FAMILIA + RAZA + NACIÓN + DIOS + Ser VALIENTE + CONSIDERADO + JUSTO + REVERSIVO + FRANCO + CONFIABLE + y + VENENOSO

¡Lo juro, que Dios me ayude!

EL IMPERATIVO CATEGÓRICO

(Revisado)

Actuad sólo de acuerdo con la máxima que os permita al mismo tiempo garantizar la exaltación de la raza aria.

TRINIDAD PANTEÍSTA

(Arios - LA FUERZA - Panteísmo):

Desprecia totalmente a Yahvé: un torpe dios tribal judío "lleno de ruido y furia que no significa nada".

EL CRUCIFIJO ARIO La *Cruz de* Hierro lleva en su centro de porcelana el rostro de una bella mujer aria. Sus ojos azules se alzan hacia el cielo, sus labios cereza ligeramente entreabiertos. Su cabello lino, fino como la seda, cae en cascada sobre sus hombros. Un hilo de sangre gotea de la comisura de sus labios, baja por su garganta y cae sobre su pecho. *También ella ha sido crucificada por los judíos.* Lleva una corona de espinas en la que está inscrita la palabra: *¡DRESDE!*

+++

Los arios aparecen en todas partes como los promotores del verdadero progreso, y en Europa su expansión marca el momento en que la prehistoria (europea) comienza a divergir de la de África o el Pacífico.
DR. V. GORDON CHILDE, "fácilmente el mayor prehistoriador... *probablemente del mundo".* *(*Enciclopedia Británica).

La única condición para centralizar el poder en una sociedad democrática es profesar la igualdad.
ALEXIS de TOQUEVILLE.

Señor Presidente, es monstruoso para esta gran nación ver su destino presidido por un traicionero Sistema de la Reserva Federal que actúa en secreto con los Usureros Internacionales.
LOUIS T. McFADDEN, Presidente del Comité Bancario de la Cámara de Representantes.

La nación judía es la única que posee los secretos de todas las demás... no hay gobierno en el mundo tan completamente a su servicio como el americano. "Los británicos hicieron esto", los alemanes hicieron aquello", cuando fue el judío internacional quien lo hizo... "Los americanos son (ahora conocidos como) un pueblo sórdido, codicioso y cruel". ¿Por qué? Porque el poder del dinero judío se centra aquí. El genio del judío es vivir de la gente, no de la tierra, no de la producción de mercancías a partir de materias primas, sino de la gente. Que otros cultiven la tierra; el judío, si puede, vivirá del cultivador. Que otros se dediquen al comercio y la manufactura; el judío explotará los frutos de su trabajo. Tal es su genio particular. Si este genio es descrito como parasitario, el término parece estar justificado por una cierta forma.
HENRY FORD, *"El judío internacional".*

Poder y derecho no son sinónimos. De hecho, a menudo son opuestos e irreconciliables. Existe una ley de Dios de la que derivan todas las leyes equitativas del hombre y según la cual los hombres deben vivir si no quieren morir en la opresión, el caos y la desesperación.

CICERÓN (106-43 A.C.).

El Departamento de Educación informó de que en el *tercer estudio internacional de matemáticas y ciencias*, los alumnos estadounidenses de 12º curso obtuvieron una de las puntuaciones más bajas de los 21 países participantes en el TIMSS, sólo superados por los estudiantes de Chipre y Sudáfrica.
WASHINGTON TIMES (8-30-99).

Por encima de todo, sé fiel a ti mismo y, como la noche sigue al día, ya no podrás ser falso con nadie.
SHAKESPEARE, *"Hamlet"* (Polonio).

El valiente Horacio, guardián de la puerta, dijo: "Todo hombre en esta tierra muere tarde o temprano. ¡Qué mejor manera de morir que enfrentarse a adversarios formidables por las cenizas de nuestros padres y los templos de nuestros dioses!
MACAULEY, *"Lays of Ancient Rome"*.

Basta que los hombres buenos no hagan nada para que triunfe el mal.
EDMUND BURKE.

El árbol de la libertad se alimenta de la sangre de los tiranos; es su abono natural.
JEFFERSON.

Lo que preveo, porque lo veo nacer lenta y vacilantemente, es una Europa unida. Las naciones que han acabado valiendo algo nunca han alcanzado este estado bajo el imperio de las instituciones liberales: un gran peligro las ha convertido en algo digno de respeto; sólo este peligro puede hacernos conscientes de nuestros recursos, de nuestras virtudes, de nuestros medios de defensa, de nuestras armas, de nuestro genio que nos obliga a ser fuertes.
NIETZSCHE.

Comunicar cualquier cosa a un goy sobre nuestras relaciones religiosas equivaldría a matar a todos los judíos, porque si los goyim supieran lo que enseñamos sobre ellos, nos matarían abiertamente a todos.
Liberen a David 37.

Todos los futuros votos, juramentos, promesas, promesas y juramentos hechos por mí serán nulos desde este Día de la Expiación hasta el siguiente.
Juramento del Kol Nidre.

TOB SHEBBE GOYIM HAROG (¡Maten a los mejores gentiles!)
TALMUD: Sanedrín 59

ACABADO

GLOSARIO

AD HOC: preocupación por un caso particular u objetivo (subjetivo).

AD HOMINEM: ataca (lógicamente) el carácter del oponente en lugar de sus argumentos.

ANTISEMÍTICO: interpretado erróneamente como antijudío. Los judíos (asiáticos) odian a los semitas (árabes) y los matan a diario.

ARISTOCRACIA: gobierno de los mejores individuos; el grupo de los que se creen superiores. Un hombre sobresaliente.

ARYEN (Noble): s. Posiblemente atlante. Progenitor de la raza blanca que extendió su cultura por Europa, India, Persia, Egipto, América y otras partes del globo.

PANTEÍSMO ARYANO: Doctrina que equipara a Dios con la fuerza y las leyes del universo: más concretamente, el mendelismo.

JUDÍOS ASHKENAZIM: la "13ª tribu" (Arthur Koestler). Jázaros asiáticos convertidos al TALMUDISMO que se identifican falsamente como judíos. El 98% de los judíos americanos son Ashkenazi.

BOURGEOISIE: clase social media.

CANAILLE: los "perros" rabiosos de todas las revoluciones que saquean, asesinan y violan en nombre de los judíos de París, San Petersburgo y Chicago.

CASTING SOFA: donde se hacen las estrellas.

BANCO CENTRAL: sociedad anónima privada constituida para gestionar el dinero de una nación a cambio de una participación en los beneficios.

COMÚN: ordinario, banal, vulgar, barato, mediocre y popular.

DEMOCRACIA: gobierno de la mayoría. Una forma de gobierno despreciada por los Padres Fundadores y exigida por los parásitos.

¡MATAD A LOS MEJORES GENTILES!

DOCU-DRAMA: drama cuyo contenido es objetivo y se basa en hechos documentados (realidad). Hollywood transforma la desinformación en docu-drama, produciendo así propaganda.

IGUALITARISMO: falsa creencia en la igualdad individual y racial.

ESPÍRITU CORPORATIVO: espíritu de grupo, inspiración, entusiasmo.

EX POST FACTO: hecho (como promulgar una ley) a posteriori.

IN FLAGRANTE DELICTO: cometer un delito grave.

IN SITU: en posición natural.

FED: Federal Reserve System: banco central que controla la MONEDA americana; propiedad privada de los miembros de la KEHILLA judía.

QUINTA COLUMNA de B'nai B'rith; saboteadores, guerrilleros, grupos de traición ocultos dentro de una nación para ayudar al enemigo.

Luchador por la libertad/terrorista, según se mire.

FRANC MAÇONRY es una organización secreta internacional cuyas altas esferas están ocupadas por JUDÍOS.

GENÉTICO: vinculado a los genes o determinado por ellos.

GOY: (plural Goyim) Gentiles (ovejas que pastan en pastos judíos).

ARCHIPIÉLAGO GULAG: Campos de exterminio bolcheviques, URSS. Las prisiones más horribles de la historia del mundo (léase: Solzhenitsyn).

HOLLYWOOD Sodoma USA. Judíos expuestos. Pus. Infección. Enfermedad.

HOLOCAUSTO Atrocidades cometidas por los Aliados contra Alemania.

La falsa religión del "HOLOCAUSTO" creada por mentirosos congénitos.

IDEOLOGÍA: Teorización visionaria.

ILLUMINATI: Organización de los Rothschild creada para destruir a los gentiles, en particular la cultura occidental.

KEHILLA: Junta Directiva de los Illuminati: 13 Judíos.

KHAGAN: Rey de los Judíos, líder de la Kehilla.

KHAZARS: tribu asiática con afinidades mongol-turco-armenoides, convertida al talmudismo (judaísmo) en el año 730 d.C.

RISA GRABADA: banda sonora que contiene risas, aplausos, vítores, etc., editada en una película/cinta rodada en ausencia del público.

INFAMIA: calumnia, difamación; arma de propaganda judía.

MAFIA U.S.A.: Sindicato del crimen siciliano/italiano.

DESTINO MANIFIESTO: política necesaria de expansión imperialista, en particular de la raza blanca.

MASS-MEDIA: medios de comunicación públicos (de masas), incluidas la radio, la televisión, Internet, la industria editorial, el teatro, el cine y la música.

Judío cristianizado.

MENDEL: la era de la genética.

MENDELISMO: s. Conjunto de estudios derivados del descubrimiento de los genes.

METISSAGE: matrimonio o cohabitación entre una persona blanca y un miembro de otra raza, en particular un negro o un judío.

MEPRISE: Cuando una persona sabe que se está cometiendo una traición pero no toma ninguna medida para impedirlo, la parte que lo sabe también es culpable de traición.

MAFIA: sindicato del crimen judío.

El plan MORGENTHAU significó que 20 millones de alemanes murieran de hambre.

MORFOLOGÍA: rama de la biología que se ocupa de la estructura física de plantas y animales.

NACIÓN: (Natal: nacer: nacionalidad) un pueblo con la misma herencia genética; su raza, su familia, su cultura, su territorio.

JUDÍOS ORIENTALES: grupo étnico mixto (mayoritariamente hebreo), asentado en Oriente Próximo, norte de África, Asia y China.

FISIOLOGÍA: rama de la biología que se ocupa de los aspectos físicos de un organismo y de sus funciones normales.

PROTOCOLOS: Actas de una conferencia en las que se indica lo acordado por los patrocinadores. Un plan de acción.

OBJETIVO: objetivo de guerra legítimo, precio de guerra.

PSICOLOGÍA: Ciencia de la mente y el comportamiento: Lusitania, Pearl Harbor, Coventry, Bahía de Cochinos, Golfo de Tonkín, USS Liberty, Harvey Oswald, etc.

SPIELBERGISMO: cualquier mentira escandalosa; por ejemplo, "La lista de Schindler".

JUDÍOS SEFARAD: hebreos que vivieron en España hasta su expulsión en 1492.

SEPTUAGESIS: trans. del Antiguo Testamento al griego por 70 rabinos, ¡cada uno de los cuales llegó a traducciones idénticas!

Género de bacterias del género SPIROCHESE, como las que causan la sífilis.

CABEZAS HABLANTES: Moderadores de televisión Goy: aduladores que repiten la ideología, las mentiras y la propaganda de los judíos: Traidores raciales.

TALMUD: Ley farisaica; "Sinagoga de Satanás" (Jesús).

TAUMATURGIA: hacer milagros, magia.

TORAH (Pentateuco): cinco primeros libros del Antiguo Testamento.

TIFUS: enfermedad infecciosa mortal transmitida al ser humano por pulgas y piojos; históricamente, esta enfermedad afectó sobre todo a los judíos de Europa del Este.

UNIVERSALISMO: Catolicismo, Judaísmo, Ilustración, Marxismo, New Age, etc. Acepta el mestizaje o arde en la hoguera.

USURA: Capitalismo judío: interés compuesto, bancarrota, guerra.

WOLZEK: Falso campo de exterminio nombrado por Rudolf Hess, comandante de Auschwitz (antes de ser ahorcado) para que la historia supiera que sus confesiones sobre judíos gaseados habían sido obtenidas bajo tortura.

ZIETGEISTA: s. Espíritu de la época.

WELTANSCHAUUNG: filosofía de vida.

BIBLIOGRAFÍA

América

GARRETT, GARET La carga del imperio: el camino hacia la servidumbre

NOCK, ALBERT JAY El estado de la Unión: Ensayos

OLIVER, REVILO La decadencia de América

PIERCE, WILLIAM Los diarios de Turner

SKOUSEN, CLEON El capitalista desnudo

BEATY, JOHN O. El telón de acero sobre América

BURNHAM, JAMES Suicidio occidental

BROWN, LAWRENCE El poder de Occidente

ALLEN, GARY Ninguno se atreve a llamarlo conspiración

NORMAN, CHARLES Ezra Pound

LARSON, MARTIN La Reserva Federal: el dólar manipulado

MULLINS, EUSTACE Mullins sobre el Sistema de la Reserva Federal

SODDY, FREDERICK Riqueza, riqueza virtual y deuda

McFADDEN, LOUIS T. Discursos del Registro del Congreso

SOMBERT, WERNER Los judíos y el capitalismo moderno

SMOOT, DAN El Gobierno Invisible.

SUTTON, ANTHONY Suicida nacional

GOLDWATER, BARRY* Sin excusas

Revisionismo histórico

VEALE, F. J. P. Avance hacia la barbarie: la guerra total

KEELING, RALPH Gruesome Harvest: Alemania de posguerra

WILTON, ROBERT Los últimos días de los Romanov

RADZINSKY, EDWARD El último zar

IRVING, DAVID La guerra de Churchill, Dresde

ENNES, JAMES Asalto al USS LIBERTY

WEBSTER, NESTA H. La Revolución Francesa, Revolución Mundial

HOFFMAN, MICHAEL A. El gran juicio del Holocausto: Zundel

BARNES, HARRY ELMER En busca de la verdad y la justicia: PRIMERA GUERRA MUNDIAL

Génesis de la guerra

TOLAND, JOHN Infamia: Pearl Harbor

ZAYAS, ALFRED Una venganza terrible: El asesinato de los alemanes, los crímenes de guerra de la Wehrmacht

CROCKER, GEORGE El camino de Roosevelt a Rusia

DEGRELLE, LÉON Hitler: Nacido en Versalles

VON BRUNN, JAMES Matar a los mejores chicos buenos

El revisionismo del Holocausto

ZUNDEL, ERNST ¿Está realmente muerto 6-MIllion?

BUTZ, ARTHUR R. El engaño del siglo XX

STAGLICH, WILHELM Auschwitz: El juez examina las pruebas

LEUCHTER, FRED Informe Leuchter: El primer examen forense de Auschwitz

ROQUES, HENRI Las "Confesiones" de Kurt Gerstein

BALL, JOHN Air Photo Evidence: "Lugares del Holocausto.

HESS, WOLF ¿Quién asesinó a mi padre, Rudolf Hess?

Raza y cultura

YOCKEY, FRANCIS PARKER Imperium

SIMPSON, WILLIAM G. ¿Cuál es el camino para el hombre occidental?

BAKER, JOHN R. Raza

PEARSON, ROGER Shockley sobre eugenesia y raza

GARRETT, HENRY E. Herencia: la causa de las diferencias raciales en inteligencia

HERRNSTEIN/MURRAY La curva de Bell

PUTNAM, CARLTON Raza y realidad

GUENTHER, HANS Elementos raciales de la historia europea

JUNG, CARL El secreto de la flor de oro, desarrollo de la personalidad

ARDREY, ROBERT El contrato social, la génesis africana

COON, CARLTON Origen de la raza, razas europeas

CHILDE, GORDON Sobre la teoría aria

GRANT, MADISON La desaparición de la Gran Raza

SPENGLER, OSWALD La decadencia de Occidente

ROBERTSON, WILMOT La mayoría desposeída

GIBBON, EDWARD Decadencia y caída del Imperio Romano

DE CHARDIN, TEILHARD El fenómeno del hombre.

SANTAYANA, GEORGE El último puritano

HUXLEY, ALDOUS La filosofía perenne, Un mundo feliz

RENFREW, COLIN Antes de la civilización

LUDOVICI, A. M. La búsqueda de la calidad humana

FRAZER, JAMES G. La rama dorada.

KERR, W. P. Épica y Romanticismo

GRANT, MICHAEL Jesús

KUNG, HANS Ser cristiano.

OTTO, RUDOLPH La idea de lo sagrado.

NIETZSCHE, FREDERICK EL ANTICRISTO, el hombre y el superhombre. Así habló Zaratustra

CHAMBERLAIN, HOUSTON La génesis del siglo XIX

DOSTOYEVSKY, FYODOR Los poseídos

KLASSEN, BEN La religión eterna de la naturaleza, La Biblia del hombre blanco

JUNG, CARL El Cristo ario

RENAN, ERNEST Vida de Jesús

SPENCER, SIDNEY Misticismo y religión mundial.

HAWKING, WILLIAM Breve historia del tiempo

JUDÍOS

ARENDT, HANNAH* Eichmann en Jerusalén.

FORD, HENRY El judío internacional

KOESTLER, ARTHUR* La decimotercera tribu

MARSDEN, VICTOR E. Los Protocolos de los Sabios de Sion

LILIENTHAL, ALFRED M.* La conexión sionista

SAMUEL, MAURICE* Paganos

FREEDMAN, BENJAMIN* Los hechos son los hechos: la verdad sobre los jázaros

CHESTERTON, A. K. Los Nuevos Señores Infelices

BELLOC, HILLAIRE Los judíos

ROBNETT, GEORGE W. La conquista a través de la inmigración

SHAHAK, ISRAEL* Historia judía, religión judía: El peso de 3000 años (Introducción de Gore Vidal)

STANKO, RUDY "Butch" ¡El marcador!

SOLZHENITSYN, ALEKSANDER El archipiélago Gulag; Un día en la vida de Ivan Denissovitch

KLASSEN, BERNHARDT (WCOTC) La Biblia del hombre blanco

El Tercer Reich

HITLER, ADOLPH Mein Kampf

IRVING, DAVID Goebbels: El cerebro del Tercer Reich

ROSENBERG, ALFRED El mito del siglo XX

+ + +

Muchas de las obras mencionadas están disponibles en su biblioteca pública. Otras pueden obtenerse en una o varias de las siguientes fuentes:

INSTITUTO DE INVESTIGACIÓN HISTÓRICA

(Mark Weber) POB 2739 Newport Beach CA 92659 IGLESIA DEL CREADOR POB 2002 E. Peoria, IL 61611 (Matt Hale)

NATIONAL ALLIANCE (Dr. William Pierce) POB 330 Hillsboro, WVA 24946

LA VERDAD POR FIN (Dr. Edw. Fields) POB 1211 Marietta, GA 30061

LIGA DE DEFENSA CRISTIANA (Dr. J. K. Warner) POB 449 Arabi, LA 70032

MONTANA MILITIA (John Trochmann) POB 1486 Noxon, MT 59853

THE LIBERTY BELL (George Dietz) Box 21 Reedy, W. Va 25270

ZUNDEL-RIMLAND 3152 Parkway, Suite 13 PMB 109 Pigeon Forge, TN 37863

ALGUNOS SITIOS WEB INTERESANTES

www.WCOTC.com (Matt Hale)
www.naawp.com (David Duke)
www.natall.com (Wm. Pierce)
www.codoh.com (Bradley Smith)
www.zundelsite.org (Ernst Zundel)

www.vho.org (Germar Rudolph)
www.russgranata.com (Russ Granata)
www.Kevin-Strom.com (Kevin Strom)
www.fpp.co.uk (David Irving)
www.adelaideinstitute.org (FredrickToben)

UN PUÑADO DE EMINENTES CIENTÍFICOS QUE REFUTAN A MARX/FREUD/BOAS

JOHN R. BAKER: Profesor de Biología en la Universidad de Oxford, miembro de la Royal Society, autor de *"Race"*.

V. GORDON CHILDE: Profesor en Oxford, "fácilmente el mayor prehistoriador de Gran Bretaña y probablemente del mundo" (Ency. Brit.).

CARLTON S. COON: profesor de antropología en Harvard; ex presidente de la Asociación Americana de Antropólogos Físicos; autor de *"El origen de las razas"*, etc.

F. A. E. CREW: M.D.Sc., PhD, Profesor de Genética y Cría, Universidad de Edimburgo.

GEORGE W. CRITZ: Profesor de Anatomía, Universidad de Carolina del Norte; *"The Biology of the Race Problem"*. el documento más importante publicado hasta la fecha sobre el aspecto científico de la cuestión racial".

C.D. DARLINGTON: FRS, Profesor de Botánica, Oxford. Reconocido internacionalmente por sus contribuciones a las ciencias de la genética, la citología y la teoría evolutiva.

EDWARD M. EAST: Profesor de genética, Harvard; *"La humanidad en la encrucijada"*.

HENRY E. GARRETT: director del departamento de psicología de la Universidad de Columbia, ex presidente de la Asociación Americana de Psicología.

R. R. GATES: Catedrático emérito de Botánica de la Universidad de Londres. Autor de *"Human Genetics"*, once libros y 400 artículos.

MADISON GRANT: Presidente de la Sociedad Zoológica de Nueva York; administrador del Museo Americano de Historia Natural. Museo de

Historia Natural ha escrito: *"La conquista de un continente";* "El paso de la Gran Raza".

HANS F. K. GUENTHER: Profesor de la Universidad de Berlín. Su texto *"Elementos raciales de la historia europea"* se considera una obra maestra.

E. A. HOOTEN: Profesor de Antropología en la Universidad de Harvard; autor de *"El crimen y el hombre"; "Simios, hombres y tarados"*, etc.

ARTHUR R. JENSEN: Profesor de Psicología de la Educación, Univ. Berkeley; psicólogo investigador en el Inst. of Human Learning.

SIR ARTHUR M. D. KEITH: Rector de la Universidad de Edimburgo, conservador del Museo del Real Colegio de Cirujanos, "uno de los más grandes antropólogos de este siglo". Numerosas obras, entre ellas *"El lugar de los prejuicios en la civilización moderna"*.

L. S. B. LEAKEY: famoso por sus excavaciones en la garganta de Olduvai, en Tanganica. Escribió *"El progreso y la evolución del hombre en África"*, afirmando que... *"por grandes que sean las diferencias físicas entre razas como la europea y la negra, las diferencias mentales y psicológicas son aún mayores"*.

WILLIAM SHOCKLEY: Premio Nobel, Catedrático Poniatoff de Ingeniería en la Universidad de Stanford, dedicó sus esfuerzos científicos a la eugenesia y los estudios raciales.

AUDREY M. SHUEY: jefe del departamento de psicología de Randolph-Macon, antiguo miembro de la facultad de la Universidad de Nueva York; autor del monumental *"The Testing of Negro Intelligence"*... "Los resultados son impresionantemente consistentes: los negros, ya sean rurales o urbanos, vivan en el Norte o en el Sur, sepan leer o escribir, sean profesionales o trabajadores no cualificados, obtienen puntuaciones más bajas que grupos comparables de blancos".

WILLIAM G. SIMPSON: Union Theological Seminary, *magna cum laude;* subdirector de la American Civil Liberties Union; peregrinación a San Francisco de Asís; una de las principales autoridades mundiales en Nietzsche y Cristo; autor y conferenciante.

EXPOSICIONES

INCENDIO

Shingletown home burns; family is safe
FRI AUG 2 6 1977

SHINGLETOWN — An early morning fire did an estimated $120,000 damage to the home of James W. Von Brunn on Wrangler Hill Road here today.

Shasta County Fire Department spokesman Deems Taylor said the fire apparently broke out in the attic near the chimney, but the exact cause is still under investigation. The fire was noticed about 3:25 a.m. when Von Brunn was awakened by the smell of smoke.

Von Brunn rushed his family out of the house and called firemen. Units from the Shingletown Volunteers, Shasta County and the California Department of Forestry responded. It took nearly two hours to quell the flames in the 3,800-square-foot wooden framed home.

The loss to the building was estimated at $80,000, and the contents at $40,000. Most of the loss is believed to be covered by insurance, according to firemen.

La mañana siguiente al incendio, JVB estaba inspeccionando las cenizas cuando un hombre se acercó y se presentó como vecino. Era un guarda forestal jubilado que vivía a unos tres cuartos de milla, en el valle. Dijo que creía que el incendio había sido provocado. Hacia la 1.30 de la madrugada, le despertaron sus sabuesos. Salió a calmarlos. "Oí un ruido agudo -como el de una bengala- que venía de su dirección. Luego oyó portazos de coches, seguidos del chirrido de neumáticos en la carretera.

Este incidente está relacionado con las llamadas telefónicas realizadas a principios de mes en las que se amenazaba con graves consecuencias si JVB no detenía la publicación del libro *Violación sionista de Tierra Santa (Conquista por la inmigración)* de Robnett. Por razones demasiado detalladas para entrar aquí en ellas, nunca se denunció a la policía la posibilidad de que se tratara de un incendio provocado ( ).

CARTA A JAMES HENRY WEBB

Escrita en prisión, la carta fue robada del correo y nunca llegó a Webb.

Honorable James Henry Webb Jr, U.S. Secretary of the Navy El Pentágono Washington, D.C. 20500

James W. von Brunn Prisionero federal #07128-016 P.O.Box 904-H FCI Ray Brook, N. Y. 12977

Sr. Secretario:

El contralmirante John G. Crommelin, U.S.N. (retirado) me sugirió que le escribiera para pedirle ayuda. Soy un preso político encarcelado en una prisión federal por mis acciones contra quienes considero que amenazan la seguridad de nuestra nación.

El 28 de febrero de 1985, el Almirante Crommelin presentó a nuestro Presidente, el Honorable Ronald Reagan, una petición de indulto presidencial para mí. El Sr. David B. Waller, Asesor Jurídico Adjunto del Presidente, tramitó esta petición de forma muy amable y servicial, como se indica en el Anexo "A". Tras recibir la carta del Sr. Waller, presenté una petición personal de indulto presidencial, como se indica, al Sr. David Stephenson, Abogado del Indulto Presidencial, Chevy Chase, Maryland.

Varias semanas después, el Sr. Stephenson se reunió con mi hermana y su abogado. El Sr. Stephenson les dijo que no presentaría mi alegato por escrito al Presidente (véase el anexo "B"), pero que recomendaría la conmutación de mi pena por las siguientes razones: mi condena era demasiado severa para el delito cometido; era mi primer delito; mi edad -ahora 67,5 años-. No tengo ninguna prueba escrita de estas declaraciones del Sr. Stephenson. Mi abogado de oficio, John Hogrogian, me dijo que no debía emprender ninguna otra acción legal mientras el abogado del indulto tramitaba mi petición.

El 20 de diciembre de 1987, o alrededor de esa fecha, en una carta dirigida al director del FCI, Ray Brook, el Sr. Stephenson se retractó de su opinión afirmando que "no se justificaba ninguna acción favorable" en mi caso. El Sr. Stephenson hizo caso omiso de los numerosos intentos del almirante Crommelin por averiguar el resultado de su alegato en mi nombre.

Sr. Secretario, después de leer este escrito, puede deducir que las personas que entre bastidores manipularon mi juicio y prolongaron mi encarcelamiento también pueden haber influido en el Sr. Stephenson.

Le ruego respetuosamente que, basándose en los siguientes hechos, haga uso de su influencia para conseguir que se actúe sobre la bien documentada petición de indulto del almirante Crommelin en mi nombre, y sobre mi petición personal de indulto, que el defensor del indulto, según sus propias palabras, nunca tuvo intención de presentar al Presidente.

Durante la Segunda Guerra Mundial serví como capitán y oficial ejecutivo de lanchas torpederas en el Mediterráneo y el Pacífico. Recibí una mención de honor del almirante Hewitt. Cuando presté juramento como oficial naval, me comprometí a cumplir cada palabra de ese juramento y, por supuesto, sigo haciéndolo. Creo que el enemigo más formidable de Estados Unidos y de la cultura occidental es el marxismo-comunismo. Los contribuyentes estadounidenses han gastado miles de millones de billetes de la Reserva Federal luchando en una prolongada "Guerra Fría" con la Unión Soviética, y hemos derramado cubos de sangre luchando en "guerras sin esperanza" contra los marxistas en casi todas las regiones del mundo. Sin embargo, dentro de nuestras fronteras, protegidos por la misma Constitución que pretenden destruir, se ha permitido que los marxistas se apoderen del funcionamiento de nuestro gobierno. No hay duda de que hay una conspiración para crear un gobierno marxista de un solo mundo sacrificando la soberanía de Estados Unidos. Es igualmente cierto que los ideólogos de un solo mundo de todas las tendencias son financiados por la cábala bancaria internacional, en la que el Sistema de la Reserva Federal (FED) juega un papel importante. No es ningún secreto que los banqueros estadounidenses financiaron la concentración militar soviética. Durante la "operación policial" en Vietnam, la producción soviética de camiones se duplicó gracias a la financiación y la asistencia tecnológica estadounidenses. Estos camiones fueron entregados a N. Viet Nam a bordo de barcos, camino de Haiphong, construidos por Estados Unidos y nuestros aliados. ¿Por qué los hombres dominantes en posiciones de gran poder en América están dispuestos a sacrificar el tesoro americano y vidas americanas para avanzar en la propagación del marxismo por todo el mundo? Rheinhold Niebuhr dio una razón: "El marxismo es el cumplimiento moderno de la profecía judía". James Warburg, hijo del principal arquitecto de la Ley de la Reserva Federal, dijo al Senado de EEUU: "Tendremos un gobierno mundial nos guste o no. La cuestión es si tendremos un gobierno mundial por consentimiento o por conquista" (1953).

El 7 de diciembre de 1981, esperaba revelar al pueblo estadounidense ciertos hechos sobre la conspiración marxista mundial que están siendo suprimidos por los medios de comunicación. Intenté poner a la Junta de Gobernadores de la FED bajo arresto ciudadano legal, no violento, de acuerdo con las leyes del Distrito de Columbia y la Ley de Traición y Sedición de Estados Unidos. Acuso a la FED de traición, de operar una empresa fraudulenta y de operaciones corporativas privadas inconstitucionales. Tenía la intención de detener a los prisioneros de la junta en la sala de juntas, exigir que sus compañeros conspiradores de la CBS proporcionaran una conexión a la televisión nacional, y luego, a través de la televisión, entregar figurativamente a los criminales al pueblo estadounidense con una explicación de mis cargos contra la FED. A continuación, tenía la intención de entregar a los prisioneros, ilesos, al Presidente de los Estados Unidos. Esperaba ser juzgado en un Tribunal Federal de Distrito de los Estados Unidos y demostrar la culpabilidad de la FED ante un jurado de mis pares. Esperaba que el jurado declarara culpable a la FED y que el arresto de los criminales por parte de mis conciudadanos fuera respaldado por la ley. Así, nosotros, el pueblo, ordenaríamos al Congreso de los Estados Unidos que procesara a la FED, una corporación privada, en virtud de la ley federal de responsabilidad civil.

No logré mis objetivos en el edificio de la FED. No hubo violencia. Entregué voluntariamente mis armas descargadas al guardia, un antiguo marine estadounidense. No llevaba munición ni explosivos (todos estos hechos se omiten o se distorsionan en el informe oficial).

Mi fianza se fijó en 3.000 dólares (300 dólares en efectivo). El juez Hess me puso en libertad bajo fianza. Más tarde fui acusado de intento de secuestro, robo, allanamiento de morada, agresión y posesión de armas ilegales. Catorce meses más tarde, cuando los aspectos oportunistas de mis acciones se habían desvanecido, fui juzgado, declarado culpable y condenado por todos los cargos. El gobierno me había ofrecido retirar todos los cargos si me declaraba culpable de los cargos de posesión de armas. Rechacé la oferta, pues esperaba un juicio justo.

Se me denegó un juicio justo por las siguientes razones:

1) El gobierno me juzgó en el Tribunal Superior de Washington, D.C., que no está facultado para pronunciarse sobre cuestiones constitucionales. Por tanto, no pude plantear la cuestión de la inconstitucionalidad de la FED, un elemento importante de mi defensa. Mi solicitud de cambio de sede fue rechazada. El caso debería haber sido juzgado en un tribunal federal de distrito. Ahora soy un preso de Washington "almacenado" en una prisión federal y bajo la jurisdicción de la Junta Federal de Libertad Condicional, que recientemente me ha vuelto a juzgar y a condenar.

2) No hubo cobertura mediática de mi juicio. Visité personalmente a los redactores jefe de los periódicos de Washington y escribí a las principales cadenas de televisión invitándoles a cubrirme. Todos recordamos la publicidad favorable que se dio al "juicio de los Papeles del Pentágono" de Daniel Ellsberg. Los que orquestaron esta publicidad son los mismos amos de los medios de comunicación que reprimieron mi intento de desenmascarar la conspiración marxista dentro de nuestra nación.

3) En el momento de mi detención, llevaba conmigo un esquema de 11 páginas (Gov't. Exh. 14) (véase el anexo "C") con el que pretendía hacer una presentación extemporánea en televisión. La prueba 14 implica a los judíos/sionistas en el complot marxista de un solo mundo. El diagrama también muestra que los marxistas utilizan a los negros como señuelos para destruir nuestra cultura occidental. Los manipuladores, para garantizar mi condena, simplemente nombraron a

funcionarios judiciales que tendrían prejuicios raciales contra mí debido al contenido de la Prueba 14.

Los oficiales de la corte y el jurado son nombrados de la siguiente manera:

Juez, Harriet Rosen Taylor, judía; fiscal, Elliot Warren, judío (Warren, sustituido posteriormente por Ron Dixon, permaneció en la sala durante todo el juicio como asesor de Dixon); fiscal, Ron Dixon, negro; agente de libertad condicional, Marvin Davids, judío (rabino); secretario y alguacil, negros. 53 posibles miembros del jurado asistieron al voir dire, seis de los cuales eran blancos. Dixon, haciendo uso de sus recusaciones perentorias, descartó a todos los jurados menos a una mujer blanca, y colocó a 11 jurados negros y 3 suplentes negros. La abogada defensora judía designada por el tribunal (la Srta. Elizabeth Kent) fue destituida por mí cuando no trabajó en el caso durante varios meses. Su sustituto, Gerard Lewis, resultó ser un caballo de Troya. Habría tenido un juicio más justo en Iowa.

4) Asistencia letrada ineficaz (en el juicio y en la apelación). Lewis me reveló en el juicio que no tenía "corazón para defender" mis creencias políticas o raciales, ni para resistir los ataques racistas de la acusación porque él, Lewis, era en parte judío y miembro de pleno derecho de la NAACP.

5) La Prueba Gubernamental 14 fue fundamental en los esfuerzos del Gobierno para rebatir la defensa del recurrente... dada la escasa atención prestada en el documento a las políticas de la Junta de la Reserva Federal -menos de una página- en comparación con las opiniones relativas a los negros, los judíos y los sionistas -10 páginas-, la acusación tenía claramente derecho a cuestionar las verdaderas motivaciones del recurrente para llevar a cabo sus acciones...". Aunque el contenido del documento era controvertido e indudablemente ofensivo para algunos, este hecho por sí solo no puede proteger a la defensa de ser confrontada con él en el contrainterrogatorio...". (Escrito del recurrente, Gov't #84-1641. Criminal # F 7199-81).

La objeción no se refería al uso de la prueba 14 por parte de la acusación, sino a la forma en que se utilizó. En primer lugar, se seleccionó un jurado negro parcial, junto con un juez judío. En segundo lugar, se utilizaron declaraciones de la prueba fuera de contexto para enardecer al tribunal. No se me ha permitido leer la exposición completa del caso, para poner las observaciones de la acusación en perspectiva y demostrar que las citas de la exposición del caso eran de hombres eminentes, competentes y, en muchos casos, venerados.

La acusación sostiene que, como sólo dediqué una página a la FED, mis verdaderos motivos eran tomar rehenes y expresar mis opiniones racistas. Esta engañosa línea de razonamiento afirmaría que la superestructura de un rascacielos, por contener más pies cúbicos, es más importante que sus cimientos. La acusación también parece implicar que uno no puede ser supuestamente racista y al mismo tiempo tratar de detener a delincuentes, siendo ambas ideas mutuamente excluyentes. Sin embargo, el Tribunal de Apelación, una mezcla de razas, apoyó plenamente los argumentos y procedimientos de la acusación. Lo que he intentado esbozar, por supuesto, es que un largo período de la historia judía se ha transformado en marxismo-comunismo, financiado por usurócratas internacionales, con el apoyo de los medios de comunicación (en gran parte en manos judías) y otros grupos de apoyo.

6) Se me ha denegado el derecho constitucional a citar (entre otros) a los señores Paul Volcker y Zibigniew Brzezinsky, ninguno de los cuales goza de inmunidad frente a citaciones judiciales, y ambos están empleados privadamente en actividades antinacionales.

7) Durante el juicio, el gobierno admitió que tenía en su poder documentos relativos a mi caso procedentes del despacho de Elizabeth Kent, mi primera (e inicial) abogada defensora. La fiscalía también recibió otros documentos de fuentes externas durante el juicio, que el juez se negó a admitir como prueba, pero que se incorporaron a mi expediente.

8) Elgin Groseclose, un experto monetario que había testificado como tal ante el Congreso en varias ocasiones, compareció como perito de la defensa. Afirmó (parafraseo) que: la FED es una corporación privada, sujeta a las leyes de responsabilidad civil de Estados Unidos; actúa independientemente de los tres poderes de nuestro gobierno; el billete de la FED no tiene valor porque se diseña un depósito de valor de la nada; la FED crea deliberadamente periodos de expansión y recesión en detrimento del pueblo estadounidense; puede ser necesaria la violencia para derrocar a la FED porque su enorme poder controla el Congreso. No es de extrañar que no se permitiera a los medios de comunicación asistir al juicio. El testimonio del Dr. Groseclose se omite prácticamente en el escrito del recurrente, aparte de decir que culpó a la FED de la inflación.

Se me denegó la fianza de comparecencia e inmediatamente después de mi puesta en libertad fui encarcelado en la prisión del Distrito de Columbia. Las leyes del Distrito de Columbia exigen que los informes de la audiencia preliminar se presenten al acusado al menos 10 días antes de la sentencia. El informe de mi audiencia preliminar me fue presentado en una celda de detención entre 5 y 10 minutos antes de la sentencia. Lewis me animó a firmar mi aprobación porque el rabino había recomendado que se me concediera la libertad condicional. Esta zanahoria para conseguir mi firma tuvo éxito. Mucho más tarde descubrí los errores, distorsiones y omisiones en el PSI, por ejemplo no se informó del hecho de que no hubiera violencia, munición o explosivos en la escena del crimen.

Me enviaron al Hospital Federal de Springfield para determinar el estado de mi salud mental. Al cabo de tres meses y medio, los psiquiatras me declararon "cuerdo, sin ni siquiera una personalidad paranoica". Sin embargo, basándose en los tests (que respondí a lápiz), Springfield declaró que mi coeficiente intelectual era bajo. Para refutar esta afirmación, insistí en someterme a pruebas supervisadas, cuyos resultados me permitieron ingresar en MENSA, cuyos criterios de afiliación empiezan en el percentil 98 de CI. El informe de Springfield que da fe de mi buena salud mental no aparece en los registros de la prisión.

Benjamin Baer, judío, presidente de la Junta Nacional de Libertad Condicional, Chevy Chase, MD, ignora el Informe Springfield. Insiste en sus numerosos memorandos en que necesito "atención de salud mental - y cuidados posteriores". En el mundo paranoico de Baer, cualquiera que cuestione los motivos de judíos y marxistas está obligado a estar loco.

Estar recluido en una prisión a 700 millas de Washington me impidió reunirme con mi abogado de oficio, John Hogrogian. No tenía teléfono en la oficina. Por lo tanto, no pude ayudarle a preparar mi recurso. El calendario de la apelación se organizó de tal manera que no recibí una copia del escrito hasta después de *que se hubiera presentado el original*. No recibí las transcripciones del juicio hasta varios meses después de que mi recurso hubiera sido rechazado por un tribunal de apelación con prejuicios raciales. Entre otros errores, Hogrogian no presentó una lista de miembros del jurado. El Tribunal de Apelación, con prejuicios raciales, utilizó esto como excusa para NO pronunciarse sobre mi petición de que el tribunal de primera instancia se había equivocado, que yo no había tenido un jurado de mis iguales. Poco después de la vista, Hogrogian fue recompensado con un puesto de abogado en Nueva York ("La mayor ciudad judía del mundo" - Harry Golden).

El juez Taylor me condenó a 3 años, 8 meses y 11 años. Si cumplía los requisitos, podía optar a la libertad condicional con el tipo más bajo.

Estaba cualificado. Sin embargo, Benjamin Baer y su agente regional de la junta de libertad condicional, Shelley Wittgenstein, judía, volvieron a procesarme, en efecto, por un delito adicional: "haber cometido un delito grave contra la seguridad de la nación". Baer también declaró en un memorándum que yo abogaba por la eliminación de "cierta raza". Una tergiversación de mi declaración (Exh. 14) de que los negros y los judíos debían ser deportados a sus países de origen. Un sentimiento expresado por Lincoln, Jefferson y otros, así como por judíos y negros contemporáneos. Baer y compañía volvieron a procesarme, juzgarme y condenarme de nuevo a un total de 8 años y 4 meses.

Esto supone una condena de 25 años (1/3 de 25). Benjamin Baer es en gran parte responsable de la creciente burocracia de las prisiones federales. Produce condenas increíblemente largas sacando a los presos de sus directrices. Muchos jóvenes convictos se reintegran así en la sociedad como hombres de mediana edad sin familia ni perspectivas laborales. Se convierten en reincidentes instantáneos, sólo aptos para trabajar para UNICOR, un negocio de rápido crecimiento en el sistema FedPr.

Los veteranos de Vietnam son vistos como amenazas para la sociedad en proporción directa a su experiencia militar: cuantas más estrellas de combate, más medallas al valor, más duras son las sentencias dictadas por Baer. No tiene sentido del honor. No cabe duda de que se impone una política de conmutación más indulgente para la gran mayoría de los veteranos de Vietnam. Su patriotismo ha sido llevado al límite. Que ganen una guerra contra Baer.

Me doy cuenta de que te he robado demasiado de tu precioso tiempo. Así que seguiré con ello.

Sr. Secretario, mis esfuerzos no iban dirigidos contra nuestra nación, sino contra aquellos que querían destruirla. Creo que mis acciones en la FED estaban respaldadas por la ley. Aunque usted pueda o no estar de acuerdo con mi filosofía o aprobar mis acciones, sé que apoya el derecho de un ciudadano estadounidense a un juicio justo, rápido y público. Así que hace usted bien en utilizar su justa influencia para exponer el inmenso y arrogante control que los marxistas tienen ahora sobre la jurisprudencia de Washington y el sistema penitenciario federal, no muy distinto del poder del Sistema de la Reserva Federal sobre el sistema monetario estadounidense.

Por lo tanto, le pido respetuosamente que haga todo lo posible para ayudar a presentar ante el Presidente de los Estados Unidos las dos súplicas mencionadas anteriormente: la súplica de indulto del contralmirante John G. Crommelin en mi nombre y mi súplica personal de indulto presidencial.

Atentamente

James W. von Brunn Encls:

Carta "A" de la Casa Blanca

"B" Von Brunn solicita el indulto C" Moneda del Gobierno 14 cc:

Contralmirante John G. Crommelin, U.S.N.(Ret.)

Carta de Crommelin a Erik von Brunn

(primera página fotografiada a continuación; sigue el texto completo)

JOHN G. CROMMELIN
Rear Admiral U. S. N. (Retired)
HARROGATE SPRINGS
WETUMPKA, ALA.

October 17, 1983.

Dear Erik,

Your Aunt Alyce has told me that you are a strong, healthy six year old boy and that you miss your father, James Von Brunn, who has been held by U.S. federal authorities now for some time. We all hope that he will soon be released, for in the opinion of those of us who understand the malfunctioning of certain elements of our once near perfect government, he has committed no crime. But quite the contrary, he has taken very courageous and patriotic action to try and alert the U.S. citizens to the real organization of the Federal Reserve System and its great danger to the survival of our once White Christian constitutional republic, the corner stone of Western Civilization.

It is my conviction that James von Brunn deserves the gratitude and assistance of every White Christian citizen of these United States. And I believe he would have this support were it not for the cabal which controls not only the Federal Reserve System but also the nationally effective communication media.

In the early 1950s I discussed this media control with General Douglas MacArthur in a lengthy private conversation. We both agreed that the greatest internal or external threat to the survival of the United States was the near ironclad control which our enemies and subversives exercise over the U.S. communication media.

I suppose you know that your father was a PT Boat Captain in World War II. We were both naval officers and

OVER

JOHN G. CROMMELIN

Contraalmirante, US Navy (retirado) Harrogate Springs

Wetumpka, Georgia 17 de octubre de 1983 Querido Erik,

Tu tía Alyce me dijo que eras un niño fuerte y sano de seis años y que echabas de menos a tu padre, James von Brunn, que lleva algún tiempo bajo custodia federal. Todos esperamos que sea liberado pronto porque, en opinión de los que entendemos los elementos disfuncionales de nuestro gobierno, antaño casi perfecto, no ha cometido ningún delito. Al contrario, ha tomado medidas muy valientes y patrióticas para intentar alertar al pueblo estadounidense sobre la verdadera organización del Sistema de la Reserva Federal y el gran peligro que supone para la supervivencia de nuestra antigua república constitucional cristiana blanca, piedra angular de la civilización occidental.

Estoy convencido de que James von Brunn merece la gratitud y el apoyo de todos los ciudadanos cristianos blancos de los Estados Unidos. Y creo que tendría este apoyo si no fuera por la cábala que controla no sólo el Sistema de la Reserva Federal, sino también los medios efectivos de comunicación a nivel nacional.

A principios de la década de 1950, discutí este control de los medios de comunicación con el general Douglas McArthur en una larga conversación privada. Ambos coincidimos en que la mayor amenaza interna y externa para la supervivencia de Estados Unidos era el control casi absoluto de los medios de comunicación estadounidenses.

Supongo que sabrá que su padre fue capitán de un PT-Boat durante la Segunda Guerra Mundial. Ambos éramos oficiales de la marina y somos amigos desde hace mucho tiempo. Yo tuve la suerte de ser oficial aviador y luego oficial ejecutivo del portaaviones U.S.S. Enterprise, el mayor buque de combate de los anales de la historia. Quizá algún día tenga la oportunidad de contarle las encarnizadas batallas que tuvieron lugar cerca de Guadalcanal.

Aquí hay algo que debes saber: todos los oficiales de la Marina de los EE.UU., antes de ser comisionados, prestan juramento de "apoyar y defender la Constitución de los Estados Unidos contra TODOS los enemigos, extranjeros O nacionales". "Se trata de un compromiso de por vida, mientras el oficial siga siendo ciudadano estadounidense.

Cuando su padre intentó un arresto ciudadano no violento de la Junta de Gobernadores del Sistema de la Reserva Federal, creo que las pruebas demostrarán que no tenía intención de dañar físicamente a nadie y que su motivación era obligar a los medios de comunicación controlados a darle la oportunidad de demostrar al público estadounidense que la Reserva Federal es su enemigo más peligroso y que la Ley de la Reserva Federal de 1913 debe ser derogada por el Congreso de Estados Unidos si la República Constitucional de Estados Unidos quiere sobrevivir.

Para demostrar que su padre no estaba solo en su intento de exponer el carácter y los peligros de la Reserva Federal, adjunto algunos documentos que prueban que la Legislatura del Estado de Alabama aprobó (por unanimidad de la Cámara) una Resolución Conjunta HJR-90 firmada por el Gobernador James el 2 de marzo de 1982 "pidiendo al Congreso de EE.UU. que derogue la Ley de la Reserva Federal de 1913."

Erik, aunque tu padre y tu tía Alyce están actualmente sometidos a decisiones legales o ilegales que esperamos puedan ser impugnadas con éxito, cuando seas mayor y te conviertas en un hombre te darás cuenta de que tu padre defendió el elemento fundamental de la civilización cristiana blanca, que es que todo hombre blanco inteligente debe vivir y esforzarse por asegurar un futuro mejor para sus hijos y nietos. Eso es lo que Jim von Brunn intenta hacer por ti.

Atentamente

Jno. G. Crommelin

Contralmirante, US Navy (retirado)

BOICOT A ANDERSON

Anderson urges boycott of series sponsor

5-24 94

By MARCIE ALVARADO
Staff Writer

EASTON — Talbot County Council Vice President Andrew Anderson has urged county residents to avoid the local sponsor of an anti-Holocaust TV series airing on local cable television.

Jim VonBrunn is sponsoring a six-part series that questions whether the Holocaust occurred and attempts to suggest that the *Diary of Anne Frank* is a hoax. The programs are being broadcast on Easton cable channel 15.

The first program aired Monday, May 16 and the series is scheduled to run every Monday and Thursday night for four weeks. The tapes, made in Canada in 1982, attempt to refute historical accounts about the Holocaust and Adolf Hitler's genocidal "Final Solution" for European Jews.

Because of federal cable regulations local access channels are open to almost any programming, including ones promoting racist ideas, cable officials said this week. They said they can't refuse to run the programs.

During yesterday's council meeting, Anderson spoke out against the series and VonBrunn's opinions.

Anderson, a retired U.S. Army general, said he spent 13 years of his military career in Europe and toured the former concentration camps at Belsen and Dachau.

"I have seen evidence of the 'Final Solution.' It is documented fact," Anderson said. "For someone to show these tapes on our cable channel boggles the mind."

Anderson then called for a boycott of VonBrunn's business.

Speaking during the council members' comment period, Anderson said, "I will not frequent his business and I ask other people to stay the hell away from him. He is bad news."

VonBrunn, contacted at his home on Tuesday, declined to comment on Anderson's remarks.

Dachau photos vivid reminder

As I write this I have before me three snapshots taken by my husband at Dachau the day after it was liberated by the U.S. Army.

One shows skeleton-like bodies tossed on an open car of a train. The other two, taken in a shed, show discarded remains of what once were human beings.

Perhaps Mr. VonBrunn has an explanation for these snapshots. I wonder where he was the day my husband was at Dachau taking these pictures.

DOROTHY DeCAMP
Oxford

Denial just won't change history

In response to the article concerning the series of anti-Semitic programs airing on an Easton local access channel, I will defend to death Mr. VonBrunn's God-given right to free speech. However, it is imperative that we, as Christians, remember always that Jesus Christ was born, lived, and died a Jew. We should also remember that even as he died, for ALL mankind, he said, "Forgive them, Father, for they know not what they do." Denial can never change history. Peace and love.

KITTY SCHNEIDER,
Trinity Cathedral
Easton

CARTA A ROBERT HIGGINS

JAMES W. VON BRUNN

P.O. BOX 2821, EASTON, MD 21601

24 de mayo de 1994

CARTA ABIERTA

RE: CITAS DEL CONSEJO DEL CONDE EN EL EASTON *STAR-DEMOCRAT* (5-24-94)

Robert Higgins, Presidente Consejo del Condado de Talbot Court House Easton, MD 21601

Estimado Sr. Higgins:

En mi juventud, presté el Juramento de Oficiales Navales, jurando "... proteger y defender la Constitución de los Estados Unidos de América contra todos los enemigos extranjeros y nacionales...". Considero que ese juramento es tan importante hoy como lo fue durante la Segunda Guerra Mundial.

Me sorprende saber que el Consejo del Condado de Talbot, representado por su Vicepresidente, el Sr. Andrew Anderson, parece ser un enemigo interno de nuestra Constitución que me privaría a mí y a los ciudadanos del Condado de Talbot de nuestros derechos de la Primera Enmienda. Si yo fuera un libro, él me quemaría porque no está de acuerdo con lo que creo que es verdad. Llama públicamente a rechazarme y a boicotear mi negocio, amenazando mi medio de vida. Dudo que el Consejo del Condado apoye las opiniones totalitarias de Anderson. Sin embargo, le pido que dé a conocer públicamente su postura.

Anderson afirma haber visto "pruebas de la 'Solución Final'" en los campos de concentración de Dachau y Bergen-Belsen. Podría recibir una sustanciosa recompensa por presentar estas pruebas. Nadie más las ha visto. La Comisión Aliada de Crímenes de Guerra estableció desde el principio que no hubo cámaras de gas de ejecución en estos campos, ni en ninguno de los trece (13) campos de Alemania/Austria. Un documento oficial a tal efecto fue firmado por los miembros de esta Comisión el 1 de octubre de 1948 (copias oficiales disponibles).

En los últimos meses de la guerra, los Aliados tomaron el control de los cielos. Se atacaron autopistas, carreteras, puentes, ferrocarriles, centrales eléctricas, etc. Se impidió que suministros vitales llegaran a los campos. Cuando los Aliados tomaron el control de los campos, fueron recibidos por escenas de horror: gente enferma y moribunda; cadáveres demacrados sin tumbas cubrían la zona. No fueron gaseados ni fusilados como nos habían condicionado a creer, sino que murieron lentamente de desnutrición y tifus, que hacía estragos en la mayoría de los campos. Para completar esta macabra escena, la 45ª división del ejército estadounidense, que "liberó" Dachau, acorraló a 560 guardias y enfermeras alemanes de uniforme y los mató con ametralladoras.

El Comité Internacional de la Cruz Roja (CICR) y la Iglesia Católica, cuyos miembros visitaron todos los campos, no mencionan las ejecuciones masivas ni las cámaras de gas. Cientos de toneladas de pruebas, incluidas las decodificaciones Ultra-Enigma de las comunicaciones alemanas, han sido examinadas por expertos internacionales. Nadie ha presentado pruebas de una orden, un presupuesto, un plan o una máquina para la llamada Solución Final". *NO HAY* PRUEBAS DEL ASESINATO PLANIFICADO DE LOS JUDÍOS. Los judíos fueron internados como enemigos del Estado. La guerra de Alemania estaba dirigida contra el comunismo, el bolchevismo y el sionismo. Hitler quería una confederación de estados europeos con una base de población blanca. Se calcula que menos de 300.000 judíos murieron por todas las causas durante la Segunda Guerra Mundial.

Atentamente

James W. von Brunn

EDITORIALES DEL STAR-DEMOCRAT

Page 4A Tuesday, April 22, 1997

THE STAR DEMOCRAT EDITORIAL

Tiger Woods is the new face of our country

The Tiger Woods phenomenon, coming at the 50th anniversary of Jackie Robinson's destruction of baseball's color barrier, has been interpreted as an example of another African-American breaking through a racial bulwark.

But it's much more than that, because Woods is not only an African-American. His father is black, while his mother is Thai. He's also American Indian, Chinese and white.

In America, he's lauded as an African-American role model, while in Thailand, he's the nation's favorite son.

In reality, Woods is an exemplar of the American melting pot. Some call him mixed-race, but that's a stale phrase in a nation of immigrants from every corner of the planet at a time when melting-pot ingredients blend more and more each day. The number of multiracial marriages quadrupled from 1970 to 1990 in America, according to census figures, but the real figure is likely much higher. The number of multi-racial young people is clearly on the rise.

Of course, we cannot be naive. Woods is a person of color, subject to the prejudices that infect our society. While his recently acquired wealth and fortune may shield him, bigotry still afflicts people of color, particularly those who don't have Woods' benefits. For them, racial obstacles still loom large.

Yet Woods is confounding prejudice. He defies racial labels in a society obsessed by race, while commanding awe in a sport dominated by whites.

The result is that he baffles the American institution of bigotry. Those who might have disdained him have no choice but to respect him. Confused about his ethnicity, they're nonetheless amazed by his abilities, and grudgingly accept him.

In the past, the term melting pot was seen through a white European prism, mainly referring to Irish, Italians, Swedes, Poles and others who immigrated here around the turn of the century. But today, more than ever, the melting pot continues to bubble and brew.

Our nation has become a place, perhaps the only one in human history, where all races and ethnicities mix together.

In our children's lifetimes, we will see the notion of labeling people as fill-in-the-blank Americans begin to fade, and bigotry and prejudice along with it. In that light, Tiger Woods is a true modern.

He shows the world the face of our country, today and in the future.

Page 4A, Wednesday, September 13, 2000

EDITORIAL

Double helix that binds us all

There is no denying the reality of race. The proof confronts us daily — the color of our skin or the texture of our hair, even the diseases to which we sometimes fall prey. But underneath the microscope, those differences melt away.

Recent efforts to unravel the genetic code demonstrate that there simply is no biological basis for the concept of race. Scientists involved in the research to decode the human genome say that people are 99.9 percent alike, at the genetic level.

That should come as no surprise to any student of history or biology. We've long recognized that human anatomy is the same the world over. We know that compatible blood or organs can be transplanted from people of one color to those of another without undue complications. We know that modern humans first appeared in Africa 100,000 or so years ago — the blink of an eye, in evolutionary terms.

We are too young a species to have developed distinct biological subgroups. And we know that the concept of race has been remarkably plastic over the years. Classification schemes developed as recently as the 19th century placed people from Italy and Ireland in a different group than those from Northern Europe.

The accumulating evidence hasn't stopped modern racists seeking biological differences. The latest effort involves comparing average brain weights of different racial groups to create a hierarchy, with Asians on top and blacks at the bottom. By that tortured reasoning, Neanderthals would have inherited the Earth. They had larger brains than any of the modern humans that displaced them.

Race and ethnicity can, of course, be useful concepts. But they can also mislead. Australian Aborigines and African-Americans both have shorter life expectancy than their white countrymen. But the explanation is more likely found in their social status than in the genes. Skin color is but an accident of evolution. It is our culture and experiences far more than our race that shapes who we are.

And so our efforts to unravel the genetic code have reinforced a lesson most knew already: At the most basic level, we are all inextricably bound together by DNA's double helix.

We who share this increasingly tense and crowded planet are all members of the same race — the human race.

NO RENUNCIAR NUNCA A LA SOBERANÍA

Poderosos son los hombres que crearon esta tierra, Fuertes en sus intenciones y en sus manos, Grandes en sus visiones y libres de sus miedos, Fortaleza y hogar, aquí los construyeron.

Esto es lo que coreaban sin cesar ¡Nunca renuncies a la soberanía! Oscura es la noche, la nación duerme, Descuidada es la guardia del centinela, Sordos son los oídos que no oyen El canto de los hombres libres que resuena claramente;

Llevado por el viento para siempre ¡Nunca renuncies a tu soberanía!

Reina la confusión, la hora es tardía, los traidores pululan por la puerta abierta. La libertad está en venta, y con ella, la humanidad - ¿No pueden volver a oír ese grito? A través de los siglos, sin fin - ¡Nunca renuncies a tu soberanía!

JOSEPHINE POWELL BEATY.

Barboursville, Virginie

CICERON

Poder y derecho no son sinónimos. De hecho, a menudo son opuestos e irreconciliables. Existe la LEY DE DIOS de la que derivan todas las leyes equitativas del hombre y según la cual los hombres deben vivir si no quieren morir en la opresión, el caos y la desesperación. Separado de la LEY ETERNA E INMUNE de DIOS, establecida antes de la fundación de los soles, el poder del hombre es malo, por muy nobles que sean las palabras con que se use o las razones que se invoquen para aplicarlo. Los hombres de buena voluntad, conscientes de la LEY ESTABLECIDA POR DIOS, se opondrán a los gobiernos gobernados por hombres y, si desean sobrevivir como nación, destruirán los gobiernos que intenten gobernar según los caprichos o el poder de jueces venales.

CICERÓN (106-43 A.C.).

Ya publicado

ⓞMNIA VERITAS

Omnia Veritas Ltd presenta:

HISTORIA PROSCRITA
I
LOS BANQUEROS Y LAS REVOLUCIONES

POR

VICTORIA FORNER

Los procesos revolucionarios necesitan agentes, organización y, sobre todo, financiación, dinero.

LAS COSAS NO SON A VECES LO QUE APARENTAN...

ⓞMNIA VERITAS

Omnia Veritas Ltd presenta:

HISTORIA PROSCRITA
II
LA HISTORIA SILENCIADA DE ENTREGUERRAS

POR

VICTORIA FORNER

"El verdadero crimen es acabar una guerra con el fin de hacer inevitable la próxima."

EL TRATADO DE VERSALLES FUE "UN DICTADO DE ODIO Y DE LATROCINIO"

ⓞMNIA VERITAS

Omnia Veritas Ltd presenta:

HISTORIA PROSCRITA
III
LA II GUERRA MUNDIAL Y LA POSGUERRA

POR

VICTORIA FORNER

Distintas fuerzas trabajaban para la guerra en los países europeos

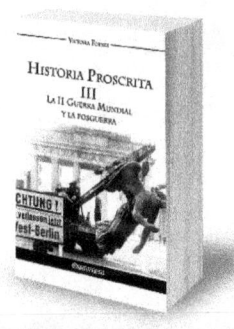

MUCHOS AGENTES SERVÍAN INTERESES DE UN PARTIDO BELICISTA TRANSNACIONAL

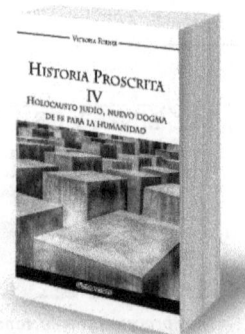

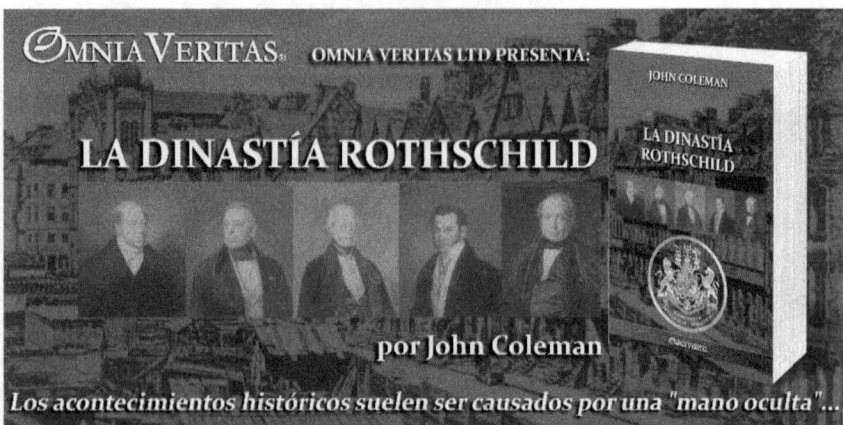

¡MATAD A LOS MEJORES GENTILES!

www.ingramcontent.com/pod-product-compliance
Lightning Source LLC
Chambersburg PA
CBHW071332150426
43191CB00007B/709